大学生劳动教育研究

丁　洁　胡少雄　著

吉林出版集团股份有限公司
全国百佳图书出版单位

图书在版编目（CIP）数据

大学生劳动教育研究 / 丁洁, 胡少雄著. —— 长春：吉林出版集团股份有限公司, 2023.4

ISBN 978-7-5731-3176-8

Ⅰ.①大… Ⅱ.①丁… ②胡… Ⅲ.①大学生－劳动教育－研究 Ⅳ.①G40-015

中国国家版本馆CIP数据核字(2023)第057619号

大学生劳动教育研究

DAXUESHENG LAODONG JIAOYU YANJIU

著　　者 / 丁　洁　胡少雄

责任编辑 / 蔡宏浩

封面设计 / 清　清

开　　本 / 787mm×1092mm 1/16

字　　数 / 150 千字

印　　张 / 10

版　　次 / 2023 年 4 月第 1 版

印　　次 / 2023 年 8 月第 1 次印刷

出　　版 / 吉林出版集团股份有限公司

发　　行 / 吉林音像出版社有限责任公司

地　　址 / 长春市福祉大路 5788 号

电　　话 / 0431-81629679

印　　刷 / 三河市嵩川印刷有限公司

ISBN　978-7-5731-3176-8　　　　　定　　价 / 55.00 元

前　　言

　　大学生劳动教育是建立健全我国高等教育体系、完善高校综合育人机制的重要之举，有助于当代大学生形成正确的劳动价值观念，培养深刻他们丰富的劳动情感，塑造符合时代需求的优秀劳动人才。这为新时代高校劳动教育提出了新任务和新要求。

　　为提高劳动教育的实效性，高校应因时而新、因时而进地创新劳动教育方式。因此，高校劳动教育要落实立德树人的根本任务、彰显新时代特色、践行新发展理念、创新现代化教育、实现德智体美劳五育融合的高质量发展具有重要意义。

　　近年来，大学生劳动教育虽然在创新方面强化了理论认识，展开了实践探索，取得了初步成效，但部分高校在劳动教育实践中仍存在虚化、弱化、简单化、碎片化等现象。究其原因，一些高校在劳动教育实践中重宣传，轻实践；重传承延续，轻革变创新；重丰富内容，轻开发载体；重局部突破，轻整体推进。

　　基于此，本书将大学生劳动教育划分为六个章节，第一章主要对大学生劳动教育的概念、理论依据进行阐述；第二章主要对大学生劳动教育现状进行分析与探讨；第三章主要对大学生劳动教育与德智体美的审视进行论述；第四章主要对大学生劳动教育培养体系构建进行介绍；第五章主要对大学生劳动观的培养进行论述；第六章主要对高校劳动教育面临的主要挑战、大学生劳动教育观存在的问题，从劳动教育模式、劳动教育课程的完善、师资队伍、校园文化氛围、劳动教育机制等方面入手，探究高校劳动教育的实践路径，推动建立具有特色高校劳动教育新格局。

著　者

目 录

第一章　大学生劳动教育概述

开展劳动教育是党的优良传统和政治优势，也是塑造大学生健全人格、磨炼坚强意志、锤炼高尚品格的有力举措。随着时代的发展，劳动教育的内容和形式愈加丰富，在内容上强调组织学生进行日常生活劳动、生产劳动、服务性劳动，倡导学生进行辛勤劳动、诚实劳动、创造性劳动的劳动表现，具有德智体美四育不可替代的独特价值，以及树德、增智、强体、育美的综合育人价值，在形式上强调"要将劳动教育贯通大中小学各学段，贯穿家庭、学校、社会各方面，与德智体美相融合"，对大学阶段要结合创新创业、实习实训、专业服务、社会实践等丰富形式，不断提升大学生的诚实劳动意识、劳动奉献精神，以及创造性劳动素养。因此，本章主要对正确认识劳动、劳动教育和大学生劳动教育内涵进行阐述，深刻领会劳动教育的重要内容及其综合育人价值，能够更深入地把握大学生劳动教育的本质，进一步增强大学生劳动教育的实效性。

第一节　劳动教育的基本概念

一、大学生劳动的教育相关概念界定

人和动物最本质的区别就在于劳动。劳动是体力劳动与脑力劳动有机结合的产物，劳动的过程是指人们有目的、有意识、有计划地进行实践活动的过程。人类社会通过劳动得到了发展，人类及整个人类社会也在劳动的过程中不断地进步。

（一）劳动

1. 劳动的定义

随着时代的发展，人们对劳动的认识也不断加深和丰富，更加彰显出创造性、人文性、育人性的多维表征。首先，在我国科技的飞速发展下，以数字劳动、智能劳动、共享劳动等脑力劳动为代表的新型劳动形态涌现，使得"劳动形式突破了基于体力消耗的物质生产劳动范畴"[①]，生产劳动的体力劳动成分大幅度降低，创造物质财富的功能淡化，而科

---

① 清华大学中国科技政策研究中心：《2018 年中国人工智能发展报告》，北京：清华大学，2018 年，第 77－78 页。

学技术创新等脑力劳动的运用程度不断提升，人的服务性、复合性、创造性劳动的重要价值和功用不断凸显。而从本质上来说，人们或是为了满足基本的生存需求，或是社会对劳动者有迫切需要，使得劳动长期以来被视为推动经济和社会发展的手段，有着外在的社会价值和经济价值。而劳动本质上是人居于自身主体地位和本质力量充分发挥，自由自觉、带有创造意义的活动，通过劳动实现人的综合和"完整"，这是劳动独特的育人价值所在。

劳动是一个多学科共同研讨的概念，有关的研究方兴未艾。不同的学者有着不同的见解。

第一，劳动创造人。恩格斯指出"劳动创造人本身"；马克思认为"劳动是人类在生产实践中与自然之间进行物质交换活动，在这一过程中充当人类与自然相互联系的媒介"。[①] 劳动是人与动物的根本区别，动物只能跟随自己的本能被动适应自然界，例如，燕子筑巢、蚂蚁搬家等，而人则通过自主意识的能动劳动活动改造自然，服务自身需要。动物通过本能行为影响自然界，而人通过劳动支配自然界，为自己的目的需要服务，因此，从这个意义上说，劳动是人区别于与其他动物的本质差别。

第二，劳动创造物质财富和精神财富。纵观人类的社会发展史，劳动"中介"即劳动工具的每一次发展都会推动社会划时代的变革。以石器工具为代表的石器时代，人们通过石器工具的制造，掌握了钻孔、生火技术，极大提高了生存能力；到了以青铜工具为代表的青铜器时代，农业、畜牧业得到发展，文字也开始出现，随着生产力提高，剩余劳动产品出现；到了以铁器工具为代表的铁器时代，铁器相比于青铜器更利于制造，也更耐用，因此，铁器工具的产生极大提高了劳动效率和生产力。生产水平不断提高必然导致劳动关系的革新：蒸汽机的发明标志第一次工业革命的发生，机器劳动开始代替手工劳动；20世纪中叶，电子计算机兴起，人类社会开始进入信息时代，而到了20世纪后期，以智能化为特征的第四次科技革命兴起，人工智能开始诞生。

第三，劳动是人的第一需要。劳动满足人的生命需要。人通过生产劳动获得物质资料，满足人的生存发展和生活需要，劳动满足人的社会需要。劳动具有社会性，人的这种社会本质在劳动过程中形成和不断发展，我们每个人都是社会群体中的人，离开了整个人类社会，个体是无法真正劳动的。人们在劳动过程中不仅仅同自然界发生关系，还同身边的一切事物产生互动，在劳动生产、交换等劳动过程中，与个体、社会合作互动，不断满足人的社会化需求。

劳动是人创造自我内、外存在的活动，包括各种生产过程。劳动不仅是一种教育手段，更是一个教育过程。有学者看来，劳动是人类社会文明的重要标志之一。劳动不仅仅是为了获得回报，即如果我们纯粹为了工资而劳动，那就是把劳动力当作畜力了，劳动变

---

① 马克思：《资本论（第一卷）》，北京：人民出版社，2004年，第207页。

成劳役了。学者们认为，劳动是人们有意识地运用自己的智力和体力参加生产实践和实习的活动，即通过体力劳动和脑力劳动相结合的方法参加劳动实践。有学者指出，劳动作为人类实践活动最集中的表现，是系统性开展世界观、人生观、价值观教育的重要载体。部分学者将劳动视为一种人类运动，通过从内部和外部输出，并提供有价值的活动。

总之，劳动是人类社会生存与发展的基础，是人类最基本的社会行为。人们借助一定的生产工具，对劳动对象加以改造，为社会的发展创造动力，推动着人类社会的前进。随着劳动实践的不断发展，人类社会的本质也在不断更新。

2. 劳动的价值及意义

劳动是马克思主义理论体系的核心范畴，马克思主义语境下的劳动不仅是人与动物相区别的重要因素，也是促进社会形成和发展的推动力。随着社会历史的发展变化和劳动形态的更迭变迁，劳动的价值、意义相较以往有了崭新的意蕴，对当前劳动教育的开展有着弥足珍贵的现实意义。

（1）劳动是人的生成和自我确证的基础

劳动是马克思主义唯物史观的立论基础，是贯穿马克思主义理论的核心范畴。恩格斯首先就从劳动对人之产生和发展的重要作用出发，提出"劳动创造了人本身"这一科学论断。人的本质是什么，人如何成为完全意义上的"人"，在黑格尔看来本质具有三重特点，"是在自身内的存在、一个反思的存在、一个映现他物的存在"[1]，表明了本质是从关系中体现出来的。而马克思认为"只有在社会中，人的自然的存在对他来说才是人的合乎人性的存在，并且自然界对他来说才成为人"。[2] 为此，马克思断言"人的本质在于其社会关系的总和"[3]，他认为精细的手脚分工、直立行走、发达的人脑等只是人区别于动物的表面特征，人在此基础上摆脱了最初的动物状态，从自然界中分化出来成为独立的"自然人"，但人除了生物性更具有社会性的特征，人的本质在于人能够通过劳动实践活动进入到一定的社会关系之中，使自身从自然存在转化为社会存在，进而能够肯定和认可自身价值和自我力量，而劳动是实现这一转化的关键环节。

劳动不仅创造了人，也是维持人类生存和发展的唯一手段。劳动使人类和动物本能的生命活动相区别，但并不意味着人类脱离自然界而获得真正的自由，人类基本的吃穿住行依旧要依靠自然界的赠予。为了解决这一困境，人类开展农业、畜牧业、手工业等劳动实践活动，不断创造和改进劳动工具和劳动操作方式来改造自然界以维持基本的生存需要，这是劳动最基本的生存价值。另外，在劳动过程中，人不仅能够进行简单劳动，表现出不

---

① 吴学东：《马克思的劳动思想研究》，北京：中国社会科学出版社，2018年，第122页。
② 《马克思恩格斯文集》第1卷，北京：人民出版社，2009年，第187页。
③ 《马克思恩格斯文集》第1卷，北京：人民出版社，2009年，第501页。

同于动物劳动被动性的创新性和开拓性，还能通过劳动刺激人的社会能力的发展，进而通过劳动合作和劳动成果的共享与自然界、他人和社会建立起广泛的联系，能够形成错综复杂的经济、政治、道德、法律及宗教关系，而这种社会关系就构成了人的本质，正如马克思所言"一个种的整体特性、种的类特性就在于生命活动的性质，而自由的有意识的活动恰恰就是人的类特性"①，这种自由的有意识的活动就是劳动，劳动不仅是构成人的社会关系的重要环节，更是确证人的本质的关键所在。

（2）劳动是教育产生的源泉

苏联的米丁斯基、凯洛夫作为教育起源之劳动起源说的杰出代表，他们认为教育起源于生产劳动，是基于劳动过程中社会生产和生活的需要而产生的，作为人为活动的教育必然是劳动的产物。在原始社会，人类通过生产劳动和创造物质资料来维持生存、繁衍和发展，当基本的生存需求被满足之后，人类必须要通过生产劳动来实现进化，即"要改变一般人的本性，获得一定的劳动技能和技巧，成为发达和专门的劳动力，就要有一定的教育和训练"②，所以，人们通过语言、文字等形式将在劳动和社会实践活动中积累的生产经验、技能、知识等传授给下一代的过程，就是教育应运而生的过程。但传授劳动知识与经验并不等于是完备完善的教育。朱文辉教授认为原始教育的内容主要是为了满足人类物质生活、精神生活和制度生活三个层次的需求，即"为了满足不同的需求，教育不光呈现为劳动知识、技能和经验等内容的传授，也包括风俗习惯、道德规范、行为准则等方面的内容"。③ 可见，劳动不仅创造了教育，也在内容和形式上给予教育以鲜活的生命力。而劳动与教育是相互联系、不可分割的。没有教育的劳动，遮蔽了劳动存在的价值和意义，而失去劳动，就没有人本身，教育也就不复存在。劳动在教育中既是教育本身，也是教育的手段和重要内容，发挥出教育功能的劳动注重个体手、脑的紧密结合，能够"促进人的智力水平、道德生活、身心健康等身体物质基础的不断发展"。④

（3）劳动是推动社会历史发展的根本动力

劳动不仅是人们获得物质资源的唯一稳定途径，社会历史也是以人与自然间的关系为基础而产生的。人们在利用、改造和征服自然的过程中产生的劳动能力，即生产力，构成了整个社会发展的根本动力。另外，一切社会关系是在劳动的推动下得到发展的。人类在改造自然界的同时，通过现实的劳动实践活动必然会形成一定的社会关系，根据社会关系

---

① 《马克思恩格斯文集》第 1 卷，北京：人民出版社，2009 年，第 162 页。
② 《马克思恩格斯选集》第 2 卷，北京：人民出版社，1995 年，第 174 页。
③ 朱文辉：《伦理起源与教育作为德性实践——基于对劳动起源说的批判》，《河南师范大学学报》（哲学社会科学版）2020 年第 47 卷第 4 期。
④ 卢晓东：《劳动教育与创新：从工具视角开敞的意蕴》，《华东师范大学学报》（教育科学版）2021 年第 39 卷第 1 期。

的变化情况，马克思将人类社会的发展划分为三种形态：第一种"以人的依赖关系为主"，这一阶段个人"表现为不独立，从属于一个较大的整体"①，人们的社会关系局限在家庭、公社或者封建等级共同体中，没有独立的地位，只能依赖并受制于集体，离开集体便无法独立地进行生产。二是"以物的依赖性为基础"下人类的独立性质和平等关系开始凸显，表现为对物的依赖。资本家可以通过购买劳动力占有劳动，在借助货币资本进行交往和合作的过程中必然会物化社会关系，使人的异化越来越深。第三种社会形态表现为"建立在个人全面发展和他们共同的、社会的生产能力成为从属于他们的社会财富这一基础上的自由个性"②，这一阶段人类的社会关系"由资本主义时期的形式平等转变为真正、自由的独立和平等"③，个体真正获得主客体的独立，人类可以完全支配自己的劳动，劳动转变为人的自由个性的需要。为此，正如马克思基于社会形态的发展变化所强调的那样，劳动是"一切历史的基本条件"，有了人类的劳动，有了满足人类生存所必需的前提，才产生了生活和历史。

劳动创造历史，而劳动者是推动社会历史发展进步的重要力量。无论是 20 世纪末解决温饱问题的需要，还是我国历史新阶段的迈进，无不证明着劳动者是我国社会历史发展的根基和力量。劳动者通过劳动满足自身生存和发展需要的同时，在体力和脑力劳动中为实现国泰民安奉献了大量的劳动时间、劳动智慧、劳动付出，是在品尝世间百态、市井炎凉中克服困难而收获幸福、奉献自己而造福人民的过程。为此，我们要正确认识劳动、敬畏劳动、感恩劳动、诚实劳动，尊重劳动者的主体尊严和其平等的社会地位，认可、珍惜和爱护劳动者无价的劳动付出。

3. 新时代劳动的特点

劳动是人类的基本生存方式。每一次产业革命都伴随着劳动引发的生产力变革，最终推动社会历史的不断前行。因此，随着时代和生产方式的变化，劳动形态、特点也将不断迭代、更替、演进，新时代劳动呈现出以下特点：

（1）智能劳动成为新时代劳动的主要形态

20 世纪中叶，电子计算机的广泛应用标志着第三次科技革命的发生，人类社会开始进入信息时代，信息和资源交流更为迅速便捷。20 世纪末，以智能化为主要特征的第四次科技革命开始兴起，当前智能机器系统正逐步推广使用，日渐成为人类劳动的主要形态，此背景下，作为一种新的劳动形态，人与智能机器合作的智能劳动开始诞生，机器劳动向智能劳动迭代。智能劳动是指由人类和智能机器合作，通过模仿人类的大脑和思维过

---

① 《马克思恩格斯文集》第 8 卷，北京：人民出版社，2009 年，第 6 页。
② 《马克思恩格斯文集》第 8 卷，北京：人民出版社，2009 年，第 5 页。
③ 吴学东：《马克思的劳动思想研究》，北京：中国社会科学出版社，2018 年，第 129 页。

程等，实现拟人的创造产品的智能化劳动过程。未来劳动的大部分领域都将实现机器（含计算机和软件）与人工并行。

（2）劳动智力支出不断增加

在智能劳动时代，生产线通过大量脑力劳动来维系，即由人类预先编制的、发挥大脑作用的复杂软件系统来组织、指挥进行产品生产。智能机器的高度发展，会承担绝大多数的急难险重等各种重体力、高难度操作。智能劳动系统不是一个纯粹的物化工具，人工智能在一定程度上替代了人类的体力付出，模拟了人的敏锐知觉和思维模式，在人们的生产生活中居于越来越重要的地位，而操控人工智能成为以消耗智力为主的劳动，智力劳动越来越成为新时代劳动者的主体。因此，新时代人类劳动将朝着"体力支出不断减少，智力支出不断增加"的方向发展，以创造性、创意产业为主，以服务人类惬意生活为主，以不断开发研制高端智能劳动工具为主。

（3）劳动更具创造性、复合性和交叉性

人是在劳动中诞生，也是在劳动中不断发展的，没有劳动，人类将无法存在。劳动创造了人本身，因此，人类无论身处哪个时代都需要劳动，只是在不同的时期，劳动会以不同的形态和形式展开。在未来社会，即使人类会创造出很多自动化或高智能的机器或机器人，但作为人本身的劳动仍是不可或缺的，只是这时的劳动会和以往的传统劳动相比呈现新的特征，人类劳动在智能化的新时代将更具创造性、复合性和交叉性。智能时代，任何事物都被知识、智慧、信息等包围，而知识、信息等可学习的内容在智能时代都是可以复制的，只有人的大脑是不可复制的。智能劳动是由一系列重大技术创新构成的通用技术集群推动的，包括新一代互联网信息技术、先进制造技术、新材料技术等前沿技术。这些技术都以创新为核心特征，而人作为创新劳动的灵魂，未来劳动者必须注重经验和知识进行复合、融合、交叉，提高思维能力、设计创造能力、技术转化能力等。

（二）劳动教育

随着体力劳动和脑力劳动的出现，"劳动教育"一词在与社会同步发展的过程中应势而起，中外对其研究有较长的历史，虽然众多学者对劳动教育有不同的定位，但劳动教育对促进人的全面发展的重要作用已成为共识。而全面发展的教育目的决定了德育、智育、体育、美育、劳动教育五项基本内容，同时，要求这五育共同发展、全面发展、协调发展。具体而言，要同等重视五育，坚持德为先，智为本，体为径，美为核，劳为重[①]。劳动教育是对马克思主义教育与生产劳动相结合理论的延承、发展和创新。托马斯·莫尔最早提出并实施了教育与生产劳动相结合的教学方式，在他幻想的乌托邦中，劳动教育建立

---

① 宁本涛：《"五育"融合本质的再认识》，《中国教师报》2020年12月9日，第6版。

在没有剥削、人人劳动的基础上，"几乎所有人都必须从事农业和手工业这类普遍的生产劳动以及接受劳动教育"。① 在我国古代虽然没有明确出现"劳动教育"一词，但劳动教育早在我国的耕读文化中得以充分体现。白天从事农业劳动和晚上挑灯读书相结合的耕读文化与实践和学习相统一的劳动教育，在一定程度上是不谋而合的。大同社会中描绘的"壮有所用，幼有所长""力恶其不出于身也，不必为己"等语句，就"内含对有劳动能力的人应当劳动的伦理要求"②。我国近代著名思想家陶行知、黄炎培等高度肯定劳动教育的地位与作用，对劳动教育的理论和实践进行了卓有建树的探讨。黄炎培作为职业教育的集大成者，始终将尊重劳动放在职业教育的首位，认为积极劳动有利于引导学生手脑并用、祛除虚骄之气以及加强专注力、钻研精神的培养。而陶行知的生活教育理论、"行是知之始"理念等都对劳动教育的内涵及载体进行了丰富和拓展，证明着劳动是联系知识和生活的纽带，劳动教育始终是教育体系必不可少的重要一环。可以看出，劳动教育不仅在于促进学生劳动智慧、创新思维和创造能力的发展，以满足其未来生活和职业发展的需要，更重要的是通过劳动这一自由自觉的活动，能够培养学生正确的劳动价值观念及热爱劳动和劳动人民的积极情感，促使他们不断成长为"拥有自由个性的全面发展的人"③。

将劳动教育中的劳动延伸为四个核心要素。第一要素是手，第二要素是脑，劳动教育注重引导人们身心合一、手脑并用进行体力和脑力相结合的劳动。第三要素是劳动工具，必须借助一定的劳动工具才能将自己体脑劳动后的实践成果加以创造性的呈现。第四要素是面对真实现象，这一点就指向劳动教育要引导学生面对真实的劳动场景和亲历实际的劳动过程。四个核心要素，若缺少一个，就不能称之为真正的劳动教育，正如同时需要动手动脑，需要面对真实情境并将其创造性加以呈现的科学研究、文艺创作就是真正的劳动，且它们都具有一定的教育价值。因此，劳动教育就是指在传授学生劳动知识和技能的基础上，引导学生走进真实的劳动情境，通过手和脑协调配合的劳动实践，在身心两方面达到对专业知识更深的体验和感悟，以实现培养学生科学劳动观念和劳动素养为最终旨归的教育实践活动。劳动教育的核心理念是使学生养成辛勤诚实、甘于奉献、主动作为的劳动精神，形成崇尚劳动、尊重劳动人民的劳动价值取向，实现在"爱劳动""会劳动"基础上崇尚劳动和劳动者。在对劳动教育的认识上，既不能将其单纯地"窄化"为与工作、岗位相关的劳动技能教育，而忽视了对学生劳动价值观念、劳动情感的培养，更不能将其异化为一种带有惩罚性质的体力劳动，或是在开展劳动实践活动中将其作为一种放松、休闲的娱乐活动。劳动教育在本质上是培养人、锻炼人的综合实践育人活动。

---

① 托马斯·莫尔：《乌托邦》，戴镏龄译，北京：商务印书馆，2017年，第55页。
② 李珂：《嬗变与审视：劳动教育的历史逻辑与现实重构》，北京：社会科学文献出版社，2019年，第15页。
③ 檀传宝：《劳动教育的本质在于培养劳动价值观》，《人民教育》2017年第9期。

从以上观点来看，当前我国劳动教育已成为德育内容的一部分，变为德育的附属品，这在一定程度上忽视了劳动教育本身的独立性，使人们对劳动教育的重视程度被弱化。

劳动教育既是一种内容，又是一种形式。作为内容，劳动教育主要是指有关劳动知识方面的教育，它有着自身特殊的教育任务，同德智体美四育一样重要；作为形式，劳动教育就是以劳动的形式来开展学生教育工作，以达到育人的目的，实现学生的全面发展。

（三）大学生劳动教育

从"劳动教育"的概念出发，将受教育的主体明确界定为大学生，即得到了"大学生劳动教育"这一新概念。大学生劳动教育是以促进学生个体的全面发展为宗旨，以提高大学生的劳动思想和提升大学生劳动技能作为主要内容的教育活动。

大学生劳动教育要做到目的性与规律性的统一，做好大学生进入社会前的过渡工作。大学生劳动教育的意义除了可以帮助大学生端正他们的世界观、人生观和价值观，还能够使他们通过社会实践活动磨砺自我，以便为日后更好地投入工作做准备。

大学生劳动教育的主要内容包含了劳动价值观教育、劳动精神教育、劳动技能教育及劳动态度教育四个部分。

劳动价值观教育的内容包括引导大学生树立正确的劳动价值观，帮助其树立正确的劳动价值取向，端正其劳动态度并形成服务社会的奉献意识等内容。人类的历史是依靠人民群众创造的，人类社会的发展离不开人们的辛勤劳动，人们在劳动中实现自身价值，为我们生活的社会做贡献，并推动社会不断地发展进步。

劳动精神教育彰显了中国人民的精神风貌，是新时代建设美好生活的强大精神动力。对大学生进行劳动精神教育，是新时代社会发展的客观要求。要培养学生勤俭、奋斗、创新、奉献的劳动精神。大学生劳动精神教育旨在教育大学生崇尚劳动、尊重劳动，培养大学生勤俭节约、艰苦奋斗、锐意创新、甘于奉献等精神，使他们在今后的工作中能够通过劳动播种希望、收获果实。

劳动技能教育是培养大学生成为全面发展型人才的重要举措，它通过对大学生进行劳动与生产技术的传授，提升大学生的劳动能力。劳动技能教育可使大学生掌握一定的专业知识与生产技能，可以满足招聘单位对人才的需求，能够胜任心仪的岗位，以便于顺利步入社会生活。大学生肩负着建设祖国未来的重大使命，因此加强大学生劳动技能教育，是高校劳动教育的重要教学目标之一。

劳动态度教育是以引导大学生树立正确的劳动态度为目的教育。大学阶段是人的世界观、人生观、价值观形成的"黄金期"，也是人思维最为活跃、好奇心最强、不确定性最大的"风险期"，这就需要教育工作者对其进行正确的指导。事实也充分证明了，任何依靠不劳而获、投机取巧带来的安逸都是短暂虚假的，它们终将会在时间和生活的考验中化为泡影。因此，在劳动态度教育方面，教育者们要端正大学生的劳动态度，为其成长成才打下基石，奠定道德基础。

此外，还有劳动习惯教育，是指人通过持续地劳动，使劳动变为无意识的行为习惯的教育。当前，大学生群体中独生子女众多，父母的溺爱使其在成长过程中极少参加各种劳动，这种成长环境导致了当前大学生缺少劳动精神，对大学生进行劳动习惯教育十分必要。劳动习惯教育可以帮助其改变不良习惯，在日常活动中积极参加劳动，活跃其体力与脑力的状态，展现出大学生的蓬勃朝气。

二、大学生劳动教育的特点

劳动教育是高校教育内容的重要部分，高校开展大学生劳动教育研究，必须熟悉大学生劳动教育的特点，才能适应社会发展的规律。

（一）时代性

时代性是指事物根据时代的变化而发展的特点。时代变化推动理论创新，大学生劳动教育的特点紧随时代的变化而变化，高校开展劳动教育要把握好时代性。

随着社会大发展大繁荣，以人工智能、5G 通信技术等为代表的科学技术革促进了社会的分工日益细化，一般的劳动形态开始发生变化。要精准把握高校劳动教育的特征和价值，加强高校劳动教育的实效性。因此，高校劳动教育积极适应科技发展时代带来的变革，调整优质人才培养的目标，培养出具有创新能力的优秀人才，去寻找适合大学生的工作。促进大学生在尊重劳动、热爱劳动的过程中顺应时代发展变化，成为德、智、体美、劳全面发展的人。

在当前形势下，高校应当将劳动教育要落到实处，劳动教育应当主动地担负起时代的使命，让人们了解劳动的价值观，使大学生适应与时俱进的社会。高校劳动教育要与时代发展一同前行，与时代相呼应。高校大学生的劳动呈现出时代赋予的创造性特点。高校大学生劳动教育运用多学科知识培养劳动者，进行创造性的劳动引导大学生成为积极向上、具备创造发明能力的劳动者。高校要运用人工智能技术，搭建完善的网络空间。高校挖掘劳动教育的内涵，鼓励大学生运用所学的知识和技能进行创造性的劳动。随着人工智能技术的发展，劳动教育的形式在不断地丰富。劳动教育在一定科学技术的赋能下开展，又要推动科学技术的发展。高校要充分运用人工智能为劳动教育赋能，从方案、理念、思想等方面对劳动教育进行理论与实践的创新，坚持社会主义劳动教育价值方向的基础上，提升高校劳动教育的时代性。

（二）价值性

价值性，指高校大学生劳动教育具有塑造学生价值观的特征，帮助大学生树立正确的劳动观念。当前，大学生存在的好逸恶劳、价值观异化等问题，这要求高校劳动教育遵循直接创造价值的内在逻辑。

在教育语境下，一方面，劳动教育可以提升教育对象的劳动素质，使劳动者在劳动过程中提高生产效率，直接创造巨大的价值；另一方面，劳动教育可以提高整个社会的劳动生产力，使社会发展具有内生动力，推动社会的整体进步，对人类社会有着积极的社会意义。价值性同样包含了人们对于劳动价值的主观认识。随着人类劳动形态的不断变化和发展，更多表现在体力劳动和脑力劳动形式选择上数量的变化。人们更多是希望增加脑力的劳动，减少体力劳动。

当今社会发展，可以看出劳动教育的价值贯彻了以人为本。劳动的价值性更多包含大众对劳动价值的准确确认，要营造尊重劳动的分配机制与舆论氛围，使高校劳动更加具有成效。几千年来的劳动实践，促使大部分学生认识到人民群众的伟大力量。高校通过劳动教育，让大学生更加热爱劳动，鼓励大学生积极参加社会服务性劳动，把自己在学校学到的知识和技能转化到为人民服务的事业中。高校劳动教育要与时俱进，不断跟随社会发展的脚步去创造劳动的条件，让大学生参加学习劳动找到当代劳动教育的新方向。

只有通过勤奋劳动，才能创造价值。人们参与劳动的目的更多的是为了实现自我价值，发展和完善自我。高校劳动教育要努力帮助大学生改变不劳而获的错误观念。高校在优秀人才培养过程中加强劳动教育，要强化大学生对劳动的价值认同。帮助大学生认识到劳动对人的全面发展和社会的进步所起到的重大作用，积极引导大学生深入理解研究劳动与劳动教育，使大学生对劳动教育的价值认同自觉转化为自己的价值取向和选择。

（三）主体性

主体性是人们在劳动实践过程中表现出来的个人能力和看法，也可以表述为自主的、能动的、有目的性的活动。当前，我们强调的劳动教育的对象一定是大学生，实践的主体同样也是大学生，通过教师主导，对大学生开展劳动教育，实现德智体美劳全面发展。

大学中的劳动教育是一个系统性工程，当每个大学生都践行劳动活动时才具有活力。正是大学生们一致行动，激活了劳动的主体性。从主体的角度看，劳动教育在整个高校工作开展进程中不是一个机械的数字概念，既不是简单地指每个人或所有人，也不是模糊地指多数人或绝大多数人，而是要从总体特征角度去理解。大学生作为劳动教育的主体，除了学习劳动知识、提升素质能力，更需要充分发挥大学生自身的积极性、主动性，使自己成为劳动实践活动的参与者。只有大学生的主体性得到充分体现，大学生才会主动思考劳动教育教学内容、从而延展所学的知识，并积极在日常实践生活中应用所学知识、做到知行统一。

很多大学生对劳动的认识较为浅显，认为劳动就是为了挣工资，给多少工资就干多少活。在工作中，最常见的表现就是事不关己就高高挂起。从本质上讲，要发挥学生主体性作用，要改变以往单纯说教的授课模式，充分调动劳动者的积极性。增强劳动者学习的自主性、能动性和创造性，强化大学生的主体性，是劳动教育的重要组成部分，是高校培养全面发展的人的必然要求。高校劳动教育通过增强大学生主体意识，塑造大学生的健全的人格，将大学生培养成具有高度主体性的人才。以大学生为中心，增强大学生的劳动认同，并对个别学生进行针对性教育。高校劳动教育要充分发挥大学生的主体性，要组织大学生开展劳动教育系列实践教学，明晰大学生在参与劳动过程中面临的困惑，了解大学生思想动态。比如，暑期大学生农村"三下乡"实践活动，开展"劳动教育"的征文活动，通过这一过程督促大学生获得劳动知识的积累和劳动能力的提升，产生强烈的劳动热情，引导大学生走向社会、步入职场后更加积极劳动。

（四）阶段性

阶段性在时间上看是一个整体，但从经历和认知上看，可分为多个阶段性。大学生劳动教育绝不是通过一两次培训课就可以完成的，一般来说，人们对事物的认识在实践过程中逐渐深化，大学生关于劳动的看法和观点也是在劳动实践过程中进一步加深。

高校吃透劳动教育文件精神，理解新时代劳动教育的价值取向和教育蕴意，做好对劳动教育的整体规划和顶层设计。高校要根据大学生不同年龄阶段的身心特征和学习任务，选择灵活多样的方式，保持传统有益的劳动教育方式，又要充分利用现代生产和科学技术，不断丰富劳动教育方式，更好地把劳动教育与人工智能、互联网等新技术结合起来，培养大学生适应现代生产、现代科技和社会生活。高校要结合不同年级大学生的思维特点，将劳动教育的内容进行细致划分。如对一年级学生，进行"入学教育"，引导大学生主动地参加参与多种多样的劳动活动，提高大学生的劳动能力，使其尽快适应高校校园环境。与此同时，鼓励大学生积极参与校园实践活动、公益活动，将个人与公共利益实现完美结合。对于二年级的学生，鼓励大学生积极参与学习开设的劳动教育课程，以掌握必备的劳动知识和技能为目的，推动理论学习与实践学习的结合，体现了体力劳动与脑力劳动的完美契合，强化大学生对劳动内涵的见解、身体的锻炼、心智的塑造。对于三年级的学生，引导大学生积极参加本专业的实践活动和技能培训，鼓励大学生通过专业实践，不断提高自身的专业素养。对于四年级的学生，要求大学生做出正确的职业判断和职业选择，强化大学生对职业的理解。高校在课程中嵌入人工智能、物联网、大数据等新内容，充分利用人工智能技术推进劳动课程个性化发展，为大学生提供先进的技术支持，丰富的学习内容和多样化的教育服务。

高校明确劳动教育的内容设计，通过对不同阶段大学生的劳动教育的内容的层次设计，使大学生更容易接受劳动教育。

三、大学生特征及其劳动教育必要性分析

当下大学生基本上是 2000 年以后出生的群体，同时，他们也成为大学生群体的重要组成部分。大学生的劳动教育因其成长时代的特殊性而变得较为复杂。因此，了解大学生的成长环境，分析他们的行为特征，深入探讨对其进行劳动教育的必要性，有助于高校更好地开展劳动教育工作。

（一）当下大学生成长环境

可以说，当代大学生是在物质文明和精神文明协调发展的时代成长起来的。

在经济方面，国内政治经济稳定，人民生活安居乐业，世界政局不断变化，经济全球化不断深入。自 2000 年以来，中国经济发展迅速，综合国力得到了极大的提高。在此时期，中国加入世界贸易组织、成功举办北京奥运会……各项事业取得了长足的进步，国家越来越具国际影响力。随着中国综合国力的不断增强，大学生家庭的物质生活条件也更加优越，具有良好的经济和物质基础。

在科技方面，科学技术迅猛发展，科技社会不断变革。这一时期，社会进入了互联网时代，涌现出的众多网络社交平台丰富了大学生接收实时信息的渠道，使他们可以更便利地了解更广泛的信息。这也间接对他们的世界观、人生观及价值观产生了较大影响。

在文化环境方面，我国传统文化、红色文化的发展逐渐被国际社会所重视，传统文化商品也日渐丰富，到红色历史人文景点学习和游览的人群渐多，文化市场蓬勃发展。当今世界文化交流日益密切，"学汉语潮""孔子文化学院"等我国优秀文化在向外输出的同时，一些西方国家的社会思潮也在不断地向大学生袭来。大学生在这样的文化环境中逐步成长起来，因此，他们的主流文化意识更加清晰，对多元文化的包容程度也更强。

（二）大学生行为特征

第一，大学生拥有个性化的价值追求。大学生生活在物质与文化都更为富足的时代，在他们的人生规划中，很少考虑物质生活，更多考虑的是个人情感和自我价值的实现。一些学者指出，过去的儿童们必须遵守父母和社会的规定。这些约束对于小孩而言，起到了规范行为的作用，对孩子今后的个性发展也会产生某种隐性制约，因此，更容易形成以自我为中心的价值导向需求，敢于追求个人的快乐与自我心灵的满足。

第二，大学生具有独立自主的学习意识。现阶段大学生的家长大都是 70 后甚至 80 后，知识文化水平较高，因此，家长对子女的教育方式相较以往也更具科学性。教育方式的转变使大学生对学习没有排斥，也让其更易于养成自主独立的学习意识。

第三，大学生拥有现实化的人生理想。大学生在多元化的社会环境中成长起来，受利益价值导向的影响，面对激烈的社会竞争，并没有像父母辈那样充满理想，而是立足当

下，以更加客观真实的视角来看待现实社会生活。在他们眼中，幸福都是通过自身的辛勤努力得到的。在个人利益与报效祖国等社会公共责任发生冲突时，大学生大多首先关注的是自己的未来，在不影响自身生活幸福的前提下才会顾及到祖国、社会及他人。

第四，大学生拥有更开放的思维方式。通过实施"引进来"到"走出去"的经济战略转变，我国也走上了世界舞台的中心，这给大学生提供了更多了解世界、开阔眼界的机会。但同时也为一些不良社会思潮的入侵提供了可乘之机，对大学生的思想和行为带来了冲击和影响。因此，指导大学生在网络文化中提升自身的判断力是一项重要且艰巨的任务。

（三）大学生劳动教育的必要性

劳动创造未来，教育引领发展。高校是教育的主阵地，大学生作为未来社会的建设者，肩负着艰苦奋斗的历史使命。开展劳动教育，是对德、智、体、美、劳全面发展时代新人培养的积极回应，是高校与时俱进的具体体现。面对高校立德树人的教育重视不足、大学生劳动意识淡薄等问题，开展大学生劳动教育是实现高校立德树人根本任务，促进大学生全面发展。

1. 有利于实现高校立德树人的根本任务

立德树人不仅是教育的中心环节，也是教育的初衷和责任所在。大学要全面贯彻党的教育方针，以立德树人作为中心为纽带，努力实现全员教育、全过程教育、全方位教育，增强大学劳动教育的实效性，培养大学生成为全面发展的建设者和接班人。

首先，大学应该明确社会发展需要什么样的人，深刻理解劳动教育的教育性、政治性、实践性，引导大学生坚定理想信念，把服务祖国、发扬艰苦奋斗精神、肩负时代使命深深融入劳动教育当中。

其次，劳动教育作为高校实现立德树人任务的金钥匙，深深植根于劳动实践当中。大学生通过劳动实践了解劳动的本质，了解劳动的影响因素，提高个人对社会的责任感，作为国家发展的需要，紧密将个人成长与国家发展构建联系。以实现和谐社会的崇高理想，找准中国特色社会主义的出发点和立足点，最终实现共同理想。高校要注重大学生劳动教育和团队合作意识的培养，激发他们对劳动的热爱，增强他们的劳动意识，培养他们的奉献精神，丰富他们的精神世界。这要求大学生在劳动实践过程中，要树立劳动意识，增强劳动情感，加强对热爱劳动的热爱，在劳动体验培养崇高道德修养和健全人格。

最后，高校作为"育人"的重要阵地，它的根本任务就是立德树人。高校有义务引导师生及各类社会群体准确认识劳动。把握当前国情要用辩证唯物主义的眼光去看待，要认识到科学技术的发展为教育提供了技术支持，尤其是人工智能的产生，使得劳动教育方式得到更新。要积极构建劳动教育课程体系，完善课程设计，开发全面的、实用的、开放的劳动教育课程，根据国家的规章和规范，进行劳动专业教材的撰写。将优秀的劳动人才进行吸纳，建立结构合理的专兼职教师队伍，加强专职教育的考核评价。将高校劳动素质测评纳入大学生综合评价体系当中。此外，高校要培养大学生拥有正确的劳动价值观，在意识形态上形成正确的劳动身份，引导大学生走向社会，积极参加义务劳动，增强社会责任感与担当精神，并有意识地开展社会主义的核心价值观教育，促进社会的改革和进步，完成立德树人的根本任务。

2. 有利于实现大学生全面发展

教育是国之大计，党之大计。现代工业的不断发展，将使人们从繁重的体力劳动中解放出来，促进劳动关系的社会化。随着科学技术的不断进步，大学生更多的是进行脑力的学习，参加体力劳动的时间在减少，导致部分大学生对劳动认识不深刻。

高校促进大学生德、智、体、美的发展，提高大学生的独立生活能力和社会适应能力。大学生作为新时代的建设者，是推动劳动事业进步的主力军，这就对他们提出了新的要求，即追求实现大学生的全面发展，成为有本领、有担当的学生。高校要抓住大学生价值观念逐步走向成熟的这个关键时期，通过劳动教育的方式引导他们全面把握当前的教育情况，树立正确的劳动观念。一个爱劳动、崇尚劳动的人，更容易实现自我价值，实现事业上发展。高校要培养大学生获取扎实的专业技能、树立一颗勤劳上进的心，具备良好的品格，在社会的发展过程中充分认识到自己与社会的关系并产生责任感。大学生进行诚实劳动、积极劳动承担起新时代赋予的新使命。此外，要保持当代大学生劳动本色，将吃苦耐劳、敢于拼搏熔铸于心。

第一，劳动教育有助于提高大学生的劳动技术能力。随着人们生活节奏的加快，社会对高素质劳动者的需求越来越高，这就要求教育必须将生产劳动和社会实践结合起来，切实提升大学生的劳动技术能力，培养出符合时代需求的新型人才。因此，学习并掌握一定的劳动实践技能，是大学生在未来社会生存发展的基本要求。劳动教育是能够将理论教学和实际操作相结合的纽带，是链接学校教育与社会工作的桥梁。

第二，劳动教育有助于引导大学生树立正确的世界观、人生观、价值观。在当前特殊的时代背景下，大学生的成长成才与我国社会主义的蓬勃发展一脉相连。因此，推进大学生的劳动教育，应引导其将个人理想与国家命运相联系，鼓励大学生积极承担起自己的社会责任。

随着大学生步入社会，他们自身具备的专业知识促使他们分散在各个重要工作场所。在社会中，劳动能力至关重要，加强劳动教育势在必行。大学生要关心集体、勤奋劳动、爱岗敬业，在开展劳动教育过程中独立思考，增强探索、观察、操作等劳动能力。在社会实践中锻炼一个强健的体魄。在劳动教育实践过程中发现美、体验美、鉴赏美、创造美。

3. 劳动是人类最基本、最重要的社会实践

第一，劳动是实现伟大梦想的必由之路，在这一过程中需要每个中华儿女辛勤劳动，时间是最伟大的书写者。这要求高校大学生坚持不懈地辛勤劳动，用劳动刻画出梦想成真的瞬间。在不同领域、不同方面，将个人融入集体、将学生融入学校，将群众融入社会建设，发扬辛勤劳动。引导大学生不断为国家发展强大贡献智慧，将美好生活的向往在劳动过程中付诸实践去创造幸福生活。行百里者半九十，梦想在前，使命在肩，始终保持一往无前的努力。

第二，大学生要认真学习劳动知识、将专业课学习扎实，把老师布置的任务落实好。大学生积极参加劳动实践活动、诚实劳动，尊重每一个人劳动成果，关心集体、爱护同学。坚持锲而不舍、驰而不息筑牢大学生的劳动意识，鼓励大学生们用自身的知识和本领接力奋斗。

第三，创新本质上是一种劳动实践，创造性劳动需要始终坚持创新引领前进方向，引导大学生在创造性劳动中取得进步。因此，高校必须培养综合素质全面发展的人，爱劳动的人，诚实劳动的人，创造性发展的人。以人工智能为抓手，将人工智能技术运用到劳动教育教学中。大学生要坚持创造性劳动、开拓思维，凭借真才实学服务人民，用创造性劳动建设祖国。

我国的社会主义革命、建设和改革进程中取得的重要成绩，离不开全体人民的辛勤劳动和艰苦努力。创新增长方式、培育新产业是突破瓶颈的唯一出路，这就要求我们必须培养有知识、懂技术、擅创新的高素质劳动者。开展大学生劳动教育，有助于引导其养成良好的劳动习惯，形成积极向上的劳动精神，坚定大学生为建设中国特色社会主义而奋斗的信心。

第二节　劳动教育的理论依据及发展历程

马克思基于劳动的内涵和劳动活动对人类社会的意义进行反复的考察和反思，中国共产党人继承并发展了马克思关于劳动的重要理论，并对马克思主义劳动观进行了中国化释义，使其适应中国国情和中国学生的特点。要探索大学生劳动意识的培养路径，需要以马克思主义劳动观为理论依据，对劳动意识的理论维度进行解构式分析，为开展本研究奠定理论基础。

一、劳动教育理论依据

1. 自我意识：劳动认知的逻辑起点

人通过有意识地劳动体会到自身与动物的生命活动的不同，将自然界改造为属人的自然界。通过劳动这个中介，人在面对自然界时，不再仅仅是被动的适应，而可以按照自己的尺度、审美和规则来主动进行改造和创造，使自然界变为在人的有意识的活动下重塑出来的世界。劳动是人的本质属性，劳动不仅创造了人类与物质之间的关系，还创造了意识、思想、观念。意识作为劳动的产物，它们没有独立的"历史"，而是与物质交往和生活实际融合在一起的。正是这种自由的有意识的活动，也就是劳动成就了人类的历史。

2. 劳动价值：劳动认知的核心探究

劳动力作为一种特殊的商品，它的特殊性体现在它是价值的源泉，在劳动力的消费过程中，劳动力创造的价值要超过它自身的价值，这个超出的价值就归资本家所有，这就是剩余价值。劳动者只有发现埋藏在劳动过程中的秘密，才能获得对劳动的充分认知。

3. 劳动解放：劳动认知的本质升华

劳动是人类获得解放的根本途径，是人类获得自由的必经之路。

首先，人在劳动过程中不再是机器的附属，而是作为主体直接或间接地参与劳动，机器也由人类的枷锁变为人类的第三双手与劳动有机结合，运用自身的聪明才智进行生产劳动，不断推动生产力向前发展，这样，人们不再需要以牺牲大量劳动时间为代价换取相应的薪酬，从而获得大量的可自由支配时间。其次，劳动从谋生的手段变为自由自觉的活动。劳动不再是财富的尺度，劳动者的薪资也不用劳动时间来衡量，人们有充裕的时间去自由地寻找个人的发展空间。最后，劳动解放意味着人类实现了自由全面的发展。

4. 西方社会劳动教育思想

马克思对劳动教育思想做了详细阐述，奠定了劳动教育思想重要基础。除此之外，西方国家一些著名教育家也在理论与实践中将劳动教育理论得以发展和丰富。其中，具有一定代表性的为苏霍姆林斯基、卢梭、裴斯泰洛齐和杜威提出的关于劳动教育的思想理论。

苏霍姆林斯基提出了劳动教育应该遵循七个原则，分别是：道德性和公益性原则、量力性原则、尽早性原则、经常性和连续性原则、全面发展的原则、手脑并用原则及个性发展原则[①]。他提出，就目标而言，劳动教育的目的可具体划分为思想和社会两个层面，而培养"真正的人"、培养合格的社会主义公民是劳动教育的根本目的。

法国启蒙思想卢梭的劳动教育思想是在自然主义教育观视角下展开的。一方面，他认为应注重体力劳动，传授学生们劳动技能；另一方面，他提出，于人类发展而言，劳动教

---

① 朱博：《苏霍姆林斯基劳动教育思想研究》，华中师范大学，2018 年。

育极具意义。劳动能使人的身心健康，促进人的全面发展。他认为，"只有在劳动中，人的身心才能得到锻炼并成为全面发展的人，这既是参加劳动的手段，也是参加劳动的目的"①。这一论述着重强调劳动在人的全面发展中所起到的作用。

瑞士著名教育家裴斯泰洛齐认为，把教育和生产劳动结合起来，对培养人才是十分重要的。他指出："多方面的农业和手工业劳动是发展青少年体力、智力和道德的良好手段。"②

美国教育家杜威受欧洲劳作思想的影响，提出"教育即生活"的学说，对传统的填鸭式教育进行了批判，倡导"从做中学"，强调了实践活动的重要作用。他指出，真正有意义的学习应该是把校园内里学到的书本知识成功地运用到日常活动中去，"从做中学要比从听中学更是一种好的方法"③。

对西方社会的劳动教育思想进行梳理，借鉴其中的精华，可为研究我国劳动教育问题提供有益参考，并对我国完善高校劳动教育、优化劳动教育实施过程中存在的问题具有一定的指导意义。

二、劳动意识的理论维度

马克思从自我意识、劳动价值和劳动解放三个方面对劳动的内涵和作用进行深刻阐释，增进了人们对劳动的认知。

伊曼努尔·康德将纯粹理性的广义内涵划分为知性、判断力和理性三部分，分别代表认识能力、愉快与不愉快的情感和欲求能力④，认为意识是知、情、意三者的统一，也就是后来的"意识三分"理论。知性是通过范畴和概念来认识对象的能力，使认知能够在不同的直观之间建立联结，形成概念；判断力是由知性到理性的中介，从而与情感的中介作用重合⑤；理性是一种作为欲求能力的意志⑥，包含了"自发性""自愿""自由选择"和"自律"等意义⑦。

（一）认知维度：劳动的内涵与价值

劳动认知主要包括对劳动概念、理论、意义的认识，可以分为内涵认知和价值认知两个层面。

① 谢丽玲：《劳动教育与人的素质的全面发展——卢梭劳动教育思想述评》，《湖南教育学院学报》2001 年，第 2 版。

② 戴本博：《外国教育史（中）》，北京：人民出版社，1990 年，第 247 页。

③ 陈春莲：《杜威道德教育思想研究》，北京：中国社会科学出版社，2016 年，第 46 页。

④ 易晓波、曾英武：《康德"理性"概念的含义》，《东南大学学报》（哲学社会科学版）2009 年第 11 卷第 4 期。

⑤ 杨春时：《先验、反思判断及康德哲学、美学体系批判》，《广东社会科学》2013 年第 5 期。

⑥ 康德：《判断力批判》，北京：中国人民大学出版社，2011 年，第 5 页。

⑦ 江璐：《康德的意志概念的两个方面：实践理性和自由抉择》，《社会科学辑刊》2015 年第 3 期。

内涵认知侧重于让学生了解"劳动创造世界""劳动衡量人生价值"等历史唯物主义基本主张。获得劳动的内涵认知是形成劳动意识的基础，正确的劳动意识需要建立在人们对劳动理论的自觉认知和深刻理解的基础之上。只有具有对劳动的理论自觉，才会形成正确的劳动认知。

价值认知注重让学生在掌握劳动基本知识的基础上领悟劳动的意义和价值，重在让学生掌握劳动具有"衡量人生价值""创造社会物质财富""促进人的全面发展"等多方面的价值，从而基于正确的劳动价值观对不同的劳动行为做出价值判断和选择，为后续形成深厚的劳动情感打下坚实的认知基础。

（二）情感维度：劳动积极性与获得感

劳动情感不仅包括对劳动的热爱，享受劳动带来的乐趣，完成劳动的自豪，还涵盖对劳动人民的敬意以及取得劳动成果的获得感。因此，劳动情感可以分为劳动积极性和劳动获得感两个层面。

劳动积极性表现为在劳动中能够主动、负责、诚实地参与劳动，认真主动完成劳动任务，乐于在劳动中帮助他人。劳动积极性是正向的劳动情感，人们在长期积累劳动成果的过程中，产生正向的劳动体验，最终分化出意识情感，这种积极性是通过外在客观实践对人的内心世界产生作用，并不断在主体的内心世界积淀，最终形成一种稳定性情绪。一个具有强烈劳动积极性的人，必定对劳动在人类历史和社会生活中的重要价值和决定意义具有充分的情感认同和充沛的情感表达，并通过自身的劳动实践表现出来。

劳动获得感是指在劳动中感受到创造财富的美好，在劳动中体验价值创造的满足，在劳动中追求理想抱负的实现，享受劳动带来的生活幸福。只有当人们充分认识到劳动与生活的关系，并在劳动中收获相应成果，才会产生对劳动应有的积极而愉快的情绪感受，才会在内心积淀着对劳动的美好记忆，从而与劳动的本质产生情感的连接，获得本质的确证[①]。

三、劳动教育的发展历程及主要成绩

（一）劳动教育的发展历程

中华人民共和国成立以来，在马克思主义教育与生产劳动相结合理论的指导下，劳动教育作为我国国民教育体系中的重要部分，随着我国经济文化水平的发展、劳动生产方式的革新与进步，大学生劳动教育在内容、形式等方面经历了几个重要的历史阶段。其中围绕理论课程及实操实训经历了一系列改革变迁，在劳动教育内容方面呈现了探索、调整、

---

① 罗建文：《论人民美好生活需要与社会主义劳动修复》，《湖南社会科学》2019 年第 3 期。

融合、育人的特征；劳动教育形式上也呈现出了以生产劳动为主、以体力劳动为主，兼顾体力劳动和脑力劳动、最后突出劳动育人导向的演变趋势。因此，对当前高校构建全面育人体系，培养新时代劳动人才具有重要的借鉴价值。

综上，基于马克思的教劳结合思想，对于中华人民共和国成立以来大学生劳动教育的发展历程进行了梳理与总结，具体分为以下几个阶段：

1. 大学生劳动教育的曲折探索阶段（1949—1977）

中华人民共和国成立初期（1949—1977）作为我国劳动教育探索起步阶段，高校开展劳动教育大多是自发组织，并没有统一的规章建制和要求。在党中央的正确决策之下，顺利完成三大改造的任务，推动我国社会迈向全面建设社会主义时期。社会主义建设时期对教育工作做出了新的指示，明确了教育的根本属性是为无产阶级的政治服务，生产劳动第一次成为学校正式课程进入课堂，教学计划中加入了劳动教育的相关内容，大学生劳动教育在教劳结合理念的指导下由此正式拉开序幕，这一时期高校开展劳动教育的目的主要在于通过理论与实际相结合培养学生树立正确的劳动观念。于是主要采用以下三种方式实施劳动教育：

一是将生产劳动列为正式课程。中华人民共和国成立后，我国充分吸取新民主主义革命时期的教育经验及教训上，做出将生产劳动列为高校正式课程的重大教育决定。中华人民共和国成立初期的文科课改中部分院系更是将劳动教育设置成必修课程，这是高校在党中央的领导下将劳动教育纳入课程体系的初步探索。教劳结合思想经过学校教育工作实践与检验，最终以教育方针的形式固定下来，各类高校纷纷效仿部分院系的课程改革，生产劳动课成为高校人才培养课程体系中的必修课程，主要以介绍生产劳动的相关理论知识与实操性技能为主，形成了高校初步探索劳动教育的重要成果。

二是建设校园农场、工厂，提倡勤工俭学，将生产劳动纳入正式课程体系基础之上，这一时期的高校劳动教育还十分注重体力劳动的锻炼和生产技能的掌握。1958年，共青团特地发文支持并鼓励学生在学习之余开展必要的勤工俭学，一来在生活中检验所学的理论知识，二来积累简单的劳动经验有利于未来的职业规划，并指出了劳动实践是作为教学活动必不可少的一个环节，应该积极地加强引导。任何教育者和教育对象都不能轻视体力劳动者的付出，浪费劳动成果，为了更好地适应实际国情避免一刀切的武断思维，全日制学校和半工半读学校实施不同的教学安排，前者开展全日制教学及保持八小时劳动时长，允许并鼓励半工半读学校教育、劳动制度作为正常教学的补充。作为这一时期高校严格落实劳教结合教育方针的形式之一，这实际上是勤工俭学内涵的进一步延伸，有力推行并促进了这一时期高校劳动教育的进展。

三是落实生产实习制。中华人民共和国建立初期，政务院相继颁布相关文件，将生产实习补充到高等学校、职业技术类院校的教学大纲中，鼓励学生勤工俭学并在获得一定成效后，对于毕业生提出认真贯彻理论与实际相结合的原则，号召各地各校加快实施毕业生生产劳动实习制度，以体力劳动实践为主，纠正错误劳动观念，尊重体力劳动者。

总的来说，初步探索时期的劳动教育虽然形成了一定的固定教育方式，如勤工俭学、生产劳动实习等影响至今，然而遗憾的是学术界、教育家们关于教劳动结合的教育方针，在实践环节很难做到体力劳动实践与知识教学的平衡，忽视了理论知识学习、科学研究，加之"左"倾错误思想的影响与误导，这一时期高校很难建设系统规范的劳动教育体系，因此，无论理论还是实践层面仍然处于探索阶段。

2. 大学生劳动教育的调整发展阶段（1978—1991）

首先在教育内容的具体制定中，除了坚持将劳动课程纳入学校课程体系，部分高校结合学校特色和学科专业开设了针对性的劳动课程。例如，南京农业大学为了凸显学科特色，将劳动分为集中农牧业劳动、公益劳动、专业劳动三大类，让学生根据兴趣和专业开展劳动实践。在课程设置上集合学校领导班子和学科带头人共同制定集中农牧业劳动工、集中农牧业劳动、农事操作工、农事操作四门必修课，在具体课程教学中融入劳动教育实践。

其次是劳动教育方式上，这一时期在继承勤工俭学、生产劳动实习等以往劳动教育形式之上，各高校要结合本校办学特色选择性开展工农业劳动、公益劳动、生产性劳动、实习训练等。其中，工科和农科类学校由于专业的实践比重较大，应结合教学改革联合校外工矿工厂、农场建立学校专用的劳动实践教育基地。其次为了防止实习流于形式化，部分院校直接在其教学计划中确定劳动生产开展时间、具体要求。并且为了体现因地制宜的办学特色，针对不同学制不同学科对劳动实习时长做出了相关规定，充分体现出这一时期我国对劳动教育目标认识逐渐清晰起来，同时，劳动教育的实施进程也日渐规范起来。

总的来说，调整阶段的大学生劳动教育各方面取得了一定的成效，逐渐回到正轨，呈现出了符合时代发展的新特点，主要表现在：一是在总结曲折探索阶段劳动教育发展经验和教训的基础上，正确处理了大学生理论学习和社会实践之间的关系，着力解决传统劳动教育内容中体力劳动过多的矛盾，强调了理论知识和科学研究的重要性。二是结合改革开放的时代背景，遵循学科专业特色及学生身心发展规律在新的历史时期实现了大学生劳动教育的接续发展。

3. 大学生劳动教育的实践融合阶段（1992—2012）

这一阶段我国社会主义市场经济体制逐步确立，科教兴国、人才强国战略也相继提出并得到计划实施，为我国高等教育体制改革营造了良好的国内政治环境。素质教育要求下注重学生主体性及主动性的开发，其目的在于培养高素质人才委以振兴中华的时代重任。

面对知识经济下人才紧缺的困境，唯有不断改革教育体制、调整教育内容、重建人才培养结构才能有效。各级各类学校要打破应试教育的束缚，以知行合一、劳教结合的理念指导开展各项教育工作，以素质教育扭转变形扭曲的教学秩序和基本规范，培养学生的主体意识、激发学生得到个性潜能。

这一时期的劳动教育呈现出了以下三个显著特点：

一是教科研有机统一于实践中。实践作为真理检验、认识发展的根本动力，因此，是这个完整教育链条中的核心环节，生产劳动在这个时期被包含进了社会实践中。例如，劳动教育在河北农业大学园艺系已成为必修课程，为此，建立专业化的集教学、生产、科研于一体的综合示范基地，坚持以社会主义市场经济体制为导向，开展生产实训和劳动锻炼，引导学生将校内理论知识运用于实践岗位。生产实习和劳动实训的提出不是凭空而论，而是经过实践反复检验最能符合我国高校教育现状和教育发展规律的必要举措，更是各个维度全面发展的重要补充，作为劳动育人的有效载体极大地凸显了其育人价值。

尤其生产劳动在社会实践中占据的比重越来越高，社会实践活动极度需要正确价值观的指导和规范。

二是高校劳动教育指导社会实践逐步制度化、规范化。由于国内高校将劳动教育列入教学计划、纳入课程体系的时间并不统一。20世纪90年代后期，教育部为了进一步规范对社会实践活动的指导，要求各高校重视社会实践活动，将其列入教学计划及具体课程设置中，于是这一安排以国家意志的形式得以落实。

三是生产性劳动不再作为社会实践的显性内容直接出现。无论是在劳动教育探索时期还是调整时期，生产性劳动作为高校劳动教育课程中的一个重要构成，是大学生直接参与、亲身接触劳动实践的最直接的方式。但是随着21世纪的到来，教育体制的改革带来的是对人素质要求的变化，综合素质和创新精神成为素质教育的核心考查内容。于是这一时期取而代之的是实验、实习、社会调查等实践教学环节的比重大大增加。

综上，大学生劳动教育的实践融合阶段在实质上更加反映我国的教育目标，在方式上更强调实践育人。单单从劳动实践来看，开展校内外劳动实践显得尤为必要，这对于大学生提前接触社会，培养劳动习惯和劳动精神无疑是有利而无一害。但是就各校劳动实效性来看，劳动实践锻炼极易流于形式化而违背全面育人的初衷。加之这一时期经济发展迅速，人民的生活水平越来越高，随之而来的是劳动观念的淡化，劳动价值观的扭曲，直接致使学校教育体系中劳动教育日益边缘化。

4. 大学生劳动教育的全面育人阶段（2013年至今）

从劳动教育的内容出发，如劳动观念、劳动精神、劳动品质等方面，结合新的时代背景对劳动教育目标进行了深刻阐述，从环境学角度突出劳动环境氛围的重要性，为新时代高校劳动教育的改革创造了良好的外部条件。

"民生勤则国不匮"是中华传统精神与品德的凝练和升华。劳模精神、劳动精神是几千年来历代中华儿女在劳动实践中凝聚而成传统美德，理应受到全社会的尊崇与传承，劳动模范及其先进事迹是各行各业劳动者应该遵循、效仿的劳动准则，形成内化于心的勤劳品质、敢为人先的创造行为。

首先是激发劳动者的实干兴邦精神。即便是现代化发展如此迅速的当下，依然不能轻视普通劳动者及其劳动成果，任何人都不能贪图不劳而获。实干是造福于人民兴耀国邦的务实精神，意欲一步一个脚印走出中国特色社会主义道路。

其次是通过改善民生来调节劳动关系。坚守为民谋利、为国谋兴的宗旨，劳动成果应该由所有劳动人民共同享有。

最后是鼓励创造性劳动。在于各级党委和政府对于科技人才、技能工匠的重视，不断加快自主创新，在战略性、前瞻性领域赢得主动权，打好人才博弈、科技竞争的主动仗。为此，国家要加强职工素质工程建设，打造一支符合国情的知识型、技能型、创新型劳动者队伍。

这一时期是高校劳动教育深入发展阶段，是实现劳动谋生到育人的关键时期。劳动教育内容的丰富带来的是实践方式的日益多样化，家庭劳动、校园劳动这种基础日常劳动在家庭、学校中不断得到重视，劳动教育必修课从计划提出到实际教学正在不断完善，大学阶段的专业实训与创新创业实践的融合也更加的有效，学生从基础劳动体验中不断突破自我，将个人劳动锻炼提升到服务社会的思想高度。由此可见，全面育人阶段的高校劳动教育相比以往阶段的劳动教育，在育人目标上强化了劳动价值观、劳动习惯、劳动情感、劳动技能、劳动精神的全面融合；在育人方式上采用劳动教育必修课程硬约束和校园文化潜移默化地软渗透相结合。

（二）劳动教育的主要成绩

对中国劳动教育的发展史以及各阶段所获得的成就及经验进行回顾和总结，有利于为大学生劳动教育工作的开展提供参考。

第一，将教育与生产劳动相结合的思想与中国实际国情相结合，发展了具有中国特色的劳动教育。马克思首次在西方资本主义大工业社会背景下提出了教育与生产劳动相结合的思想，并指出了其在未来社会所具有的价值，然而却并未详述在将来社会中应怎样使教育与生产劳动相结合在一起。事实证明，全面把握马克思提出的教育与生产劳动相结合的理论，发展具有中国特色的劳动教育，是我国劳动教育初显成效的关键。

第二，完善并推广了劳动教育，劳动教育的育人作用得以发挥。我国大学生劳动教育的实践形式自中华人民共和国成立以来经历了由生产实习到社会实践活动再到设置劳动教育必修课程的三个阶段。在这些过程中，劳动教育的德育属性逐渐被人们所重视，大量高素质劳动人才在高等教育从精英化到大众化的过程中脱颖而出。因此，我国应继续完善劳动教育，发挥劳动教育的德育作用，大力推进大学生劳动教育在高校的开展。

把握全球化带来的机遇，同时也要保持头脑清醒应对各种可能风险。各级党组织要深化对劳动之于国民素质的提升、创新人才培养的认识。高校负责人要从思想上提升觉悟，全面支持助推素质教育的落地，办好国家需要、人民满意的劳动教育，逐渐认识到大学阶段的劳动教育构成不应该仅仅是课本理论知识的学习，而应该鼓励大学生投入提升人类物质、精神生活的日常性劳动、生产性劳动及服务型劳动中，从而更好地激发每个大学生劳动精神和劳动创造潜力。

第二章　大学生劳动教育存在的问题及归因

为了解大学生劳动教育实践状况，笔者分别从高校、社会、家庭及个人四个层面对大学生劳动教育存在问题的原因进行分析。

第一节　大学生劳动教育存在的问题

劳动教育不仅是新发展阶段下引领国家实现创造性发展的重要方式，更是五育中促进大学生高质量发展必不可少的重要组成部分。而大学生的高质量发展以其德行成长为核心目标。为此，大学生劳动教育的逐步开展和完善是各高校和社会机构协同推进的核心任务。但通过对当前大学生劳动教育开展情况的调查和了解，大学生劳动教育在积极开展和推进的同时，其课程、实践活动、组织规划等在实施过程中存在的一些问题也逐渐显现，这也引起了社会各界的高度重视。

经过多年的发展，大学生劳动教育在立德树人、促进学生全面发展方面取得了一定的效果，但是也存在着一些持久没有解决的问题，大学生也因此面临诸多幸福困境。主要体现在尚不完善的高校劳动教育体系、没有达成共识的家庭教育观念、未提供足够支持的社会环境，以及大学生能力缺失的自我教育，导致了大学生劳动教育在实际开展过程中困难重重。

一、高校劳动教育弱化

高校的劳动教育历经多年，对于促进学生的全面发展发挥了一定的作用。但也存在一些短板，当前高校的劳动教育体系还不够完善，劳动教育依然是高校教育中的薄弱一环。

（一）劳动教育体系尚不完善

新时代高校劳动教育的落实，必须要有相应的科学课程体系，以此为依托对高校学生开展系统化教育，并根据学生反馈及时完善教学设计，进而扎实高校劳动教育的工作根基，全面落实好新时代高校育人目标。但由于目前高校课程体系的不完整，劳动教育专题立项或者课题研究多有不足，教育内容碎片化、教学方式单一化等问题多有出现，劳动教育活动意义浅表化，难以适应新时代劳动教育的发展要求。

目前，许多高校大学生劳动教育还处在起步阶段，各方面条件不足，一些配套设施的准备也不够充分，导致了高校开展劳动教育成效不明显。劳动教育的核心任务是要通过对大学生进行劳动教育，使其树立正确的劳动观念，明白幸福要靠劳动创造的道理，从而乐于接受学校、家庭、社会劳动教育且主动加强自我教育能力的培养。在此过程中，树立崇高的劳动精神，培育优秀的劳动品质，获得卓越的劳动技能，从而达到促进自身全面发展，实现幸福目标的目的。然而，许多高校不管是在劳动教育的目标任务还是教育内容都存在含糊不清的现象，没有形成系统的劳动教育体系。

一方面，部分高校尚未设置专门劳动教育课程，课堂教育的主渠道未充分发挥。与其他完善的教育课程相比，劳动教育课程设置缺乏必修课程与配套课程的有效配合，课堂传授缺乏专门的劳育教材，对于劳动概念、劳动关系、劳动伦理等深层概念讲授较少，系统化理论梳理层次浅薄，导致课堂教育内容单薄零散、主题导向不明，劳动教育理论深度远远不够。"非课程化"的教育倾向使得高校劳动教育难以支撑自身的人才培养要求，劳动教育表面化问题凸显。另一方面，虽部分高校已开设专门劳动教育课程，但由于缺乏完善的教学体系，劳动教育课程定位不明晰，实际劳育效果并不理想。高校劳动教育在课程设置方面的不完备，落实到教育教学环节呈现出无章可循的局面，往往是高校在自我摸索理解中开展系列教育活动，出现劳动教育理解偏差、实践活动混杂等问题，造成高校劳动教育管理散乱、劳育效果不佳。劳动技能的教育则多依赖于实习实训或者社会实践，缺乏价值认识的劳动难以上升为劳动精神，造成"有劳动无教育"的局面，课程的不完备导致劳动教育形式化问题多有存在。

（二）劳动教育方法没有突破和创新

劳动教育途径和方法主要有两个方面：一是进行劳动理论教学，二是开展劳动实践活动。大学校园是高校进行大学生劳动教育的主要场所，但是，目前高校的劳动教育不管是理论教学还是实践教学，都表现得心力不足。劳动教育课程的开设存在流于形式、被动应付的成分，劳动教育的理论教学体系也尚未建立起来；劳动实践教学则形式单一，难以突破和创新，导致劳动教育对学生的吸引力不强，取得的效果自然也不太理想。[①]

分析高校在大学生劳动教育方面存在的困境，主要有两个方面的原因：

1. 教育内容不够丰富

教育内容是大学生劳动教育开展的重要因素，极大影响着大学生劳动教育的质量和效果。大学生劳动教育只有向大学生传递有关幸福的知识，讲好中国人民用辛勤劳动创造幸福的生动故事，才能激发大学生的幸福需要。当前，部分高校在开展大学生劳动教育时，

---

① 肖湘愚、胡舜：《当前大学生劳动教育存在的问题及建议——基于湖南财政经济学院的调查研究》，《湖南第一师范学院学报》2020年第20期。

存在忽视教育内容建设的问题，教育内容单一化、简单化、传统化，故而难以激发大学生的劳动热情和幸福需要。

2. 教育方法没有创新

教育方法是大学生劳动教育开展的策略性途径，教育方法的科学性、可行性和系统性直接影响着大学生劳动教育的成效。在推进大学生劳动教育的过程中，课堂教学和实践教学都是必不可少的教育手段。当前，在课堂教学中，部分高校教师难以提升大学生的思想境界和人生境界，帮助他们树立正确的劳动价值观。在实践教学中，多数也仅仅只是停留在寒暑期参加社会实习实训，劳动实践活动单一，在深化产教融合、促进大学生创新创业、搭建大学生劳动实践平台等方面仍做得不够。

大学生作为社会发展的后备力量，他们劳动价值观的养成有赖于符合时代特征、有针对性的培育手段，但大学生劳动价值观培育手段缺乏创新，具体表现为：第一，培育方式较为单一。在教育方式方面仍以理论课学习和专业实习为主。第二，劳动价值观培育的活动形式化明显。在劳动价值观教育的活动方面，部分学校劳动价值观教育的活动流于形式，不够深刻，没有什么效果，劳动价值观教育活动不够充实。第三，校园文化氛围建设形式化。在校园文化氛围建设方面，学校的劳动文化氛围建设不足，仅仅停留在表面。第四，大多数学生对创造性劳动热情不高、创新创业能力薄弱。毕业生在求职过程中缺乏创新思维和创新的勇气。第五，长期以来，学校在开展具体的劳动价值观培育时往往走进了一个误区，即把劳动教育误解为"劳动"加"教育"等于"劳动教育"，培育方式走向了僵化。

（三）师资队伍专业化水平不高

师资队伍的专业化在大学生劳动价值观培育中起着非常重要的作用，教师的专业性在一定程度上直接决定着劳动价值观培育的质量和水平。但就根据目前的现状来看，师资队伍的专业化程度还是有所欠缺。这主要表现在：第一，专任师资数量不足现象比较普遍，经调查发现，近四分之一的学校缺少劳动课专职教师，另外，大学生的综合实践活动课也缺乏相应的师资人员。第二，劳动价值观任课老师专业性不强，虽然有些大学开设了一定的劳动教育课程，但是缺乏具有专业知识的老师来指导，这极大地降低了劳动教育课程的效用。第三，劳动价值观培育工作机制不完善，虽然学校层面开始重视劳动价值观培育的开展，这主要体现在课程的安排上，但是实际上却缺少教研工作机制的建设。比如，有的学校对劳动教育课程资源的开发和利用还不够高，对于具体的劳动课程的实施缺乏针对性和实践性，培育内容、方式等方面还不够完善。

（四）培育内容缺乏"因材施教"的针对性

劳动价值观培育最主要的力量在于家庭、高校、社会三个方面，随着新时代大学生群体的特点，这三方力量对于劳动价值观培育内容缺乏一定的契合性。主要表现在：在家庭培育方面，几乎上升不到价值观教育的高度。部分家庭开始有意识的对大学生进行价值观教育，但教育内容多为家庭劳动技能教育，父母和学生不同步劳动，也几乎不进行交流，不能很好的起到价值引导的作用。在高校培育方面，其内容的不足表现在两个方面：

一是劳动价值观教育的理论内容边缘化。在课程设置上，有的学校没有安排专门劳动价值观教育的课时，在劳动价值观教育的课程设置仍存在问题，针对性较差。一方面，高校未设立专门的劳动价值观教育的课程；另一方面，伴随着社会实践不断发展，劳动内涵得到更新，劳动的形式也变得多样起来。高校未注意到这些变化，依旧使用原本的教育内容进行教学，使得教育的内容陈旧且单一，缺乏时代性。

二是劳动价值观教育的实践内容形式化。通过调查发现，每个学校都设置劳动周，将其设为学生的必修课并赋予其学分。但是在此课程中、在课前并未表明此课程的意义，课程中也缺乏指导老师的参与，在课程结束后并未进行交流，使得此课程的设置流于形式，仅仅作为一项任务完成，失去原有的意义，达不到理想的效果。在社会培育方面，社会媒体虽然参与到劳动价值观培育中来，但存在"跟风"情况，不能深入挖掘内在价值，宣传内容较为浅显，难以达到良好的效果。

二、社会劳动教育淡化

社会在劳动教育中发挥着支持和引导的辅助作用。然而，劳动教育在社会环境中被淡化，主要表现在以下三个方面：

（一）对待大学生劳动教育淡漠

当前的企事业单位、工厂等对大学生劳动教育淡漠对待，没有足够的社会担当。真正有担当精神的、能为国家和社会解决实际困难的为数不多，提供给大学生劳动实践的平台和场所与大学生劳动实践的需求不对等，使得大学生劳动教育所需的劳动实践机会缺乏。这也从侧面反映了这一现象导致的结果就是，大学生劳动教育多数还停留在理论教学，真正落地的机会很少。

（二）网络媒体的不良引导

当前的媒体，存在一种不良的社会导向，将更多的精力放在了一些能吸引大众眼球，但不利于传播正能量的事物上，甚至还有些反面的不良报道，这些在媒体的传播和带动下，被炒作得沸沸扬扬，反复侵蚀大学生的头脑和心灵，而我们亟须弘扬的劳模精神却被人遗忘、长期坐冷板凳，不利于大学生正确的劳动观的形成和劳动精神的培养。

社会各界的支持，对大学生劳动教育有着举足轻重的作用。从社会方面看，当前劳动教育的宣传氛围不浓，企事业单位在大学生劳动教育中没有主动担当、积极作为，对大学生劳动教育的开展并没有起到很好的支持作用。

1. 社会对劳动价值引导不力

在新媒体环境下，人们有更多展现自我的渠道和机会，每个人都可以表达自己的观点，甚至可以引领整个舆论的导向。互联网高速发展和传媒技术快速运行的新时代，原本为加强大学生劳动教育提供了更好的机遇和条件。但是当前媒体的宣传点与舆论点，却把更多的注意力和关注点都放在了有流量的人和事物上，对于为国家做出显著贡献的劳动模范、劳动精神和工匠精神却很少关注。年轻人向往不劳而获或少劳多获的人生，在这样的舆论引导下，一些不良的社会导向充盈着社会空间，劳动价值和劳模精神被慢慢稀释，这也是大学生劳动教育遇到阻碍的原因之一。

2. 社会主动担当意识不够

开展产教融合、校企合作的相关研究，一直是国家教育标准体系建设孜孜不倦追求的主题。国家也出台了若干促进校企合作、深化产教融合等文件。一些地方也结合各自的实际情况探索了校企合作新机制，这些文件建立起了产教融合和校企合作的制度框架，在校企合作育人、共赢发展方面起到了一定的促进作用。但从实施效果来看，校企合作中依然存在着企业主动参与的积极性不高，企业的担当意识不够，雷声大雨点小、光喊口号没有落到实处等问题。校企合作运行机制不通畅，双方权责不明朗、合作协议不规范也是亟待解决的问题。企业不能积极地为大学生搭建劳动教育实践平台，大学生劳动教育遇到阻碍是毋庸置疑的。

（三）亲友群体的负面影响

一代人有一代人的使命，一代人有一代人的责任。而每一代人都受其时代以及特定环境的影响。大学阶段毕竟处于个人世界观、人生观、价值观形成的关键时期，好的朋辈影响会激励身边的朋友积极向上，在奋斗中树立正确的三观。例如，曾有新闻报道"同寝室互相监督学习，全员考上研究生"，这样的朋辈影响是积极的，但消极的朋辈群体负面影响也让人防不胜防。大学生自我意识较强的身心发展阶段，部分学生中有着存在着不同程度的好逸恶劳、追求个性等情况，这一情况不是个别现象，而是普遍存在。并且，源于学生个体身心发展因素，青年时期会产生叛逆，对家庭、社会、学校产生抵触。同学间不再是简单地将学习进行比较，不将学习成绩进行比较，而是攀比享乐、贪慕虚荣，在金钱观、消费观上存在误区。部分大学生存在这些现象会影响到身边的人，就会产生轻视劳动、安于享乐的负面情况，等等。这些负面的朋辈效应会导致在高校中开展劳动教育更加困难，劳动情怀培育也面临窘境。

三、家庭劳动教育软化

大部分大学生家长片面地认为劳动就是纯体力劳动，是属于社会底层的人的生存方式，是被社会所轻视的。而他们希望自己的子女能够脱离底层社会，去获得更优越更高品质的生活，去赢得全社会的尊重，而不是要依靠体力劳动去谋生存。简单来说，就是通过读书，获得好的学习成绩，考取好的学校，毕业后从事更轻松更体面的职业。这也是家长一贯喜欢给孩子灌输的教育理念。而家庭中的劳动教育是孩子劳动情怀培育的基石。家庭劳动教育中，父母应该如何让孩子发现劳动之美，体验劳动之趣，是一个待解之题。

（一）家长对劳动的本质及功能的认识存在偏差

长期以来，受传统观念和经济社会发展的影响，家庭劳动教育的存在感极低，父母愈加不重视子女的劳动教育。大部分父母认为子女只要好好学习，学习成绩好就万事大吉；多数家长盲目追求子女高分高学历，衡量孩子好坏的唯一标准就是成绩这一项；绝大多数家长对子女的劳动教育没有要求，即使是孩子力所能及的事情，也会代替做好，更谈不上对子女进行劳动相关知识的教育。导致大学生在家庭环境中没有养成良好的劳动习惯，生活作风懒散，劳动意识淡化，劳动能力欠缺。[①]

一方面，对于当代大学生而言，部分家庭中存在溺爱孩子的现象，很多家中长辈对孩子衣来伸手、饭来张口，这部分学生从小享受着无微不至的照顾。在家长眼中，孩子能考到满意分数、上目标院校是头等大事，其他生活中的劳动实践和锻炼都是小事，家长可以包揽学生在家应有的家务劳动。最终导致学生无法从家务劳动中养成应有的良好习惯和劳动态度，在学生需要独立，无法过度依赖家长时，这就成为个人成长中的缺陷和短板，在一定程度上影响学生成长成才。家长的过度包办导致部分大学生在校表现出劳动认知不足、劳动情感缺乏、劳动意志薄弱、劳动实践能力较差的现象，这也就是来源于家庭劳动观念的偏颇。不少父母信奉"崇尚分数，崇尚快乐"的理念，劳动在家庭中的教育无从谈起，家庭作为学生发展的第一任"老师"，在劳动教育方面发挥的作用微乎其微。更让人忧心的是，没有良好的劳动态度和习惯导致一些错误观念产生偏差，部分大学生在劳动情怀养成方面出现空白，劳动情怀缺失，在学习生活和社会实践中出现一些不良现象，如不尊重家政、环卫工人、辱骂外卖员等行为。并且，家庭劳动观念偏颇也会影响大学生不能正确认识劳动，或者将勤劳不再视为美德的现象，逐渐还会演变成很难体会到生活的不易，出现浪费和拜金等不良风气和行为。

（二）家庭环境缺乏全员劳动的氛围感

家庭劳动的缺失主要有两种表现形式：一是家务劳动被认为是父母的天职，孩子的主要任务就是把书读好，把学习成绩提上去，这种现象造成的结果就是，孩子对家里的一切事物漠不关心，家里的大小压力都由父母承担。二是家长本身不爱劳动，不认同劳动的价

---

① 武文雅：《新时代大学生劳动教育研究》，太原：山西师范大学，2020年，第32—33页。

值，也没有良好的行为习惯，对待工作敷衍了事，对待生活慵懒消极，不能做好劳动教育的表率，难以形成家庭成员积极劳动、热爱劳动的氛围。

家庭环境与大学生的成长息息相关，家庭营造的氛围对大学生起着最直接的影响。生活条件的大力改善，生活水平的不断提高，人们对于艰苦奋斗，辛勤劳动的观念正慢慢淡化。在一个家庭只有一到两个子女的大环境下，每个孩子都是父母的手中宝和心头肉，父母情愿自己吃苦，也要让孩子享福，只要是体力活动恨不得一切都代劳，家庭氛围存在宠溺性、骄纵性的现状。家庭没有营造劳动教育的氛围，导致子女劳动实践在家庭中严重缺失，生活的独立性也大打折扣。优越的家庭条件，使得孩子成为卓越的存在，丧失了劳动意识以及劳动锻炼。学生家境优越，成绩优秀，但对于劳动的目标疏远，很多孩子赞同以后请家政阿姨进行打扫，将家务活视为能够拿金钱买来的服务，只有通过劳动才能更好实现人生价值与意义。在家庭中，学生的劳动教育是远远不够的，从叠被子、洗衣服、做饭等，这些看似是不起眼的小事情，实际上却是学生锻炼自我、体验乐趣的第一道门槛，从劳动中体会自我需要的快乐与满足，实现健全发展，而不仅仅是单一发展。家庭中的劳动教育是远远不够的，劳动教育在家庭中量不够、力不足，家庭劳动教育的量匮乏，缺乏体验劳动的快感与乐趣，同时家庭劳动教育缺乏明显的指向性与目标性，家庭劳动教育目标不明确，实际上，家庭劳动教育要从小事做起，一点一滴做起，不断向前迈进，提高学生的相关生活技能以及学习技能。环境造就人，没有浓厚的劳动教育氛围，子女很难形成正确的劳动观念，养成良好的劳动习惯。父母不让孩子做家务，对孩子过度保护，让孩子养成了好逸恶劳的不良习惯，也丧失了最基本的劳动技能，使得劳动教育在推进的过程中阻碍重重。

托尔斯泰说："全部教育，或者说千分之九百九十九的教育都归结到榜样上，归结到父母自己的端正和完善上。"父母是孩子的第一任老师，父母的一举一动会潜移默化地影响到孩子，包括人格、习惯、道德品质的方方面面。无声的身教胜似有声的言教，父母的一言一行，对孩子都有耳濡目染的作用，进而绘就成孩子未来人生画卷的底色。但是有些父母，并没有给孩子做好表率的作用，对待工作和家务懒散怠慢，敷衍了事，日常生活中也不能对一个劳动习惯进行长期不懈地坚持，自身就轻视体力劳动，逃避体力劳动，孩子对父母的言行举止看在眼里，学在心中。久而久之，孩子自然不会养成主动劳动的习惯和精益求精的劳动态度。因此，父母不能给孩子做好劳动教育的榜样，也是大学生劳动教育陷入困境的原因之一。

（三）家庭与学校联系不够

家庭是劳动教育的阵地，而学校就是另一个重要阵地。家庭是学校是学生期间最重要的两个地方。对于很多学生而言，更易于接受老师的批评、建议，但老师往往对于学生在家中的表现不了解，各方难以产生劳动教育的合力作用。家庭与学校缺乏有效的劳动沟通，对于劳动效果也无法掌握。在校内，学生会进行劳动，回家也应该进行适量劳动。学校与家庭的联系方式也是极为有限的，这就导致无法通过相关实际效果进行评判劳动，缺乏判断标准，必须加强家庭与学校之间的劳动联系，鼓励学生热爱劳动，明确劳动的价值与意义。

四、大学生劳动自我教育虚化

认知是实践的前提，有什么样的认知就会产生什么样的行为。当前，部分大学生无论是在劳动认知上还是在劳动行为上，都存在模糊不清的现象。

（一）大学生劳动教育的认知混淆

部分大学生错误地混淆劳动和享受生活的关系，把劳动与享受生活对立，割裂两者的关系，甚至认为两者势不两立，认为享受就是无所事事、随心所欲、贪图享乐、消费休闲，而劳动就是苦差事，没有用心去体验劳动带来的愉悦感和幸福感。

（二）大学生劳动观念缺乏

有些大学生"尊重劳动，热爱劳动"的观念没有树立起来，有些大学生盲目攀比、热衷追星、透支消费，不珍惜和尊重父母和他人的劳动成果，轻视体力劳动职业，鄙视普通体力劳动者，劳动观的不端正直接导致了一些大学生毕业后择业观念的扭曲。[1]

（三）大学生缺乏劳动意识

部分大学生劳动意识比较淡薄，尚未养成主动劳动的劳动习惯，参与劳动的主动性和热情度不高，甚至长期脱离或很少参与劳动实践，基本的劳动技能未能掌握，甚至缺乏生活自理能力和独立能力。[2]

大学生自身方面的原因是劳动教育存在困境的根本所在，当前，大学生在劳动价值观的形成、劳动意识的培养和劳动习惯的养成等方面仍然做得不够。

1. 部分大学生缺乏正确的劳动价值观

随着改革开放和市场经济的深入推进，多元文化并存的现象在一定程度上冲击和弱化了劳动价值观的正面导向作用。在当代大学生群体中，部分大学生不认同劳动的价值，追求物质利益至上，并试图通过不劳而获的方式获取利益，而不是通过劳动去创造财富、获得成功。尤其是自媒体快速发展的情况下，甚至有一些大学生欲通过网络走红等方式，实现一夜暴富，劳动价值取向严重偏颇，亟待进一步纠正和改进。

---

① 肖湘愚、胡舜：《当前大学生劳动教育存在的问题及建议——基于湖南财政经济学院的调查研究》，《湖南第一师范学院学报》2020年第20期。

② 王晓斌：《大学生劳动教育研究》，杭州：浙江理工大学，2020年，第46页。

2. 部分大学生缺乏主动劳动的劳动意识

培养劳动意识是大学生劳动教育的基础环节，但是我国"智育至上"的思想由来已久，学生更多关注的是文化课成绩，忽略了整体性发展和综合素质的提高。受传统思想的影响，全社会形成了一种普遍追求的价值取向，那就是读书做官，成为"劳心者"而不是劳力者。如此，体力劳动非但被轻视，甚至被认为是惩戒的一种表现形式，劳动教育所蕴含的独特价值被无限放小。[①] 劳动教育成为了一种负担，主动劳动成为被迫劳动，造成大学生劳动态度消极，劳动热情降低。

3. 部分大学生没有养成良好的劳动习惯

帮助大学生养成良好的劳动习惯是大学生劳动教育的重要内容，劳动习惯的养成需要从小进行潜移默化的渗透。但是新时代的大学生，不用为生活生计操心，大部分大学生从小过着养尊处优的生活，日常所需都是父母一手包办，没有机会也不会主动养成劳动的习惯。加上受"万般皆下品，唯有读书高""只有读书才能出人头地""读书是唯一的出路"等中国传统文化及习惯思维的影响，一味将心思放在学习上，过分重视学习成绩，忽视劳动教育在人的全面发展中的地位，致使自己长大后不想劳动，不会劳动。

第二节　大学生劳动教育发展问题原因分析

劳动教育外部环境复杂多变、对劳动教育价值的认识待深化、劳动教育的系统化建构尚未完成、劳动教育的内生动力唤醒不足，是推进大学生劳动教育常态化建设要攻克的重点、难点。实现劳动教育的稳定、可持续、日常化、规范化发展不但需要制度层面的完善与遵循，而且需要激活整个劳动教育系统的内生动力。近年来，虽然国家越来越重视劳动教育，然而由于在观念方面、实行方面、教学方面、制度方面依然存在很多的问题，使得大学生劳动教育在实施的过程中依旧阻力重重，难以取得明显的成效。现在就针对大学生劳动教育存在的问题及原因分析如下：

一、观念方面：轻视劳动教育

（一）传统观念影响

当前，各高校在劳动教育常态化建设中存在形式主义、运动化等问题，从根本上来看，是在对劳动教育内涵把控有限的前提下，缺乏对劳动教育价值的深入认识。

首先，部分高校难以摆脱一直以来对劳动教育习惯性的理解与展开。历史上学校体系

---

① 李静：《劳动教育"精神价值"的缺失与找寻》，《教育导刊》2018 年第 9 期。

的诞生过程，便是将生产劳动中的脑力劳动与体力劳动分离开来的过程，由此产生的诸如"劳心者治人，劳力者治于人"[①]"学而优则仕"[②] 等思想流传至今，使人潜意识地将劳动看作体力劳动，将劳动教育看作针对体力劳动的训练，进而将学校教育与劳动教育区分开来。随着历史的演进，劳动教育逐渐拥有了价值观层面的教育意义，但也因此被归入了德育的范畴。中华人民共和国成立以后，受"教育与生产劳动相结合"思想的影响与大力发展生产力的现实需要，劳动教育被认为是劳动能力的培养，主要以学生的生产劳动为主要展开方式，并在此后逐渐演变为形式各样的实践活动。

但是在我国五千年的历史文明中，辛勤劳动依旧是我国的传统美德。中华儿女勤劳勇敢，是被世界所公认的。在我国古代的神话传说中，也有很多歌颂劳动的故事，比如，愚公移山，只要坚持不懈的劳动精神，面对再大的困难，也有解决之道；比如，鲁班造木鸢，传说飞三日而不落，同样是歌颂了鲁班作为能工巧匠辛勤劳动的故事，这些神话传说都是取材于现实，反映出了当时的社会生活状态，无论是人还是神，都可以用劳动去创造和改变生活。墨子是我国古代支持劳动教育最具有代表性的人物，他主张劳动实践是知识经验的主要来源，提出辛勤劳动是人类的美德。但是面对当时的社会现实，墨家学说注定无法取代儒家学说在政治上的主流影响。另外在我国的文学作品中也有很多赞美勤劳人民、歌颂辛勤劳作的艺术作品。

其次，部分高校缺乏劳动教育综合育人价值与独特育人价值的深刻理解。劳动教育的综合育人价值是指劳动教育能够"树德、增智、强体、育美"，因此，开展劳动教育的过程，是利用好各个育人类别中的劳动教育元素的过程，更是全方位地渗透进各个教育类别中的过程。而当下部分高校在开展劳动教育时，直接将劳动教育放置进德育的课程体系中，在实践活动的主题选择中，以德育、体育、智育为主，既缺乏全面性又缺乏系统性。而劳动教育的独特育人价值则针对教育对象"劳动精神面貌、劳动价值取向和劳动技能水平"的全面提升。而在当前的劳动教育开展过程中，则存在重视专业劳动能力培养，而弱化了劳动价值观和劳动精神面貌培养的问题。若是只关注劳动能力的养成，就容易培养出"对劳动世界无知的'何不食肉糜'者"[③]、精致的利己主义者甚至是破坏法律的投机取巧者。

再次，大学生劳动教育者的教育理念缺乏时代性。思想认识问题是阻碍大学生劳动教育发展的关键问题，随着时代的进步，社会环境在变化，劳动的形态在变化，大学生的特点在变化，但大学生劳动教育的理念未能及时更新，影响了大学生劳动教育的发展。一方

① 金良年：《孟子译注》，上海：上海古籍出版社，2004年，第120页。
② 钱穆：《论语新解》，北京：三联书店，2002年，第491页。
③ 刘向兵，柳友荣，周光礼．《全面加强新时代高校劳动教育（笔谈）》，《中国高教研究》2021年第4期。

面，当前大学生劳动教育者缺少"五育并举""五育融合"的整体性思维，使得大学生劳动教育在高校人才培养体系中的基础性、全局性地位未能得到很好地落实。新时代将劳动教育纳入国民教育体系，强调"五育并举"的教育方针，并不是另外提出另一套教育体系，而是希望充分补齐劳动教育这一短板，完善当前的人才培养体系。但是目前，部分高校教育者仍然存在将德智体美劳教育割裂开来看待的思维定式，没有认识到新时代大学生劳动教育不仅需要建立建构独立的教育体系，更需要与德智体美教育融合以形成统一的劳动教育合力，因而，大学生劳动教育的内容空泛，教育效果欠佳。另一方面，大学生劳动教育者缺少教育与自我教育相结合的意识，仅仅将劳动视作大学生的学习任务，没有认识到劳动应是大学生生活的一部分，未能把握劳动对大学生个体的健康成长的重要意义，使得大学生劳动教育的价值取向存在偏差。帮助大学生树立正确的劳动价值观，养成良好的劳动态度和习惯，提升大学生的劳动能力，从而自觉通过劳动创造美好生活、推动社会发展是新时代大学生劳动教育的主要目的。这一教育目标的实现仅仅依靠说教、灌输或组织学生参与劳动实践是难以实现的。举例来说，虽然"以劳育人"是新时代大学生劳动教育的主要方式，但许多教师在通过劳动实践进行劳动教育时，对学生的劳动过程缺少关注，仅仅关注学生是否完成劳动任务，实际上是本末倒置。劳动实践仅停留在"做"这一步，其教育性必然大打折扣，唯有进入到"思"的阶段，学生才能将劳动实践中获得的感性认知转化成理性认知。为了提升大学生劳动教育的效果，教师应树立起教育与自我教育相结合的理念，充分尊重学生的主体性，关注学生在劳动教育过程中的情感体验和思想变化。如此，教师才能及时抓住教育机会引导学生在劳动中进行反思，促使大学生认同劳动的重要性，进而培养大学生自觉提升劳动素养的意识，使大学生真正因为劳动教育受益终身。

最后，学生自省缺失，劳动意识较为淡薄。有的大学生自身的劳动自觉性较差，谈"劳"色变，对于劳动恐避之而犹不及。对于参与劳动没有多大的热情，不论是参与体力劳动还是脑力劳动，都觉得费力费神，表现在：一不愿意动手，二不愿意动脑。习惯了衣来伸手、饭来张口的生活，自身的主观能动性没有得到充分的发挥，因此，导致劳动精神的培育效果不佳。学生不论是在家里还是在学校，都很少有机会得到劳动锻炼，或者说有的学生没有摆端正态度，认为劳动是帮别人干活，处于被动劳动的状态，缺乏主观能动性，劳动自觉性较差。且自身并没有时时反省自己，没有意识到劳动对自己，对他人、对社会的重要性。人的价值分为自我价值和社会价值，二者是相辅相成的。

我们人是社会人，不可能离开社会而独立存在。而我们人之所以成为人，劳动起了至关重要的作用。可以说，没有劳动，人就不成其为人；没有劳动，人将不再是人。之所以要弘扬劳动精神，就是为了唤醒一部分人沉睡的劳动细胞，唤醒他们参与劳动的意愿。要知道对大学生进行劳动精神的培育，接收的主体很重要，即大学生自身对于劳动要不排斥，有接受劳动精神的熏陶的意愿。如果只是培育主体单向发力，培育客体无动于衷，培育效果也是无法真正达到的，增强大学生参与劳动的自觉性，使其自觉主动地培育自身的劳动精神，并用这种积极向上的精神去影响身边更多的人，达到传播劳动精神，弘扬劳动精神的目的，最终使劳动之花开满祖国的每一寸土地。大学生要积极主动地参与到劳动中去，在劳动的过程中体会劳动给人带来的喜悦，懂得劳动的可贵之处。清楚认识劳动精神，积极践行劳动精神，并主动宣传劳动精神，这是新时代大学生的一门必修课。

对劳动教育一直以来的片面理解，使得各高校在劳动教育的开展中，认为只要理论课上有劳动的专题讲解、只要日常有弘扬劳动的主题活动、只要举办了相应的社会实践活动就算是完成了劳动教育的教育任务。将劳动教育当作一种专业教育之外的补充，当作学生日常生活的调剂，甚至当作学校丰富自我形象的"展板"，一旦失去了对劳动教育的重视，那么后续在对内容的选取、开展的方式、效果的评定等方面，就容易出现运动式、形式主义的问题。

（二）社会环境影响

第一，互联网给劳动教育环境带来新挑战。进入新时代，随着社会生产的进一步发展，一些错误的社会思潮影响着大学生的价值判断。在市场经济和互联网的影响下，拜金主义、享乐主义、功利主义、利己主义等不良思想观念冲击着大学生的头脑，导致部分大学生会对劳动的内涵、目的及价值欠缺正确的认识，一定程度上阻碍大学生形成昂扬向上的劳动精神面貌。市场经济一方面促进了经济的发展和物质条件的丰富；另一方面也造成过度崇尚金钱、企图一夜暴富、追求不劳而获等违背劳动价值的不良思想的涌现。一定程度上阻碍了大学生劳动精神培育工作的推进，主要体现在以下三个方面：其一，部分大学生受到这类思想的影响，将财富的不断积累作为毕生追求的目标。例如，一些大学生往往从个人发展的需要出发，更加看重工作所能够带来的物质利益的多少，鲜少将社会的发展和国家的进步与个人的劳动相联系，缺乏一定的社会责任感和使命感。还有部分大学生不太愿意参加没有任何物质报酬的公益劳动，认为公益劳动没有多大意义，缺乏一定的奉献意识；其二，在巨大财富的诱惑之下，部分大学生心浮气躁，妄图少劳多获，甚至是不劳而获。[①] 这种思想导致新时代的部分大学生劳动价值观扭曲，影响了大学生劳动精神的培养。有些大学生毕业之后不太愿意参加劳动，所以不主动找工作，而是待在家里啃老。部分找到工作的大学生觉得工资待遇不高、工作辛苦劳累，因此，辞职待业在家，缺乏辛勤劳动的意识，不太符合劳动精神的培育目标；其三，功利主义价值观的影响，在功利主义价值观的影响下，人们往往内心浮躁、过分追求功利性，凡是只看重其显性价值或者叫功

---

① 张玲、廖钰：《促进新时代大学生确立正确劳动观刍议》，《思想理论教育导刊》2019 年第 9 期。

利价值。因此，对待劳动教育的态度也是如此，只看重劳动教育直接提供的利益，却忽视劳动教育所蕴涵的隐形价值。这种情况在高校也是如此，比如，在校庆典礼或者校友返校等大型场合，出席的往往是学校培养出来各界名人，如政界要员、商界大亨、学界泰斗等，出席台上并没有普通的劳动者。这样的现象出现在育人的高校中，更容易引导学生去追逐名利，从而培养出一批批精致的利己主义者，这是教育导向出了问题，是对劳动教育价值观的错位理解。

其次，移动互联时代一方面推动信息的广泛传播，加快了人们获取信息的速度。另一方面，带动了网红经济的发展，一定程度上冲击着勤劳致富、诚实劳动的传统观念，造成了部分大学生劳动精神的弱化。一些网红借助营销、主播、代言等多种方式进行劳动从而致富。在劳动过程中，有些网红过度营销以博观众眼球，轻松赚取不少钱财。部分主播哗众取宠，以粗俗话语、不雅动作等博取流量，引诱网友进行打赏，以不太正当的手段获取比较高额的财富。这样一部分能够以较为轻松的方式、不太正当的手段发家致富的网红们，吸引着大学生的眼球，改变着大学生对于劳动的价值追求。部分大学生不再秉持着勤劳致富、诚实劳动的理念，只想着如何通过网络流量挣快钱、挣大钱。这些网络不良风气强烈冲击着新时代大学生的劳动价值判断，使部分大学生在劳动中缺乏真善美的追求，在一定程度上阻碍了大学生自觉地弘扬劳动精神。与此同时，多元的社会思潮正借着信息技术的高速通道影响着每一位劳动者的价值体系建构，加之社会主义初级阶段下仍未能避免的谋生性劳动的存在，使大学生劳动教育处于"新""杂"并存的挑战中，对劳动教育"教什么""怎么教"提出了更高要求。

一方面，智能劳动时代对劳动者基本素养提出新要求。当下的智能劳动时代是以智能劳动为主导的，多元劳动形态并存的时代。劳动形态的更迭不是一气呵成的，也并非是全盘代替的，而是一个相互渗透的过程，在这一过程中将催发大量具有融合性的新业态。智能劳动由一系列重大技术创新构成的通用技术集群推动，其中包括新一代互联网技术、先进制造技术、生命科学技术等。[①] 当下的智能劳动正在构建实体经济的深度联系，并由此产生了诸如在线教育、互联网医疗、数字化治理、"虚拟"产业集群等新业态。这些新业态将更加要求劳动者的思维能力、科研与技术转化能力、设计创造能力、跨界整合能力以及协作能力等，总结起来便是需要具备以创新能力为核心的专业技术能力与情绪劳动能力综合发展的高质量劳动人才。因此，作为拿起人才培养最后一段赛程接力棒的高等教育阶段，需要发挥劳动教育的综合育人价值与独特育人价值，有效结合专业教育，培养出真正具有创造能力的复合型劳动人才。

另一方面，多元社会思潮与我国现实存在的劳动者权益保障问题的复杂影响对大学生

---

① 曾天山、顾建军：《劳动教育论》，北京：教育科学出版社，2020年，第47页。

劳动教育造成了一定挑战。首先，是多元社会思潮的影响，虚无主义对一切崇高的价值的否定，使人们开始质疑劳动对于人类社会发展的根本推动作用，弱化劳动对于个体全面发展的本质力量。它对一切高尚的人格的蔑视，使人们热衷于窥视甚至编造劳动模范与大国工匠身上一丝一毫的"不道德"，并以此为理由否定他们所具备的对劳动充满热爱、甘于奉献、一丝不苟、精益求精的精神品质。在虚无主义的影响下，劳动不再成为一生都要坚持的事，劳动者这一身份本身所包含的一切积极的、奋进的、勇于创造的属性将被掩埋，最终归于无意义。与此同时，后现代主义思潮强调对一切"本质"的质疑、对除个体外一切"中心"的反对，由其演化出的享乐主义将人们带入了"今朝有酒今朝醉"的精神放纵与物质享受的漩涡，发展出的个人主义使大学生更关注自身利益，往往形成"唯利是图"的功利化职业观，演变出的"躺平""摆烂"等随遇而安的价值倾向容易使大学生丧失劳动的斗志。其次，当下我国所处的社会主义初级阶段是社会主义属性为主导下的"物的依赖性"阶段①，在以促进人的全面发展为目标的社会主义运行轨道上，依然存在因强调生产力发展而导致的劳动者权益保障问题。大学生群体既是思维高度活跃，因此，易受不良社会思潮影响的群体，也是即将步入职业世界，易对当前职业前景产生消极预判的群体。因此，大学生劳动教育更需要通过劳动科学知识的有效讲解与主题实践活动的相互配合，理顺大学生的思想症结，保护大学生的基本权益，以期培养出真正热爱劳动、具有积极劳动精神面貌的新时代劳动者。

第二，社会中的脑体分工不平衡的影响。随着剩余资料的产生，社会出现阶级分化，随着阶级分化的深入，脑体分工也随之产生。脑力劳动者与体力劳动者的对立，其实是社会发展的必然现象。因此，由于脑力劳动者和体力劳动者在社会上的地位不同，其占有的资源也不同，社会中普遍呈现重视脑力劳动而轻视体力劳动的现象，体力劳动当成是低人一等的行为，只有地位低下的人才会去做。因此，一些家庭教育学生努力读书的目的就是找到体面的工作、过上富足的生活。成绩好是唯一的出路，这里的出路在很多情况下是指摆脱体力劳动。于是整个社会教育、家庭教育氛围都注重文化知识的学习，注重脑力劳动，从而忽视了体脑劳动相结合的重要性。陶行知曾经说过："中国教育之通病是教用脑的人不用手，不教用手的人用脑，所以一无所能。"因此，现代社会对劳动的要求是脑力劳动和体力劳动相结合的劳动。

第三，当前社会应试教育的影响。应试教育主要是指填鸭式教育，即灌输式教育，主要考察形式是以学生的考试成绩作为衡量学生综合能力的重要标准。应试教育对我国的教育制度产生了深远而持久的影响，一方面培养了学生扎实的文化知识，营造一种公平公正

① 周泉：《社会主义初级阶段的世界历史方位——基于马克思"三大社会形态"理论的分析》，《中南民族大学学报》（人文社会科学版）2019年第39卷第3期。

的竞争环境；另一方面却缺少对学生综合素质的培养。应试教育的指挥棒指向智育，自然而然家庭、学校、社会也就都将关注的目光聚集在"分数"，从而忽视了劳动教育。随着市场经济的不断发展，知识型人才成为越来越多的国家的选择人才的目标，于是成绩成为了衡量学生优秀与否的唯一标准，学生为了分数而学，老师为了分数而教，高校、社会和家庭都只关心大学生的知识文化水平状况。在此背景下，父母鼓励孩子将所有的时间都用在学习上，生活上的事情不用操心，父母会做好所有"后勤"工作，间接的让孩子失去了劳动锻炼的机会。学校为了升学率，更是占用学生的劳动教育课，来给数语外增加课时量，将全部重心放在文化课上，无意间让学生形成了错误的劳动观念，认为只有学习好才是唯一出路，劳动只会浪费时间。因此，在应试教育过于重视分数的影响下，不仅加大了开展大学生劳动教育的难度系数，也不利于学生树立积极的劳动观念。劳动精神缺失，以至于部分大学生自己也会出现只要考试成绩好，其他事情不用自己动手做的错误想法，甚至当他们步入大学开始一个人的生活后，会出现生活自理能力较弱、劳动技能欠佳的情况，经常会遇到生活困难，不尝试寻找解决的办法，却只选择逃避，无法用积极向上的心态去面对大学的生活和学习。因此，当前高校也多侧重于对文化知识的教授，不太关注对大学生自身能力和综合素养的提高，更是忽视了劳动教育可以对大学生全面发展进行促进作用。

第四，当代独生子女环境的影响。随着人们生活水平的不断提升，加之早些年出台的"只生一个好"的独生子女政策。导致现在家庭独生子女较多，每个都是父母的心头肉，而父母辈又大多是从小吃惯了苦，不忍心再让子女吃苦受累，舍不得让孩子劳动，于是很多家长对自己的子女更多的是娇生惯养，淡化了对子女的劳动教育。

因此，由于劳动教育在整个家庭和社会环境中的弱化，导致了在这样环境下成长起来的青少年，劳动意识淡薄，劳动能力低下。学校请了保洁员、园丁、宿舍楼的卫生全部由专门负责保洁阿姨打扫，让人自然而然觉得在学校中卫生打扫，不需要也不应该由学生来完成。学生花了大价钱来读大学，不是来吃苦打扫卫生的，学习才是第一的正事。而学校的劳动委员一般也是一些由学习成绩平平，各方面能力都不太突出的学生来担当，而真正学习成就优秀、才能突出的学生担当的则是像班长、学习委员、甚至各科代表这种看起来直接与学习有关的职务。在这样的社会环境下，人们普遍觉得体力劳动跟脑力劳动不一样，体力劳动是什么人都会干的，而且是简单机械的，用不着进行专门的体力劳动教育，而脑力劳动则只有非常聪明有才华的人才能担当，两者地位显而易见。

二、实行方面：滥用劳动教育

在现代社会，劳动教育这个概念被"异化"和"扭曲"，甚至一度变成一个贬义词。

一提起劳动，首先的印象就是"苦、累、脏"，是社会地位低的人才会做的事情，劳动的过程并没有什么愉快的体验，而造成这样的原因，很大程度上也跟滥用劳动教育有关。

（一）劳动教育被误用为惩戒手段

由于在我国历史上，长时间将劳动误认为仅仅是"体力劳动"，导致在很多教育情景中，劳动作为惩罚手段实施在学生身上。而真正惩罚的意义其实不是否定性的，而应该是防范性的。惩罚的本意并不是为了让人的身体承受苦痛，而是让他知道并且下次不再触及规定以外的范围。这是一种训诫，其目的是规范结果，而不应该过度注重过程的实施，这正是惩罚的教育意义，也是学校惩罚学生与驯服动物之间的重大区别。然而惩罚的过程是不愉快的，是让人下意识想去回避的，他给人带来不愉快的甚至是恐惧的体验，进而能有效防止被禁止的行为的重复发生。因此，在教学情境中，惩罚本意是引导、规范学生的行为，是教育过程中特定情况下的一种约束手段。在劳动惩罚中，教师并没有将学生作为一个独立的人来看待，没有注重劳动对于学生内在教化作用，没有将劳动作为学生的发展的方式，这偏离了劳动教育的本意，利用劳动作为手段来达到另外的目的，这不仅是误用了劳动，扭曲了劳动的本意，也损害学生健康的人格发展，不利于学生的身心健康成长，最终导致学生对劳动的误解。劳动教育不是用劳动来达到惩罚的教育，劳动更不是一种惩罚手段，而且任何一种惩罚手段都不应该以损害学生健康成长为代价。

（二）劳动教育被误用为利益工具

一是劳动教育的政治化。劳动教育的政治化是指劳动教育是国家政治所服务的，是政界的利益工具。我国就有很多劳动教育政治化的典型例子，比如，在二十世纪六七十年代知识青年上山下乡运动，此时的劳动教育已经完全是为了完成政治任务。在现代社会，也有将劳动教育当作政治工具来进行的情况，例如，只有在与劳动有关的节日里才组织学生进行劳动教育，或者上级来考察的时候才做做样子搞搞劳动教育，等等。

二是劳动教育的经济化。马克思主义基本劳动观中指出，价值是凝聚在商品中的无差别的人类劳动，具体劳动与抽象劳动所创造出的商品的价值属性各不相同。一方面，商品的使用价值是由具体劳动所创造，另一方面，抽象劳动决定了商品的交换价值。由于劳动自身的特殊性，导致在当前有些大学生出现扭曲的劳动价值观，他们认为劳动的价值只在于能够赚钱的多少，只有金钱才是衡量一个人的价值标准。这种经济效应，会让他们产生轻视劳动、没有劳动自觉意识、不珍惜劳动成果等不良影响。造成这些现象的原因，其实都可以在劳动教育经济化倾向中寻找到根源。

三、教育方面：劳动教育边缘化片面化

由于我国目前对劳动教育的理论研究并不多，没有引起学界的足够重视，这直接导致

高校在施行劳动教育的过程中缺乏理论性指导，劳动教育存在边缘化和片面化的情况。进而使高校劳动教育的发展方向难辨，目的难明。

（一）劳动教育的体系化建构尚未完成

实现大学生劳动教育常态化，需要在保证劳动教育各要素完整的前提下，搭建起能够引导各要素协调运转并发挥合力的劳动教育体系。而当下，部分高校在劳动教育的开展过程中，存在着单纯依靠现有劳动教育元素"分散发力"的问题，既缺乏完整的劳动教育要素，又缺乏要素间系统化的建构。

一方面，部分高校尚缺乏专门的劳动科学知识课。因高校的类型各异、专业设置各有不同，以及部分高校对劳动教育的内容、方式有待进一步把握，使得劳动知识课的建设进展缓慢。高等教育阶段是学生走向工作世界的最后一站，高等教育阶段下的大学生是拥有旺盛自我意识与强大学习能力的劳动"预备役"人才。因此，单纯依靠现有课程进行零碎的劳动知识教育远不能满足大学生群体的教育需求，各高校必须要尽快开设符合本校特色和学生需求的劳动科学知识课程。

另一方面，部分高校尚缺乏劳动教育的体系化建构。一是缺乏劳动教育的目标体系建构，缺乏具有校本特色的总体目标与针对不同年级的阶段性目标。二是缺乏劳动教育的课程体系建构，课程体系承接了劳动教育的目标要求，囊括了劳动教育的基本内容，并影响着劳动教育的展开方式和评价方式。当下部分高校缺乏课程体系的建构，使劳动教育的具体内容散落在不同的育人体系中。三是缺乏劳动教育的评价体系建构，大学生劳动教育是理论学习与实践锻炼并存的教育，"既要关注学生劳动知识和技能的掌握情况，又要关注学生劳动情感、态度、价值观的发展情况"[①]，而当下，对劳动教育的评价方式通常表现为劳动知识和劳动实践的结果性评价。四是大学生劳动教育常态化建设是一项系统性工程，需要全校各学院、各部门在明确自身职责的前提下发挥合力。而当前部分院校尚缺乏关于劳动教育的组织保障，没有形成明确的领导机制，没有明确的、制度化的部门间分工与权责设定。五是缺乏劳动教育的协同机制，实现大学生劳动教育常态化，无法单纯依靠学校的劳动教育，需要加强同社会、家庭的有效联结。当下部分高校在开展劳动教育的过程中，由于缺少与企业的联结，导致劳动教育缺乏前沿性与时效性；由于缺少与相关社会组织的联结，导致劳动教育缺少多样化的实践场所；由于缺少与家庭的联结，导致劳动教育缺乏一定的效果巩固。

此外，家、校、社会尚未形成协同培育共同体。一个人的思想观念是在学校、家庭、大众传播媒体、同伴群体等社会多方面因素长期共同影响与塑造的结果。其中，高校教

---

① 曾天山、顾建军：《劳动教育论》，北京：教育科学出版社，2020年，第382页。

育、家庭环境、社会环境和主观意识占据着重要位置，我们就应该充分利用这些因素同向发力的作用机制，构建家校社多方力量协同育人的联动机制和长效机制，切实增强大学生劳动精神培育的整体效应与综合合力。没有高校主导性作支撑，劳动精神培育就失去了力量之源，高校应是"谁来育"的主导者，这切实反映了当前学校、家庭、社会教育环境中劳动精神培育单打独斗的现状，校内校外多方位合力育人的"四梁八柱"还没有筑牢。

（二）劳动教育片面化，忽视内在育人性

由于我国长期以来对劳动教育概念的界定模糊不清，导致人们对劳动教育的概念理解长期处于"片面化"状态。"片面"这个概念是相对于"全面"这个概念而言的，在这里劳动教育片面化就是指对劳动教育的认识不够全面，对劳动教育的概念辨别不清，进而产生对劳动教育产生误解。如劳动教育与劳动技术教育、生产劳动教育、社会实践、社会公益活动等这些概念之间的界定模糊，从而导致对真正的劳动教育的内涵的理解出现偏差。

一直以来，我国在进行劳动教育的时候，往往都误认为是进行劳动技术教育，即对学生进行技能方面的训练，让学生掌握一定劳动技术知识和相关技能的教育，它包括生产劳动教育。的确，劳动技能的培养是劳动教育的一部分，但绝不等同于劳动教育的全部内容，所以，劳动技术教育只是劳动教育的必要条件，而绝非是充分条件。社会实践这个概念也一样，一般是指在校大学生在校外参加的劳动实践活动，它也只是劳动教育的一部分，可以说是劳动教育的一种形式，不可以片面地误以为是全部的劳动教育内容。

真正的劳动教育内容丰富、形式多样，它是"劳动"和"教育"的结合，不能只劳动而忽视其内在的育人性，我们的劳动教育不仅仅是教会受教育者在社会中通过劳动自食其力的生活，更应该关注受教育者在劳动的过程内心健康的成长、人格的完善。劳动教育的核心价值应该是对人本身全面发展的促进。

四、体制方面：无健全的劳动教育保障体系

在高校教学任务中，劳动教育要真正落到实处、起到作用，离不开健全的劳动教育保障体系。而当前阻碍大学生劳动教育发展的一个关键因素就是高校缺乏健全的劳动教育保障体系。大学生劳动教育保障机制的建立不够完善主要是指大学生劳动教育协同机制和大学生劳动教育考评机制需要进一步建立健全。前者是发掘和统筹丰富的大学生劳动资源的重要保证，后者是激励大学生劳动教育发展的动力来源，缺乏健全的协同与评奖机制是大学生劳动教育缺乏规范性的重要原因。

（一）缺乏健全的高校劳动管理体制

一是劳动教育缺乏相应的物质保障。任何教育活动的开展都离不开物质保障的支持，但是由于当前教育领域对劳动教育的边缘化，因此，国家对劳动教育的资金投入较少，而

高校在教学管理中对劳动教育的资金投入更是有限。而劳动实践课程的开展必须要有足够的经费，从场地到设备，从工具到管理，这都是建立在一定的物质基础上的。同样，相应的专业师资经费等也是劳动教育能够开展下去的物质基础，如果没有充足的物质保障，高校劳动教育的开展可谓举步维艰。

二是劳动教育缺乏相应的制度保障。"没有规矩，不成方圆"科学完善的规章制度是保障高校劳动教育能够顺利开展的关键。然而就目前来看，首先，高校对劳动教育缺乏完善科学的管理机制；其次，缺乏专业的师资团队；再次，在劳动教育的过程中没有明确的机制确保其落实到位；最后，缺乏对劳动教育相应的宣传。

三是劳动教育协同机制不完善。大学生劳动教育协同机制的不完善使得社会中许多潜在的劳动教育资源未能得到开发和利用。校园范围内的劳动教育虽然更为系统且价值导向更明确，但学生的劳动情境往往是预先设定好的，难以充分体现劳动的复杂性。唯有在真实的劳动环境中，大学生才能遇到最棘手的问题和两难的选择，从而在磕磕绊绊与矛盾纠结中提升自己的劳动技能，锻炼自身的意志品质。也唯有在真实的社会劳动中，大学生才能近距离接触最平凡的劳动者，他们背负着家庭与社会的期望努力奋斗，他们的劳动能够让大学生感受到责任的分量，感受到温暖的劳动之爱。但目前政府、高校、社会、家庭之间尚未形成统一的大学生劳动教育合力，甚至各主体之间存在相互对抗的力量。例如，在许多家庭，家长们在教育大学生要时，常常会出现类似"现在不好好学习，毕业了只能去工厂当工人、种田养牛、下井挖煤……"的话语，言语中透露出明显的对基础劳动者的偏见；每到毕业季，微博都会出现类似"父母眼中的最有出息的工作"的热搜话题，从话题讨论内容中可以发现，许多大学生家长强硬逼迫孩子考公务员，认为只有在国企、事业单位才是有出息的。这些现象说明家长的劳动理念和学校倡导的劳动理念存在矛盾。此外，各育人主体在协同育人中的定位不明确，也影响了劳动教育教育性的实现。例如，在大学生劳动实践教育中，比较容易出现社会力量超越学校力量主导大学生劳动教育的问题，学生的实践内容和项目多是由社会劳动教育主体的利益决定的，高校并未能牢牢把握住大学生劳动教育的育人导向，使得大学生劳动教育的价值取向出现偏差。

总之，没有健全的高校劳动管理体制的保障，劳动教育的开展很难落实，很容易再次流于形式。目前有些高校有实行"劳动周"，但是开展情况并不理想，由于没有文化课学习，学生往往把"劳动周"的时间当成放假时间，很多人都借口请假回家。学生之所以会产生这样的想法，主要还是劳动教育实施过于形式化，缺乏相应科学的管理制度。因此，我们不能就这样继续进行形式化的劳动教育，我们应该将目标注重于如何彻底根除形式化，如何将劳动教育真正做到落实，科学健全的劳动管理体制是急需进行完善的。

（二）缺乏健全的劳动教育考核体制

缺乏科学可行的考评机制使得大学生劳动教育发展的动力不足，难以落实新时代党和国家提出的新要求。一方面，目前我国高校人才培养体系对于大学生的劳动素养并没有提出专门性的要求，在学生的毕业成绩单或是学分要求方面都没有能够表现对学大生劳动素养的评价。大学生劳动教育评价标准的欠缺使得高校师生对劳动教育缺少重视，没有自觉地将劳动教育作为独立的教育内容来看待。另一方面，大学生劳动教育的考评形式缺少科学性，难以全面反映学生的劳动素养。如此，缺乏制定科学有效的考评标准，大学生劳动教育很难走向规范化和体系化。然而，大学生劳动教育要建立起完善的考评标准和体系是一项较为艰巨的任务。大学生劳动教育任务具有整体性，综合包括了学生的劳动能力、劳动价值观、劳动品质等方面的要求；教育内容具有多样性，学生们参与的劳动实践的难度、强度、形式等存在差异；教育主体多元，高校、社会、家庭都是重要的教育这些因素增加了大学生劳动教育考评标准制定的复杂程度，是大学生劳动教育的考评机制至今尚不健全的主要原因之一。

目前，高校教育考核机制较以前仅仅专注于文化课程成绩相比，有了很大的进步，这体现在除了对学生的成绩的定量考核外还包括对学生学习态度、努力和进步程度以及在上课期间观察学生的其他综合能力的定性考核。但是由于劳动教育不受普遍关注等原因，仍然缺乏一套完整的考核体制，高校缺失了重要的考核激励机制，将直接影响劳动教育的开展，并且引发一系列的问题，如有的高校对劳动教育的考核不够重视，并没有将劳动教育作为综合考核的内容之一；有的高校对劳动教育的考核流于形式，许多高校在做社会劳动实践成绩评定的时候，要求学生做一份社会劳动实践报告。这就为很多学生仅仅为了成绩而弄虚作假或者随意应付提供了机会，自己拟写一份实践报告，然后找关系盖个单位的公章了事，由此导致大学生劳动实践教育流为形成。因此，为了让大学生劳动教育真正落到实处，真正起到作用，需建立健全的劳动教育考核体制，运用科学有效的考核办法对大学生进行全方位的考核，切不可搞形式应付。

第三章　大学生劳动教育与德智体美的审视

在新时代背景下，重新反思劳动教育与德智体美四育的关系，以求结合人工智能时代发展的新诉求，教育学术界关于劳动教育与德智体美四育的关系仍旧存在较大争议。劳动教育与德智体美四育之间应该是何种关系，应该以何种方式存在现代教育教学体系之中等诸多问题，需要我们立足时代发展的新要求，重新审视并反思劳动教育与德智体美四育之间的关系，为重构劳动教育与德智体美四育关系的路径进行价值定位。

第一节　劳动教育与德智体美的联系与反思

随着国家对素质教育的推进，教育界对"五育"的研究也逐渐深入，越来越多的教师意识到"五育"之间不是绝对孤立的关系，认为"德育和智育""德育、智育和体育"等各育你中有我、我中有你，相互渗透、相互作用的关系。下面就对德智体美四育的基本概念做简要介绍，由于劳动教育在第一章已经做了阐述，所以这里就不再赘述。

一、四育的基本概念

（一）德育

德育旨在形成受教育者一定思想品德的教育，在社会主义中国包括思想教育、政治教育和道德教育。[①] 教育学界越来越多的学者主张学校德育主要是指道德教育，即道德伦理。从德育过程来看，德育不是只学习行为规范、善恶、美丑等关于道德的知识，更是将所学的行为准则内化为个人的道德信念和道德行为，这一过程是学生个体在道德上自主建构的过程。本文认为德育以道德教育为主线，兼顾思想教育和政治教育，同时，德育是学生个体主动将德育知识内化为个人内在品质的过程。高校培养的是直接从事一定行业的高级专门人才，是直接从事具体职业的人，有从商的、有从教的、有从政的，不同职业都有不同行业的职业道德规范，故而职业道德教育在高校则尤为突出。同时，高校更为重视思想教育中的人生观教育，主要包括职业理想、生活理想等人生理想。

---

① 顾明远主编：《教育大辞典》，上海：上海教育出版社，1998 年，第 249 页。

（二）智育

智育是以系统的科学知识传授为基础，从而促进学生智力发展的教育。"智力包括观察力、记忆力、注意力、思维和想象能力，是顺利完成各种活动所必需的基本能力"[①]，其中，思维能力的培养是核心。一切将科学知识的传授等同于智育，或是将科学知识的传授排除在外的观点都是错误的。"教育应该超越对他人思想的被动接受，必须加强创造力"[②]。且一切企图离开知识而培养能力和把知识的掌握仅仅看作是磨炼思维能力的"磨刀石"的观点。因此，智育包括系统的科学知识的传授和智力的培养。知识是促进学生的智力发展及各种能力的发展的"种子"，而非已经成熟了的"稻谷"。高等教育是以研习高深学问为内容的培养专门人才的活动，"高校是人类知识系统的最前沿，它所传授的内容是能够反映科学技术最新发展的专门的知识系统，其广度、深度与复杂性是普通中小学教育内容不可比拟的"[③]。因此，高校智育在内容上更具精、深、广、博的特点。同时，高校培养的人才要从事专门的职业，是一种专门教育，强调高等教育的专门性，其教学内容必须与社会生产活动有着紧密的联系，与中小学培养学生基本生活能力的教学内容有所不同。

（三）体育

高校体育与中小学体育有本质不同，中小学阶段，体育在提高人体机能的功能，促进身心发育有着突出作用，且其在于培养学生热爱体育和了解体育的基本常识。然而，大学生身体进入成熟阶段，体育对于增强体质、强身健体依然有重要意义，但大学体育更在于运动参与目标的养成，更体现着大学精神。运动参与目标即积极参与各种体育活动并基本形成自觉锻炼的习惯，基本形成终身体育的意识，能够编制可行的个人锻炼计划，具有体育文化欣赏能力。[④] 终身体育源于保罗·朗格朗终"活到老，学到老"的终身教育思想，终身体育意识的形成是培养学生运动参与目标的核心。这里的终身体育需要我们辩证地理解，终身体育与终身学习一样，终身学习是一个人无论在何时、在何地都会学习、都能学习。

（四）美育

美育最先由"美育之父"席勒于18世纪末提出。目前，关于美育的概念在学术界仍有颇多争议。第一，将美育界定为审美教育。"美育是以培养审美的能力，审美情操和对艺术的兴趣为主要任务的教育"[⑤]。第二，美育是一种情感教育，是学生对美的直接感受，

---

① 孙俊三、雷小波：《教育原理》，长沙：湖南教育出版社，2007年，第130页。

② 怀特海著，庄莲平译：《再论教育目的》，上海：文汇出版社，2012年，第12页。

③ 潘懋元：《高等教育学》，福州：福建教育出版社，1994年，第148页。

④ 四川省教委等编：《高校体育》，成都：四川大学出版社，1998年，第16页。

⑤ 中国社会科学院语言研究所词典编辑室编：《现代汉语词典》，北京：商务印书馆，2003年，第864页。

是学生内心对美的体会。席勒认为，美育是促进鉴赏力和美的教育，其目的在于培养我们的感性和精神力量的整体达到和谐，将美育界定为情感教育。[①]我国学者阎国忠认为"美育者，应用美学之伦理于教育，以陶养感情为目的者也"，并概括了美育的四方面的特点，"美育是情感教育"便是其中之一，其以丰富、净化、陶冶人的情感为目的。第三，有学者认为美育是美学教育和关于美学理论的教育，即"美的哲学"。张楚廷先生认为美几乎无所不在，但并非人人能感受到美，明白美之所在，如数学家认为某些公式美不胜收，而一般水平的学生较难感受其中的美。第四，黑格尔提出了"美学是艺术哲学"，并使得艺术哲学几乎成为美学的同义语，以为绘画、音乐等艺术教育就是美育的全部了。这种观点认为美育即艺术教育，它局限于艺术和抽象理论，扼杀了感性学的丰富性，在一定程度上割裂了审美与感性生活的联系。将艺术作品作为美的永恒不变的标准。而美育绝不仅限于艺术教育，美的形态具有多样性，包括自然美、社会美、艺术美。也有学者认为美育是美学教育。综上，本文认为美育是以美学理论为指导，以艺术美、自然美、社会美等为内容陶冶学生情感，促进学生发现美、表现美和创造美的能力的教育。[②]

二、劳动教育与德智体美的内在联系

德育是根本，智育是关键，体育是基础，美育是灵魂，劳动教育是保障。只有把握好"五育"各要素之间的内在关系，才更有助于系统地对新时代高校"五育融合"进行研究。

（一）德育是根本

以德为先，注重品德教育和能力教育的高度融合。坚持立德树人的教育理念，关键在于结合新时代中国特色社会主义的发展新要求，真正解决好"培养什么人""怎样培养人""为谁培养人"的问题，这既是一个实践问题，又是一个理论问题，还是一个历史问题。"国无德不兴，人无德不立"，德育作为"五育"的根本，是立德树人的核心内容。德育的本质是通过德育的教化，教人向善，正确引导学生道德行为。因此，建立完善的立德树人机制是培养时代新人的重中之重，同时，也是发挥德育效能的有效途径。德育具有双重属性，既指向指向人的社会属性，也指向公民的个人属性'从社会角度来讲，德育的教化能够提高整个社会的道德水准，促进社会团结、和谐发展；从个人角度来讲，德育能够推动个体全面发展，满足人的精神需求，搭建个体与外部世界和谐发展的"桥梁"，从而保证个体顺利学习和工作。德育重在培养符合社会存在和发展的德性，一方面，德行的养成会激发学生认知的动力和热情，一个拥有理想、具备良好品质、热爱社会科学的人，一定在探索求知过程中表现出对探索认知和科学真理的积极性和热情；另一方面良好的德性能让

---

① 席勒著，徐恒醇译：《美育书简》，北京：中国文联出版公司，1984 年，第 22 页。
② 张楚廷：《高等教育学导论》，北京：人民教育出版社，2010 年，第 335 页。

学生以一种求真至善尚美的姿态去处理教育过程中人与人、自然的关系，与人为善，与自然和谐，发挥出德育育人真实效。德育为先，既要求其他各育服从和服务于德育，又要统筹兼顾其他各育的工作，只有尊重德育的根本地位，才能为"五育融合"奠定坚实的基础。总之，强化新时代高校"五育融合"建设之路，就是要在抓好德育根本地位基础上，统筹协调推进"五育融合"总目标。

（二）智育是关键

学校作为育人的主战场，是一切教育关系集聚的舞台，只有通过强化各教育因素的联系，才能够调动各方面的积极性，创造良好的教育环境，为"五育融合"提供有利条件。智育的主要任务在于促使学生掌握系统的文化科学理论知识和形成基本实践技能，增长知识和见识，全面提升学生的智力水平。智育以知识传递为核心，始于知识传递但又不止步于知识传递。智育作为"五育"的一个重要组成部分，贯穿于其他各育之中，为各育的顺利开展提供科学理论依据，智育的进行也必然意味着道德认知、审美能力、身体素质、劳动精神和能力的提升。在智育的过程中，学生借助教育者的科学指导，通过课堂教学和课外活动等各种方式，积极主动地完成智育的任务。理论知识体系庞大且复杂，为确保输入知识的科学性和合理性，教育者必须注重培养学生逻辑理性和实证理性思维，对各种规范敢于进行"客观评判"。因为智育具有全面教化的功能，受教育者才不会思维定式，唯书唯上，敢于理性审视一切文化知识，勇于批判反驳错误知识。总之，智育注重逻辑能力的提升，是实现"五育融合"育人目标的重要一步，智育的发展为其他"四育"的进步提供相应的科学知识，成为"五育"共同进步的关键因素。科学发展是一个不断创新进步的过程，智育作为"五育融合"的关键因素，贯穿于各育过程当中，体现着各育的教学成果，不断教以学生科学的知识，激发创新意识和创新能力，培养批判性思维，增长学生才干，从而推动学生全面发展。

（三）体育是基础

体育作为促成"五育融合"一个重要组成部分，主要以身体练习为方式、传授健身知识和技能为目的，培养学生体育精神，促进学生身心发展。体育蕴含着丰富的教育元素和资源，承载着重要的育人功能和价值，能够推动学生身心全面发展，是推动"五育融合"的重要工程。既然教育的目的是育人，就不仅仅是育德或者育智，良好的健康状况、饱满的精神状态，这是感知世界、克服困难的最重要条件，而这也正是体育所要实现的目标。体育的内容体系主要目标是通过体能知识教育和训练，一方面促进学生心理和身体健康发展，发扬体育精神；另一方面，通过团体性的体育活动培养学生团体合作与规则意识，自觉养成按照规则办事的社会惯性思维。作为"五育"的基础，体育包含在德育、智育、美育、劳动教育各个要素的成分中，相反，也蕴含着各育的元素，实现了以体育德、育智、育劳的目标，成为推动这些要素发展的基础性因素，是协调推进"五育"和谐发展的灵魂所在。正确的体育观，就是要认识到体育对德育、智育、美育和劳育的正向推动作用，实现以体育智、以体育心具有独特功能，根据实际情况开设不同的体育教学和训练项目，提高学生身体素质和意志品质。因此，只有打牢体育这项基础工程，才能培养出身心和谐发展的新时代建设者。

（四）美育是灵魂

美育的实质是一种精神教育，通过对"美"的感受和理解达成情感共鸣，是与其他"四育"共同统一于"五育融合"教育目标之下的教育要素，它的融合说明了国家教育体制的创新和进步。美育的本质是通过正确教育活动，引导学生认识美、发现美，树立健康的审美观，提升创造美的能力。作为"五育"中必不可少的一部分，美育具有不可替代的独特性：一是意识形态性和审美独立性的相统一。马克思曾指出人类在长期社会实践中历史地形成了掌握世界的方式，包括科学的、艺术的、宗教的和实践—精神四种。美育的过程就是通过提升学生的审美意识、审美能力和审美水平，进而使其能够理解美、欣赏美、感悟美并创造美，全面塑造人的心灵。从哲学目标来说，德育想要达到的目标是寻求伦理的"善"，智育的目标是追求事物之"真"，美育的理想是发现生命之"美"。美育是通过审美鉴赏、艺术熏陶、技能训练等手段，借助艺术的自由思维性、情感愉悦性、形象创造性和熏陶渗透性等，通过美化人们的心灵，形成健康的审美观，培养高尚的道德情操。二是知识性和情感性的相统一。根据马克思主义的观点，美是主观和客观的统一。欣赏事物的美，就必须有能够感知美的心灵，而要使这种感知能力具有高度的理性和主动性，就必须经过理论的学习和知识的陶冶。三是发展性和补偿性相统一。美育不仅能够在发展的过程中培养人的道德情操、丰富人的心灵，帮助其确立正确的世界观、人生观和价值观，而且能以美引善、美能益智，充分挖掘出各育中所蕴含的心灵美、语言美、科学美、健康美、勤劳美等丰富资源。可见，美育具有其他各育所不具有的功能，通过融合使美育深入其他各育之中，净化人的心灵，丰富人的灵魂，为教育过程增添了活力，使"五育融合"变得更加完整和系统。

（五）劳动教育是保障

马克思曾指出："生产劳动同智育和体育相结合，不仅是提高社会生产的一种方法，而且是造就全面发展的人的唯一方法。"[①] 马克思认为劳动是人的类特性，因此，人的价值性则通过人的劳动过程与劳动产品来展现。作为"五育"组成部分之一，劳动教育具有独特的育人价值是劳动教育是德育的内容之一，是作为对各育实施途径的补充，是劳动技术

---

① 《马克思恩格斯全集》第44卷，北京：人民出版社，2016年，第208页。

教育。劳动教育不仅仅是传授综合技术知识，还强调其在教育和社会之间的联系功能，让学生通过在劳动过程中获得的科学精神、创造性解决问题的方法和能力轻松应对工作世界的挑战。进入新时代，劳动教育作为人才培养体系的重要组成部分，被纳入"五育融合"体系之中，并赋予其新的时代使命，承载着完善教育体系、提升教育质量的使命。通过劳动，唤醒学生劳动热忱，复兴劳动文化，培养劳动精神，避免因崇尚新自由主义而出现劳动缺失。新时代劳动教育的价值和意义就是培养学生正确的劳动价值观和劳动态度，进而能够辛勤劳动、诚实劳动、创造性劳动，在劳动磨砺中经受精神洗礼，树立起坚韧不拔的意志品质。劳动教育是动手和动脑的紧密结合，以促进作为"四育"身体物质基础的不断发展，通过以劳树德、以劳增智、以劳强体、以劳育美，为各育的开展提供保障，为"五育融合"坚定坚实基础。

在"五育融合"育人体系中，"五育"是相互影响和相互支撑的逻辑整体，德育体现"善"的要求，智育体现"真"的要求，体育体现"健"的要求，美育体现"美"的要求，劳动教育体现"实"的要求。五者既有自身的规律和特点，又互相渗透、互相影响，互为条件。正基于此，通过加强劳动教育，推进高校德智体美劳五育融合。其一，把劳动教育纳入高校德智体美劳全面培养的教育体系。努力解决劳动教育在学校中被弱化、在家庭中被软化、在社会中被淡化的问题，实现其树德、增智、强体、育美的综合育人功能。以劳树德，形成崇尚劳动、尊重劳动、热爱劳动的劳动美德，积极践行辛勤劳动、诚实劳动、创造性劳动的道德规范及关心集体、吃苦耐劳、诚实守信、爱护公物、遵守纪律、认真负责的职业道德要求；以劳增智，形成基本的劳动技能以及探索、观察、操作、表达、管理、创造等劳动能力；以劳强体，在劳动教育中磨砺体力、锻造意志、健康身心、塑造健全人格与高尚品格；以劳育美，形成"劳动创造了美""劳动最美丽"的劳动审美观，在劳动教育中发现美、认识美、体验美、鉴赏美、创造美、表现美。其二，在高校德智体美劳五育融合的实施框架内推进劳动教育。一方面，德育、智育、美育和体育的顶层设计要充分体现劳动教育的理念、价值、素养和技能，使劳动教育成为五育的"筋骨"。另一方面，在其他四育实施过程中融合开展劳动教育应遵循各自的教育规律，形成不同的着力点和推进方式。其三，发挥教育评价的"指挥棒"作用。全力消除智育独大的评价"顽疾"，在高校德育、智育、美育和体育的教育评价中体现劳动教育的综合育人价值，将劳动教育纳入巡视、纪检监察、教育督导、教育评价等工作的范围，以有效的制度保障和推动五育融合发展，构建良好的教育生态，促进青年大学生全面发展、成长成才。

三、劳动教育与德智体美关系的反思

劳动教育与德智体美四育之间应该是何种关系，应该以何种方式存在于现代教育教学体系之中。基于前面从政策文本层面、理论逻辑和实践逻辑层面对劳动教育与德智体美四育关系问题的审思，立足于新时代发展的新要求，从理论基础、存在样态及价值关系等方面进行反思，重新审视劳动教育与其他四育之间的关系。

（一）劳动教育与德智体美关系的理论差异

新时代背景下，中国化马克思主义哲学观分析劳动教育与德智体美四育之间的关系是立足于现实，从劳动教育观、劳动教育课程等方面阐释实然状态下劳动教育与其他四育究竟是何关系。所谓中国化的马克思主义哲学观，实际上就是马克思主义基本原理与中国实际相结合，使马克思主义哲学在中国具体化、实践化。马克思主义哲学所遵循的是建构价值理想与实践手段的双重逻辑体系，与解释世界的理论智慧和改变世界的实践智慧休戚相关，马克思主义中国化包含着价值理想与实践手段两方面的内涵。[1] 马克思主义中国化是持续发展的过程，随着时代变迁做出与时俱进的改变。当下，中国化的马克思主义哲学坚持一以贯之的问题导向原则，立足于中国现时代的实际，将马克思主义基本原理同中国具体实际有机结合，为新时代经济、政治、文化、社会、生态的发展提供理论支持与实践指导，同时，在践行新时代马克思主义中国化的进程中，继承、创新、发展我国优秀传统文化，使之做到与时俱进。在中华人民共和国成立初期，我国面对着物质匮乏的社会现实，劳动教育主要是指向生产性的，其存在的目的是为了让学生获得生产物质财富的能力，当时的劳动教育是生产本位的劳动教育。综观当下，我国社会的主要矛盾发生的改变，"人民日益增长的美好生活需要和不平衡不充分的发展之间的矛盾"成为当今社会的主要矛盾，在新时代背景下面对的新的社会矛盾，不能再仅仅局限于生产性劳动上，还应注重价值观教育，帮助学生树立正确的劳动教育观。

（二）劳动教育与德智体美的基本样态

在实际课堂教育过程中，劳动教育处于被弱化的地位，没有得到应有的重视，其在育人及促进社会发展等方面的价值并没有凸显出来。劳动教育观念相对薄弱，劳动教育课程主要是以粗放性、浅表性的样态存在，而且在教育教学中尚未平衡好"教与劳"的关系。受根深蒂固的应试教育思想影响，"智育"通常被置于至高无上的地位，即使倡导"德为先"，"智育"在整个育人体系中仍然占据着举足轻重的分量，"重智轻劳"现象在教育教学中显而易见，然而在开展校内外综合实践活动的过程中却忽视了"育"，一味强调"劳"，没有做到将"劳""育"有机结合。基于马克思主义中国化的哲学理论基础剖析实然状态下劳动教育的真实存在样态，探析劳动教育与德智体美四育在现实的教育教学情境中的关系。有知名教授对是否将劳动教育作为独立课程设置提出了自己独特的见解，对设

---

① 王南湜：《马克思主义哲学中国化：百年回顾与展望》，《天津社会科学》2020 年第 5 期。

置专门劳动教育课程以确保"劳动教育"真正落到实处的做法表示理解，但是过分强调劳动教育课程的独立性，可能会与教育规律相违背，进而对劳动教育本身的发展会起到反作用。[①] 为此，我们需要以新时代的发展理念为育人目标，发展存在样态与价值观念全新的"新劳动教育"。

（三）劳动教育与德智体美的价值关系

就实然状态下劳动教育与德智体美四育的价值关系来看，劳动教育处于明显的弱势地位。各级教育主管部门先后出台了多个关于新时代发展劳动教育的政策文件，大中小学等各级教育单位对劳动教育也引起了足够的重视，关于劳动教育的相关学术成果也层出不穷，究其目的，就是为了在新时代将劳动教育发展好，使一度被"冷落"的劳动教育得到应有的尊重并在五育融合发展的综合协调育人理念中获得应有的地位。当下，之所以特别强调劳动教育在新时代独特且重要的育人价值，是因为我们要培养的是德智体美劳全面发展的时代新人——创新型人才与实践型人才，在工业4.0时代"手脑并用"进行创新型发展与创造是无法抗拒的时代发展趋势。当然，在具体的教育教学实践活动中也看到了由于劳动教育的弱化乃至缺失致使教育呈现"异化"，在这种"异化"的教育形态下培养出的是"高智商低能儿"。在实践逻辑中，劳动教育在整个教育体系中的价值地位明显低于德育、智育、体育、美育，一直以来，"劳动教育"是以一种可有可无的样态存在于教育教学中，更有甚者将"劳动教育"简单地理解为"劳"，将其作为一种惩罚手段，完全偏离了"劳动教育"存在的初衷。薄弱的劳动教育观念、粗放且浅表的劳动教育课程、校内外综合实践活动中的"重劳轻育"及班级建设中的"重智轻劳"等现象与忽视劳动教育的价值密切相关。就劳动教育课程本身来讲，目前尚未形成体系化、系统化的课程，虽然当前对于是否将劳动教育课程独立设科这一问题还有待进一步商榷，但是初步应做到的是将劳动教育的育人理念融入到各科教学中，使劳动教育不再是可有可无的存在，拉近劳动教育与其他学科之间的距离，进而在劳动教育与德育、智育、体育、美育之间实现完美交融，使五育呈现出和谐统一的局面。

四、德智体美劳"五育"并举改革定位

（一）目标定位

"五育"之间是一种相互渗透相互联系的关系，高校要明确政治方向，坚持党的领导，形成具有特色的育人结构。秉持全方面培养人才的态度，仔细解析德智体美劳教育的新任务，让学生掌握成人成才本领。高校应坚持"立德树人"根本育人目标，完善教育体系，

---

① 檀传宝：《劳动教育论要——现实畸变与起点回归》，北京：北京师范大学出版社，2020年，第118页。

提升育人目标认识。首先以德为先，发扬德育对学生价值观形成的引领作用，培养学生高尚品德。高校应坚持"提升素质"的基本目标，增强全民素质，通过智育增强学生学习知识的能力，培养创新思维与开放精神并存且符合当下社会需要的人才。高校应坚持"增强体质"基础目标，强健学生体魄。高校应坚持"提高审美"的重要目标，提升学生审美认知能力，健全人格培养。高校应坚持"全面发展"的必要目标，以树立正确劳动观念为劳育目标，运用劳育培养学生正确价值观念，塑造全能型人才，激发对生活的热爱，使劳模精神永相传。

（二）内容定位

高校"五育"并举育人内容应定位于国家政策、高校整改方法及社会协助。政府各级部门应联合协作，积极响应当下德智体美劳教育并举发展路径，政府部门要与学校、社会在政策内容上进行联动，将国家育人政策层层落实、步步扎根。政府部门要加强学生各阶段的"五育"并举教育融合，构建小中大学的教育连贯整体体系。高校要对师资队伍进行整改，对"五育"教师资格严格把关，改进教师考核内容、评审内容及培训内容。高校要对课程方案设计内容进行整改，改革课程设计方案，实施构建多元化教育结构。教学方法内容需要改进，丰富实践活动，切实开展德智体美劳实践活动，让学生在劳动中体会真知、磨砺心智与体能，增强审美素质，促进学生脑力体力共同成长。社会各阶层要为高校"五育"教育搭建合作交流平台，加强师生的校外实践经验，将"五育"理论与实践进行衔接，使高校育人政策得到落实。

（三）方法定位

高校"五育"并举育人方法要在原有基础上整改学生及教师的考核评审制度，不可一味拿书面成绩说话，这样不仅德体美劳可以得到真切的落实，智育也能获得真正的教育成效。丰富校园文化建设，将德智体美劳从书本带入生活之中，通过墙画、数学竞赛、运动会、音乐会及宣传标语等形式营造校园德智体美劳氛围，结合实际联系传统文化，提升创新审美认识。改良课程建设，加强各学科专业之间交流，建立德智体美劳"五育"相互融合渗透关系。将德育美育融入各学科之中，对学生进行道德上的正确引导与审美培养。体育与劳育能强健体质、锤炼意志，要采取形式多样的活动方式推进教育方法改革。利用校园资源改革课程方案设计，增加开放共享的交流平台[①]，增强"五育"的实效性，加强校外活动，发扬校内外平台作用，运用学分机制鼓励学生参与校内外文化互动活动，提高学生参与度，以理论结合实践的方法增强学生对书面知识的理解，使学生更好地成为全面型人才。

---

① 邹克瑾：《基于文化创意产业需求的高校艺术类人才素养培育研究》，《艺术工作》2020年第2期。

（四）过程定位

高校"五育"并举育人过程整体是一个逐渐积累且螺旋式上升的过程，量的积累会转换为质的提升。首先，高校"五育"也是循序渐进与时俱进的发展过程，在此过程中高校德智体美劳"五育"并举首先应明确育人目标、不忘教育初心，以国家的发展目标为改革目标，稳步推进立德树人育人战略，把各阶层资源集中运用到培养全面型人才上来。其次，高校要在育人发展中采用合适的育人方法，充分了解且不断丰富"五育"课程教育内容方法，整改学分制度及师生考核评审制度，在改革中抓住发展机遇，掌握市场发展规律，构建出具有特色的"五育"模式。"五育"并举发展与改革还是一个不断发现错误、纠正错误、避免错误的过程，将实施过程中出现的问题进行解决，进一步加快培养模式的构建，稳步落实资源整合。"五育"并举育人过程更是由青涩到成熟的育人过程，在整改中不断前行并完善教育模式，直到形成完善的、符合时代发展的、全面的"五育"并举育人模式。

第二节 劳动教育在德智体美中的体现

苏霍姆林斯基认为学校的教育目标是培养真正的人，即全面和谐发展的人。只有在德育、智育、体育、美育和劳动教育这几个方面同时得到发展，这个人才能成为全面和谐发展的人。而劳动教育正是这五方面最为基础的部分，离开了劳动，其他一切都是空谈和想象。劳动教育的确在五育组成中有着特殊的地位，大学生在接受劳动教育的时候可以让自己与世界得到充分接触，用身体和心灵去丈量这个世界，用其所有的感官去认知和学习。让他懂得劳动在人生中的价值和意义，明白劳动是人的本质、劳动创造一切的道理，从而树立正确的世界观、人生观、价值观，可谓养德；大学生在劳动中可以发现问题、寻找原因，有益于提高学生的智商、激发学生学习的兴趣、提高学习效率，可谓启智；大学生通过劳动强健了体魄、增强了意志力、培养了吃苦耐劳的精神，可谓健体；大学生在参与劳动过程中还可以发现生活中的美，从而感受美，提高他们的审美能力，可谓益美。马克思主义中关于人的自由而全面发展的思想观点，为我国教育事业的发展提供了重要的指引。而劳动教育本身的价值旨归就在于促进人的全面发展，新时代劳动教育是这种思想的具体表现和深化。马克思、恩格斯在他们的著作中指出，"劳动异化使人片面地发展某些部分的才能，束缚了人的全面发展，只有通过提高人全方面的劳动能力，才能使人有能力适应工种的变化，进而创造出更多的劳动财富。"由此可见，社会生产劳动对大学生全面发展的德、智、体、美这几方面都有重要的促进作用，也要求我们实现教育与生产劳动的内在结合，即开展劳动教育。

教育的首要问题是培养什么人，我国的国家性质决定了教育工作的根本任务是培养德智体美劳全面发展的社会主义建设者和接班人。新时代背景下，我国在培育学生的目标和准则上，更加强调学生的综合发展，重视其各方面能力以及综合素质的提升，而劳动教育的实施则非常有助于教育目标的实现。

综合素质的提升对于学生来说也是非常重要的。为了提升学生的综合素质，我们就需要从德智体美劳五个方面共同推进才能取得实际的效果，马克思主义关于人的自由全面发展学说也要求我们的教育必须是注重人的全面发展的教育，德育、智育、体育、美育、劳动教育五个方面的缺一不可。劳动教育作为整个教育的基础，渗透融合到德智体美教育的全过程之中。[①] 在个体功能的这个层面上，劳动教育能够通过以劳树德、以劳增智、以劳强体、以劳育美等方式促进人的全面发展。总的来说，劳动教育在人才培养体系中具有不可替代的关键作用，具有较强的综合性功能。

一、提升德育实效

劳动教育本质上是为了促进人的全面发展，因此在德育方面，劳动教育也可以通过发挥自身的功能来促进立德树人根本任务的落实。

"德"乃立人之本。我们不仅要培养智慧与德才兼备的人才，更应当培养一个品德高尚、人格健全的人。所谓大学生德育，是指教育者有目的地培养大学生品德的活动。而人的品德是由道德认知、道德情感、道德意志、道德行为四个相互联系的方面构成，道德的形成和发展要靠这四个方面的互相促进、相互影响才能完成。德育的过程即表现为提高道德认识、陶冶道德情感、锻炼道德意志、培养良好的道德行为习惯，把握住了知、情、意、行的关系，也就把握住了德育发展的核心。苏霍姆林斯基认为，"劳动是道德之源"，我国的劳动教育目前属于德育的重要内容之一，劳动教育对大学生的品德修养形成具有非常重要的作用。

（一）劳动教育对道德认识的培养

道德认识，指人们对社会道德规范和意义的感知和理解，是对事物真假、是非、善恶、美丑的认识判断和评价，然后形成自身的道德判断能力，是对一切道德现象的主观认识态度。

新时代的大学生大多是"90后"，少数甚至是"00后"，受社会转型期的价值多元化的影响，他们普遍自信有主见，个性张扬，好奇心强、接受新生事物能力强。但由于年龄尚小心智不成熟，从小成长在安逸的家庭环境中，自身的社会参与度不高导致阅历尚浅、

---

① 陈理宣、刘炎欣：《劳动教育与德智体美教育的基础关联和价值彰显》，《中国教育学刊》2017年第11期。

缺乏理智的道德判断，容易陷入道德认知不成熟的境地，若不及时引导，有可能会影响到他们一生的价值观，严重者甚至可能导致误入歧途。

道德认识是通过个体在道德角色和道德现象的刺激过程中形成的。通过道德活动或实践，逐渐内化发展为个体的道德认知。而事物的认知过程，其实就是实践的过程，只有亲身经过实践活动，才能形成真正烙印在脑中的认识。

然而我国高校长期以来，习惯用知识教育的方法来实行道德教育，将道德教育用直接的方式灌输给学生。这种德育的方法对提高大学生道德认知能力是非常有限的，直接灌输的强制性不仅会让学生产生抵触情绪，而且还会使学生变得纸上谈兵，即使掌握了丰富的道德知识，学生也不能熟悉地运用在实际中，面对复杂的道德世界，学生还是缺乏对是非善恶的辨识力，说到底还是脱离了社会实际。

而劳动正是联系知识与实际的纽带。学生通过劳动实践，通过手和脑的协调配合，通过身和心的体验领悟，从而入脑、入心，真正形成道德认识内化。通过教育对劳动实践的正确引导，当面对真实的道德场景的时候，才会第一时间凭借经验做出准确的道德判断。所以，我们要培养学生到劳动过程中去体会去体验，这样的道德认识才能更加深刻，才能让学生结合实际形成相应的道德辨识能力。

（二）劳动教育对道德情感的培养

道德情感，是人们在自身道德认识的基础上，对现实社会中的道德现象进行观察，然后从内心中产生的爱憎、好恶等情绪态度，是进行道德判断时引发的一种内心情感体验，是整个道德活动的"催化剂"和"润滑剂"。

然而现行的德育中，人们往往重理轻情。比较重视对道德认识的教育，而把道德情感的教育放在次要位置，认为只要晓之以理就能动之以情，只要传授了理论的知识，自然而然就能转化为相应的情感体验。殊不知，理性知识转变为感性体验的内化过程，其实并不容易，这也是为什么学校灌输式德育教育往往起不到很好效果的原因。因为道德认识是可以对学生进行灌输传授的，学生也可以接收这样的道德认知，但是不一定是接受，究其原因，是因为有些道德认识无法令学生产生相同的情感体验，没有相同的情感体验就不会有情感上的共鸣，自然就无法从心底认同。于是就会产生一些表里不一，做事假大空的道德伪君子。

那么该如何用劳动教育促进道德情感教育？研究表明，影响道德情感发生和发展的内在运作机制主要包括"感受""体验""认知"和"需要"。首先是"感受"，外在的道德知识内化为道德情感的过程中，自身的感受起着重要的作用，只有当个体通过劳动，亲身与外在的世界进行接触和互动的时候，真实地感受到生命与世界的联系，才会感知到道德内涵里所蕴藏的情感价值，从而可以唤醒和激发起内心的道德情感。其次是"体验"，在道德实践情景感受中，个体会不自觉地将自身置于他人的处境中，从而进行换位体验。这种体验有助于在理解对方和反观自身中加深对道德情感的内化。最后是"认知"和需要，这里的认知即是指道德认知的指引，"需要"是指当个体的道德需要得到满足的时候，就会产生积极的情感反应，起到强化道德情感的作用。

总之，劳动教育可以为道德情感内化的过程提供真实的实践场景，只有通过亲身的经历，不断耳濡目染，不断体验和被陶冶，才能引起内心情感的激荡，从而获得体验，形成稳定的道德情感，而这种情感一旦建立，就不容易再改变，因此才有"情感——体验"这种德育的重要方式。

（三）劳动教育对道德意志的培养

道德意志是人们依照正确的道德认识和强烈的道德情感指引，在实现道德行为的过程中，所表现出来做出抉择、克服困难的顽强力量和坚持精神。

当代大学生在道德意志方面的情况总体来说是良好的，但也存在不少问题，有部分学生的道德意志比较薄弱甚至缺失。比如明知道逃课是不好的行为，却忍不住诱惑一次又一次地逃课；明知道过马路要遵守交通规则，但是看到别人闯红灯自己也跟随过去；明知道浪费粮食可耻，却不把剩饭当一回事；明知道在家里要帮父母分担家务，却一次次因为懒惰而依然过着饭来张口衣来伸手的生活，等等，以上这些"明知道"但又"却"的"知行不一"的现象，其实都是道德意志薄弱所造成的。因此对于学校教育来说，加强大学生道德意志培养是十分重要的，因为道德意志坚定的人，在面临外界诱惑的情况下仍然能够遵守内心的道德，保持高尚的情操。而道德意志薄弱的人，即使有了道德认识的基础和道德情感的引导，也不能保证会坚持到底，容易在诱惑面前丧失原则，迷失方向。

坚定的道德意志是通过不断的磨炼来培养的，因此，当代大学生一定要加强在劳动实践中的磨炼和锻炼，以此来培养自己坚定的道德意志。劳动教育对于磨炼坚定的道德意志有着重要的促进作用，当大学生在参与劳动实践活动，面对某些具有诱惑的情景时，一定要锻炼出自己的"忍耐力"，而劳动对于"忍耐力"的培养具有潜移默化的作用，因为任何一个劳动任务都并不是轻松而且很快就能完成的，比如，精心培育一种作物，从播种到浇水、除草施肥，全程都需要细心的看护和照顾，作物的生长是一个漫长的过程，学生对其培育的过程中其实也是对自身的耐心和恒心的培养过程。抵得住诱惑，内心才会平静，才能使自己的道德认识在形成的道德情感中转化为坚定又正确的道德意志。

（四）劳动教育对道德行为的培养

道德行为，是人的内在的道德认识、道德情感以及道德意志最终的外化表现，是对人和社会做出的一种行为反应，是衡量人们品德的重要标志。

道德行为的实现过程是内化转为外化的过程，外化的最终体现就是行为习惯，行为习惯是通过一系列的社会实践活动来养成的。

只有经过不断的实践活动反复体验和训练，道德认识才会变成稳定的道德行为，最终体现为知行统一。因此，可以通过劳动课程来进行实践活动，例如，组织学生去敬老院义务帮助有困难的老年人，或者参加各种环保劳动活动，在助人和环保的过程中，让学生学会关爱他人，学会与人分享，体验感恩的乐趣；组织学生体验工厂、农村生活，帮助工人务工、帮助农户务农，学习工人和农民自强不息、勤俭节约等美德，养成热爱劳动、珍惜劳动成果、珍惜美好生活，愿意用劳动去创造美好生活的品质。这类的劳动教育课程还可以有许多形式，但最重要的是通过劳动过程中道德行为的实践使学生的心灵受到洗礼，在体验中感受挫折和不易，从而得到锻炼，学生的道德行为正是在反复的实践锻炼中不断历练、深化直至内化成熟的。

劳动教育与德育有着较强的关联性，能够在多方面促进德育的发展。这是基于两者之间的关系和特点出发的，即目标相通、路径互补这两方面的内容，使得两者能够有机结合。新时代劳动教育发挥育人功能有助于更好地实现学校肩负的立德树人根本任务。

首先，劳动教育与德育之间目标相通，为劳动教育提升德育实效提供了内在理论逻辑。新时代劳动教育的目标在于：准确把握社会主义建设者和接班人的劳动精神、劳动价值导向和劳动技能本领的培养要求，着力提高学生的劳动素养，使学生能够在劳动教育的过程中树立起正确的劳动观念、具备基本的劳动技能、培育积极的劳动精神、养成良好的劳动习惯和劳动品质。而从德育方面来看，在新时代我国教育目标的统领下，落实培养德智体美劳全面发展的社会主义接班人和建设者的目标要求是德育的时代使命。

德育的目标中包含"德智体美劳"五育维度，说明了劳动教育本身对于德育的成效是有重大影响的。同时，合格的社会主义建设者和接班人应是同时具备较高素养和劳动精神境界的。另外，劳动教育发挥功能的落实过程中，往往也增强了德育的实效性，在一定程度上促进其达到预期目标。

其次，劳动教育本身能够作为一种实践路径和方法，对德育的路径进行补充和创新，以达到更好的德育成效。德育的实现路径和方法主要为理论教育法（也叫理论灌输法或理论学习法）、比较教育法、典型教育法、自我教育法、激励教育法等，劳动教育的融入给予了德育方法新视角，通过新时代"劳动教育法"，能够让学生在劳动教育中逐步树立科学世界观，培养劳动情怀，提升道德境界，增强德育的感染力。

当前我国的德育实践中，道德知识的传授仍然是主要内容。对于这种比较难以把握的教育类型来说，德育还可尝试通过劳动教育的形式，增强其实践性。也就是说，新时代的劳动教育提供了一个德育方法的新视角，能够给学生提供真实的劳动和生活场景，是德育实践理想的辅助形式，为其提供了一种实践性强的工作方案。

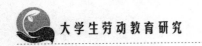

二、推进智育实践

劳动创造智慧，劳动教育的开展和实施有利于学生的智力发展。新时代，我们要运用多样化的劳动实践活动来拓展和深化学生的理论知识，促进学生的智力发展。学校可以通过对学生进行劳动理论知识方面的教育，设置相应的劳动实践课程，并开展富于创造性、创新性的劳动，去激发学生的学习兴趣和对劳动的积极态度，开拓学生学习上的思路，在这些过程中实现以劳增智的目的。

我国智育的主要任务是向学生传授科学文化知识，提高学生全面的知识水平，促进其智力发展，培养他们多方面的兴趣爱好以及创造性思维能力。

智育因其特有的外显型，易于评价等特点，成为了学校教育的核心。到目前为止，智力高低似乎依然是衡量一个孩子优秀与否的标准。然而智力的发展离不开劳动的促进，因为智力的发展是靠"手"和"脑"一起发展的，而一般人会认为智力是大脑在掌控，所以大脑比较重要，却忽视了有着同样贡献的"手"。正如苏霍姆林斯基认为"热爱劳动的人，思维是敏锐而开阔的"，学生通过动手，可以开发其创造性和钻研精神。他深信，劳动是一切知识的源泉。

（一）劳动教育有益于促进智力发展

智力是指人认识和理解客观事物，并运用知识和经验来解决问题的能力。科学证明影响智力的主要因素有观察力、想象力、思维力、记忆力、注意力等。这些因素所占比例的多少，决定了一个人综合智力的多少，也就是形成每个人的智力水平是多少。虽然智力是由遗传基因控制的，但是研究表明，人类可以通过一系列的训练，来提高这些影响智力的因素，以达到促进智力发展的目的。

观察力是人感知外界客观事物的窗口，在对事物观察的过程中，通过对事物的外观以及其他新的感知中提升认识能力，进而提高认识事物本质的能力。良好的观察力并不是天生就具有的，它是在实践中训练出来的。因此我们可以通过劳动教育训练的内容来提升观察力，如对某个劳动训练的过程进行观察，通过直接体验，积累对自然现象的感性认识，这样我们的观察力就会慢慢有所提升。

研究表明，人类在"手"和"脑"同时配合的时候，能大大增加"注意力"，比如，在操作某种机械的时候，人就会特别集中注意力，因为这时候，脑不动的话就会出错，手不动的话就不能做。还比如，阅读的时候，有些人喜欢拿着笔跟着阅读的视线往前跟进，这都是集中注意力的方法。所以，提升注意力，"手"和"脑"同时进行，是很好的训练方法。

"记忆力，是识记和保持、再认识和重现客观事物所反映的内容和经验的能力。"可以分为"概念记忆"和"行为记忆"，概念记忆是指以印象的形式保存在人脑中的回忆。而行为记忆是特指对某一行为、动作或者技法的回忆，这种记忆都涉及具体动作的记忆，即通过动作来记忆，这种记忆极难被忘记。这也就是为什么很多人小时候学过骑自行车，之后再没骑过直到长大后的某一天再骑的时候发现，依然可以熟练运用此项技能；这也是为什么阿尔兹海默病患者，即阿尔茨海默病患者在失去一切记忆甚至忘掉家人的时候，仍然可以生活自理，因为行为记忆是最持久、最难以忘掉的记忆。因此劳动对于增强行为记忆是非常有帮助的。

思维力是人脑对客观事物概括的、间接的反映能力。通过观察事物，人们自觉会把各种对象和经验进行分类归纳、概括总结，这就是思维力的体现。思维能力具体表现为对问题的分析和理解，从而发现事物的本质和规律。而事物的变化不能只靠书面知识的展示，它更需要在真实的生活实践场景中去发现。

"想象力，是人在已有形象的基础上，在头脑中创造出相关新形象的能力。"想象一般都是在掌握了一定的相关知识的基础上产生的。想象不是凭空创造的，最原始的素材都一定是来源于生活。只有不断地亲身体验，才能激发丰富的想象力和创造力。

人和动物的根本区别就在于人会劳动和思考，两者缺一不可。人在劳动的时候，"手""脑"在一起运动，因此一边劳动一边思考，大脑会反复对手下指令，而手也会纠正大脑想象的偏差，从而形成相互的协调促进，进而发展智力。通过对以上智力因素进行劳动教育的训练，一定会促进学生智力的进步。

（二）劳动教育有益于激发学习兴趣

一般来说，对于学校成绩不好的学生，大可分为两种原因：一种是智力上的影响，造成学习较为吃力；另外一种就是学习兴趣的缺乏，觉得学习没意思，提不起来劲。主要体现在学习态度不积极、懒惰不爱学习、觉得学习没什么用等，这些表现某种程度上其实都是对学习的兴趣的缺乏。

大学生都是 20 岁左右的青年，已经形成了自我对这个世界初步的看法和认识，尤其是接受了过多的初级中级教育填鸭式的教育后，面对大学这个崭新的环境，他们将会对实现自身的价值和能力开始有所期待，他们比谁都更加渴望拥有一个能够展现自我的平台。

劳动教育正是这样一种平台。普通理论知识的学习，是通过掌握一定的科学知识和客观规律，实现了从感性认识到理论认识的转变。而劳动教育是可以通过劳动实践课程，在教师的指导下，让学生将自己所学的知识经验运用在实际生活中，在运用的过程中体会到科学知识的真实作用和价值，进而激发对知识进一步的探索兴趣。因此，让学生觉得学有所用，学习可以体现自身的价值，是激发大学生学习兴趣的根本动力。

同时，学生如果能在劳动的过程中展示出自己的才能，获得成功的体验和喜悦，这样感觉将会让他变得更加自信，一个自信的人是充满光亮的，他们会变得对世界充满关心和兴趣，并且相信自己有能够解决任何问题、克服任何困难的信心和能力。

智育是教育体系中一项至关重要的教育活动，智育的过程是双向的，在这个过程中，除了教育者和教育手段之外，受教育者本身的主观意愿和毅力等方面也在很大程度上影响了教育效果。也可以说，智育中的教学过程是一个外因（教育者和教育手段）通过内因（受教育者的积极性）起作用的过程。其中，劳动教育能够通过各种方式，提升智育的成效，这种影响主要就表现在以下几个方面：

一是体现在智力发展的主观意愿上。劳动教育以培养学生正确的劳动价值观为主要目标之一，当学生通过劳动教育让自己塑造出了尊重劳动和热爱劳动的思想观念，就能够影响学生对于理想与目标的追求，增加了学生自身对智力发展的主动性和积极性。一个人持有什么样的价值观，可能就会有什么样的人生图景。正确的劳动价值观是学生在劳动实践中找准自身人生轨迹的重要指针。通过劳动教育的开展和实施，学生参与其中，树立起了良好的劳动思想和劳动精神，对于人生的追求有了更加清晰的认识，产生了一定的精神动力，能够促使学生在智力上有更高的自我追求。

二是体现在智力发展的毅力上。劳动教育所带给学生的，不仅仅是知识和技能，它往往还锻造了学生坚毅的劳动品质。学生从劳动教育中所收获的良好的抗压能力和积极态度，对智育方面也起到了一定的支撑作用。如果说劳动价值观的建立是解决了"愿不愿意学"和"是否主动学"的问题，那么劳动精神的培育和劳动习惯的养成，则能够很好地解决"是否坚持学"的问题。这些劳动观念、劳动情怀、劳动习惯的培养过程，为学生形成良好学习品质提供了基础。总的来说，劳动教育通过对学生施加多方面的影响，带给学生正确的价值观念、坚毅的品格、良好的劳动习惯和学习习惯，都能够在学习的毅力和成效方面带给学生深刻而持久的影响。

三是体现在智力发展的目的上，理论学习的最终目的也是为了要应用到实践中来，而劳动教育在一定程度上能够激励学生将理论践行于实际生活当中，能够培养学生积极乐观的劳动心态，建立其融洽的人际关系和较好的环境适应性，使学生们能够更加主动积极去学习好科学文化知识，掌握一定的劳动技能。在劳动实践的过程中，劳动教育鼓励学生将理论上所学到知识与实际操作联系起来，让科学文化知识为实践所服务，深化学生对劳动教育和智力发展的功能价值的认知，为学生今后走向社会、服务社会打下坚实的思想基础，为中国特色社会主义的建设提供重要的智力支撑。

三、促进身心强健

劳动教育对体育的功能体现在：通过开展劳动教育，使受教育者具备从事有关于生活、生产、运动方面所必需的基本劳动能力，促进其身心健康发展，提高其生存和生活的劳动技能和本领。要促进人的身体上的健康发展，使其拥有健壮的良好的身体素质，而这个身体素质正是一个人在心智发展和成长成才道理上的重要前提条件。劳动教育本身具有较强的实践性，与体育的融合性极高，把劳动实践活动和锻炼作为体育的重要方法之一，能够有利于磨炼学生的体力发展的意义，对其身心健康和能力完善有着重要的作用。

当代大学生的身体状况其实很令人担忧，这些大学生在初高中时期经历了"应试教育"的"洗礼"，生活基本上都是学校课桌前跟家里书桌前的两点一线，有研究统计，我国大中型城市初高中学生每天坐在桌前学习的平均时间接近 10 小时，并且处于长期不锻炼身体的状态。如此长时间的坐着，会引发全身肌肉酸痛、脖子僵硬、脑供血不足等危害，对青少年的成长发育极为不利。这些学生进入大学之后，更是对于大学宽松舒适的氛围感到轻松，容易养成了懒惰、放纵等习惯，更加缺乏运动。尤其是随着社会科技的发展，越来越多的"低头族"出现在高校校园里，且不少学生习惯了熬夜的生活，熬夜玩手机、熬夜打游戏、熬夜追剧等现象几乎发生在每个学生的身上，这些不良习惯对于身体的危害，会随着大学生年龄的增长，逐渐地显现出来。

所以，大学生一定要爱惜自己的身体，健康才是生命的本钱。不要等到失去健康的时候，才追悔莫及。因此，加强对当代大学生的体育锻炼，也是目前高校应该关注的问题。

劳动和体育也有很大的关联，两者都可以从行为和动作上对身体做出命令，因此劳动对大学生的身体健康也有很重要的作用。适当的让学生参加体力劳动，可以促进学生身体的新陈代谢、增进呼吸系统、循环系统、消化系统等机能。学生在这些劳动任务中，不仅可以强身健体，增强体魄，而且可以促进手脑协调能力，锻炼出人身体的协调优美的动作。同时，学生在劳动锻炼的风吹日晒中，不知不觉增加了身体的抵抗力，增加了对环境的适应能力。加强高校劳动教育，增强学生体魄，可谓一举两得。

四、提升审美境界

美育是一种将美学相关理论运用于教育的范畴，达到陶冶人的情感、提升人的审美能力和审美境界的目的教育活动。马克思在《1844 年经济学哲学手稿》中曾提出"劳动创造了美"[①] 的观点，这一观点反映出了劳动教育与美育之间的内在逻辑联系。审美教育和劳动教育两者都是我国人才培养体系中的"五育并举"方针的重要组成部分，二者具有紧密相关的关系，对于学生的成长过程来说，二者是缺一不可的。

美育，是指通过培养学生健康的审美观，进而帮助学生发现美、感受美、创造美，也

---

① 中共中央马克思恩格斯列宁斯大林著作编译局：《马克思恩格斯全集》第 42 卷，人民出版社，1979 年，第 93 页。

称审美教育或者美感教育。

苏霍姆林斯基认为："美育最重要的任务是教会孩子能从周围世界，也就是从大自然、艺术、人们关系的美中看到精神的高尚、善良、真挚，并以此为基础确立自身的美。"[①] 美育是以美的姿态、美的颜色、美的旋律等来对学生施以教育，它美好生动，且会让人有发自内心的、喻悦、舒适、动情的体验。事实上，在劳动教育中渗透审美教育，不但可以进一步使学生认识劳动的价值和意义，而且能在潜移默化中影响学生的情操、气质、趣味等。

（一）提高美的认知

"世界上并不缺少美，缺少的是发现美的眼睛。"劳动赋予审美教育发现美的机会。譬如，在劳动教育的实践场景中，学生一起劳动的时候所表现出的那种富有节奏的动作，以及整个壮观的劳动场面等，都可以促进学生发现生活中的美，从而促进对美的认知能力的提高。

劳动教育是让学生发现美的媒介，学生可以通过劳动，发现生活中以前不曾发现过的美。长春大学从 1992 年开始开设公益劳动课，至今为止，在长春大学的校园内，花草的品种多达 100 多种，树木近 200 多种，与其他院校相比，是一道亮丽的风景线。其每一株树木、每一丛花草都是学生亲手种下、辛勤培育其长大的。大家一致认为，学校是大家的，自己用汗水换来了学校的好环境，不仅建设了美丽的校园，还丰富了自己的人生。每当身在校园的时候，看到自己的劳动成果，就感觉到校园格外的美丽。

当代大学生内心浮躁，价值功利化，适当的劳动教育引导他们发现生活中普通平凡的美，可以让他们的内心获得平静，行为变得斯文，促使他们形成健全的人格。

（二）陶冶美的情操

东晋末年南朝宋初期诗人陶渊明，在归隐田园之后，长期参与农村劳动，他在劳动中充满希望，在劳动中享受愉悦，在劳动中获得无穷的乐趣。面对劳动有感而发，作下《归园田居》："种豆南山下，草盛豆苗稀。晨兴理荒秽，带月荷锄归。道狭草木长，夕露沾我衣。衣沾不足惜，但使愿无违。"试想，如果陶渊明没有远离尘世，没有体验劳动生活，他能写出这种劳动中的真切体验，能写出这种描写田园生活的宁静闲适和抒发悠然自得的心情的优美诗句吗？正是通过劳动，他真切地体验到了劳动之美以及田园生活之美，从而内心得到美的感受，陶冶了美的情操。

劳动教育可以让学生用身体丈量这个世界，用身体和内心去感受客观世界的美。学生在劳动的过程中看到自己辛勤劳动的结果，从而能感觉自己到被社会所需要，自己在为社会做出贡献的同时，自己也收获了成长。这种感觉会鼓舞着他，陶冶着大学生的心灵，进而感受到劳动成果来之不易的美，从而对劳动价值的理解也愈发深刻。

---

① 张远庆：《苏霍姆林斯基的德育理论与实践》，四川人民出版社，1992 年，第 43 页。

（三）深化美的感悟

劳动实践创造了美，提供了美的来源。在文学界就有文学艺术起源于劳动一说，文学艺术的产生和发展都和人类的劳动实践密不可分。人类最原始的口头歌谣就是在劳动实践中产生的。人类文化历史上最原始的口头歌谣，实际上就是在劳动中自然而然呼喊出来的劳动口号，是劳动人民为了减轻疲劳，或为了提高劳动效率，或为了在枯燥的劳动任务中额外寻找点乐趣而产生的。这种为了单纯协调动作而产生的劳动节奏，就成为了我国今后诗词歌赋的节奏和韵律的基础。

因此，劳动可以创造美。而后世对于这种轻快、鼓舞的劳动口号的流传加以加工整理，逐渐发展为真正的诗歌。《诗经》中的民歌，大都是劳动人民的口头创造，内容描写劳动生活、歌颂劳动美好，是非常珍贵的美育素材。再比如文艺复兴时期伟大雕刻家米开朗琪罗创造了一件件世人惊奇作品，正是米开朗琪罗用雕刻刀一刀刀辛勤劳动的结果，这些都是劳动创造美的典型例子。

新时代的大学生自信大胆，精力充沛，敢于创新，他们渴望行动而不愿观望等待。学校在开展劳动教育的时候，尽量考虑每个学生的兴趣爱好，为他们发挥自身的创造性提供多一些的平台。让每一个学生的天赋和才华都能得到展现，当他们创造出富有美感的事物时，这种成功会增强他们的自信心，从而激发他们更多的创作信心。

（四）收获美的真谛

美好的事物总是让人愉悦，总是吸引着更多的人去追求。那种通过辛勤劳动而换来的自尊感、自豪感，正是心灵美的主要来源。心灵美的人会乐意分享美好的事物，乐意传播美，乐意让更多的人感受到美。在热爱劳动的同时，对别人的劳动成果给予尊重，这何尝不是一种美的传播。

学生在劳动的过程中，与同伴相互关心、彼此配合、团结协作，共同向着一个目标努力的积极向上的劲头，和伙伴之间彼此感染，相互鼓励，同样也是一种美的传播。

学生的劳动作品中也蕴含着美的因素，是展现他们的审美情趣和艺术表现力的集中体现。学生将符合美的规律的作品进行展示，别人在看到他的作品的时候，进而欣赏到他创造的美，即完成美的传播。由此可见，劳动教育不仅仅是有关劳动教育过程，同时，也是发现美、感受美、创造美和传播美的过程。

在新时代，劳动教育对美育有着重要的促进作用，实施劳动教育也有助于提升学生的审美境界。这主要通过以下几方面表现出来：

一是在劳动理论学习和劳动实践活动的教育过程中让学生"感受美"。具有高度审美价值的艺术品和作品，归根到底都是通过人根据自身的劳动技能所创造出来的，有劳动才有美的存在；在艺术品产生的过程中，所体现出来的通过劳动实践来实现的锻造、调整及升华的过程，也能够让学生感受到劳动之美，体会美的存在，有助于提升其审美境界。

二是通过劳动教育的培养让学生产生"创造美"的主观意愿和精神追求。劳动教育的主要目标之一是建立起学生正确的劳动价值观。在劳动教育的熏陶和培养下，学生树立起热爱劳动、以劳动实现更高的自我追求的思想观念，对于审美方面，学生可能在某种程度上会产生"以劳动创造美"的动力和动机，这样的方式也拓宽了审美教育的路径。

三是加强劳动教育与审美教育两个学科之间的融合，丰富教学内容和形式，提升审美教育的成效。例如，将劳动教育的内容特别是实践性强的内容融入到美育课程之中，通过劳动实践活动来激发和发展学生的创新能力和创造能力，提升其劳动素养。从这些途径出发，教育工作者可以从不一样的角度去探究审美教育与劳动教育之间相互融合的综合性教学模式，通过这些方式鼓励学生积极参与劳动实践活动，加强其对美与劳动价值的思考和深入理解。以劳动教育的方式方法来提升学生的审美境界，体现了其"以劳育美"的重要个体功能。

在本质上德、智、体、美、劳五个方面的发展是不能各自分开的。首先，马克思、恩格斯对资本主义的抽象人性论进行了批判，指出精神超越肉体，只有在自己的想象中才有精神力量。换言之，那些把人看作抽象的概念时，才会把"五育"当作五个独立存在的部分。其次，在教学工作开展时看，德、智、体、美、劳之间是相互交错的关系，不是单个开展且静态发展的。总的来说，德、智、体、美、劳这五个方面在教育中会存在主要与次要之分，但是是不存在先后顺序的。只是在教学形式上有所不同，但都同样具备教育的重要意义。在素质教育的总体框架下，各部分应形成相互支撑、优化发展的动态结构。其中，德育是处在"五育"中的核心内容；智育是提高人的能力的基础；体育是为健康身体做准备；美育是对人们精神力量的贡献；劳动教育是检验各项教育成果的标准。虽然每个部分都有各自的特定作用，但只有通过相互的有机结合才能彰显出全面的育人效果。还要尽可能去避免浅显的理解"五育并举"等都要同步加强，更深层次的去认识"五育并举"。

第三节　德智体美劳五育发展举措与人才培养观念认同构建

一、德智体美劳五育发展的举措

（一）"五育并举"队伍的建设

自 2019 年起，各个地方在"五育并举"的实践上已初步形成自己的特色，在队伍建设方面也各出奇招，从区域层面，队伍建设主要采取线上线下的主题研修、各级别的课题研修、跟岗学习、名师工作坊、专题培训、建设等形式开展培育。以学校为主开展队伍建设主要采取校本教研、项目学习等方式对一线教师进行培训，比如，北京市第二十五中学在实践中主要采取了以下三种方式培养教师，首先是通过打造融合课堂培养发展全科教师，融合课堂是由一位教师从不同学科角度解读知识，因此它要求教师拥有更全面的知识。二十五中通过融合课堂改变教师学科有边界的观念，通过多学科共研一堂课来拓宽教师知识面。其次是项目学习，多学科研究课还不足以丰富教师知识，二十五中还开展各式各样的项目活动，教师依据兴趣特长在项目活动中学会知识的融会贯通。最后是同一学科的团队学习，每周利用校本教研进行集体备课、磨课、听课，评课等，齐心协力共促提升。

在实际推行过程中，大部分地区是由学校自身为主导开展的"五育并举"改革，也有部分是由区域的教育部门为主来推动。但无论是区域层面还是学校层面的队伍建设都存培训体系不健全的问题，体系不健全会导致培育形式比较单一，培训目标不明确，培训缺乏一体性，培训效果不明显等一系列问题。从现阶段来看，在推进"五育并举"过程中，大部分以教育行政部门为主导的队伍建设针对的主要对象是校长和教师，部分区域将教研员也纳入培训范围，而学校开展的推进工作涉及的人员就只有一线教师，"五育并举"教育改革是整个社会的行动，所有相关人员都应得到提升。同时，大多高校劳动教育培训的方式依旧定格在教研为主，辅以项目学习、师带徒、跟岗学习等形式，并且没有明确对不同类型人员进行针对性培训，也没有考虑教师培训的阶段性，从而导致培训的效果不佳。实际上，除开培训模式的问题，教师的职业幸福感、安全感、荣誉感等都对教师能力提升有着较大的影响，也是需要改善的重点。

（二）"五育并举"机制的构建

在机制构建这方面，大部分区域从课程整合机制、制度引领机制、协同机制、评价机制等方面入手构建"五育并举"机制体系。学校在机制构建上与区域相似，主要是从课程体系、多方育人等方面进行改革，比如，浙江省衢州市第三实验学校以劳动教育为主线实施"五育并举"，该学校打造协同性、系统性、整体性三性机制，将劳动教育切实有效地渗透到学生的学习生活。协同性是指以学校劳动教育为基准，家庭、社会积极参与，三方互育形成合作育人体系。系统性是指将大中小学联通起来，打通学段壁垒，系统性地培养学生劳动素养。整体性是指将劳动教育与各主题活动联系起来。北京市二十五中学探索构建综合学习系统以实践"五育并举"，主要操作方式是构建课程整合机制。二十五中的综合学习课程体系分为四大板块，分别是生涯探索、科学探索、社会探索和人文探索，通过这四大板块打造德智体美劳培养体系。四大板块涵盖了德智体美劳各方面，环环相扣，具体内容分为多个小项目，种类繁多，充分满足学生的个性需求和发展需要。

顶层制度的优化和完善是推进"五育并举"教育改革的前提，顶层制度首先要具有连贯性，它对上要对接国家、省、市要求，对下要符合区域实际情况以推动落实。另外，顶层制度还需具有可操作性，制度设计要全面和细致，从各个维度进行设置，使各个环节、各个岗位都能相互衔接，运行顺畅。协同育人机制是"五育并举"改革深入推进的关键，协同育人机制首先要促使多元主体目标一致，其次是厘清参与主体责任和权利。考评机制首先要建立科学细致的考评指标，指标的设置要进行综合考虑，做到公正合理。要进行全方位全过程的评估，保障督导的切实有效。从现有的开展情况来看，一些区域教育部门提出了规划，绘制了发展蓝图。一些学校也从实际校情出发，从学校层面制定了学校的改革方案、学生评价机制等。但无论是教育行政部门或是学校，他们推行的"五育并举"教育改革都是白璧微瑕，因为仅由教育行政部门或是学校构建出的"五育并举"体制机制是难以完整的，影响力也是弱小的。可以看出，现有的机制要么顶层机制缺乏连贯性和可操作性，要么协同机制多元主体没有有效参与，要么就是考评机制涉及面窄、科学性不足，主要原因是因为如果没有完善的政府主导机制就无法从顶层上构建出推行"五育并举"的比较全面的支撑性框架体系和科学合理的评价体系，"五育并举"的落地落实就存在障碍；没有完善的政府主导机制就无法整合社会的各类资源，最大限度地扩大改革的影响面；没有完善的政府主导机制就无法保障"五育并举"教育改革的长效发展，真正实现学生的全面发展。

（三）"五育并举"的协同治理

各地开展协同治理时，以教育行政部门为主导的协同治理主要是以行政部门之间的协同，家校社协同，学段的协同等这几方面着手，比如，上海市金山区致力于打通"三大壁垒"，促进资源的深度融合，这"三大壁垒"分别是：打通家校壁垒，构建家校协同育人模式；打通行政壁垒，多部门形成合力；打通资源壁垒，充分整合各项资源。杭州市上城区通过建立学习中心，提出"走班、走校、走社会"的"三走"模式，通过"三走"均衡配置资源的同时还能利用好社会资源，加大改革影响力。重庆市主张与乡村振兴相结合，倡导学生走进乡村，丰富劳动教育内涵，同时，重庆市还提出建设"全景"教育体系，细化家校社责任，同频共振，协同育人。以学校为主导的协同治理也主要集中在学段协同、家校社协同和学科协同等方面，如衢州市第三实验学校积极鼓励学生参加社区活动，为社区环境贡献自己的力量。学校还倡导学生走出校门走进社会各个职业，切身感受不同职业的劳动价值所在。该校将大中小学联通起来，打通学段壁垒，从幼儿园起就注重课程设置和学段衔接，以劳动课程为基，从课程设置入手串联起学校"五育并举"的课程体系，系统性地培养学生劳动素养。江苏省南菁中学以家庭教育为载体，整合家、校、社资源，同时，加强小、初、高、大学的衔接，加强与科研机构合作，形成开放灵活的协同育人机制。

通过研究，部分地区和学校虽已经走在了"五育并举"协同治理的道路上，但协同治理对改革的促进效果却不太明显。大多数协同治理都是学校在主导，区域层面也是教育行政部门在牵头，如果仅仅由学校和教育部门来推动，辐射的范围就会大大降低，无论是行政部门的协同，还是与社会组织协同，如果没有政府参与，就很难产生实效。特别是主要以营利为目的私人企业，他们与以公益为目的学校等公共组织本就存在着一定的对立的矛盾，若没有政府牵头，提供给双方一个可以相互调节，共商共讨的平台，私企与公益组织就难以协作发展。政府主导的教育改革能较大程度地整合学校、家庭和社会的各项资源，保障资源利用的最大化。事实上，鼓励企业等社会组织参与教育是早有先例，也是近年来一直倡导的，私营组织或第三方组织庞大的市场和强大的影响力若不能积极发挥出来，那么确实是难以形成全面育人的社会氛围。

二、"五育并举"人才培养观念的认同构建

"五育并举"大学生成才观的贯彻落实，需要大学行动者获得广泛认同。不同的行动者将会呈现出差异性的认同构建，大学作为学术共同体，认同构建的主体至少包括党政人员、教师群体、学生及产业界人士。政治动员是普遍采用的认同建构机制，同时，也要防止空洞政策口号。政治动员的目的是将理念转化为行动，构建大学行动者广泛参与人才培养方案制定的机制。在动员和民主参与之外，还需要改善评价方式，真正把大学行动者的共识凝聚到"五育并举"人才培养实践中。通过构建"政治动员—民主参与—评价激励"三者互动认同机制，凝聚育人共识。

（一）认同构建中的组织行动者

认同被认为是人们意义与经验的来源，认同的目的是使个人获得行为一致性，个人努力以符合其认同的方式。卡斯特把认同定义为社会行动者对自身行动目的的认可，认同本身是一种建构的过程，其作为行动者自身的意义来源，通过个体化过程建构起来[①]。要构建"五育并举"人才培养观念的理性认同，需要调动起大学组织内部成员，从而凝聚育人共识。从大学组织特征方面分析主要的行动者，不同的行动者将会呈现出有差异性的认同构建。

1. 党政人员

大学在演进过程中产生了双重控制系统，演变成专业权力和管理权力并存的组织[②]。这就表明大学组织兼有学术组织和行政组织的特点，我国公办大学仍然保持行政架构，通

[①] 曼纽尔·卡斯特：《认同的力量》，曹荣湘，译，北京：社会科学文献出版社，2006 年，第 413 页。

[②] 威廉·克拉克：《象牙塔的变迁 学术卡里斯玛与研究性大学的起源》，徐震宇，译，北京：商务印书馆，2013 年，第 11 页。

过设立二级行政单位和学院行政班子来管理大学事务。党政人员在人才培养理念上不仅属于顶层设计层面，也属于监督落实层面，党委发挥着统揽全局的核心作用。因此，党政人员属于认同构建的行动者。

2. 教师群体

大学本质上是一个学术组织，教师对自身职业身份的认知将会影响其教学效能。不同的教师具备不同的专业素养，对于教学的不同认知以及个性使得教师对于人才培养的理解会呈现出差异性。随着大学功能的拓展，原本只具有教学功能的大学，在具有竞争性的科研项目经费的激励下，人才培养反倒成为了教师并不关注的事情。后来，教育部强调重视本科生教育，提出"以本为本"。于是就要求教师群体既要回应社会需求，开展竞争性的项目研究和开发工作，又要重视教学工作。科恩等把大学组织喻为无政府状态，呈现出松散联盟的特点①。其立论点是，大学是知识传播的场所和知识生产的工厂，是由学科和专业构成的矩阵结构。在这个矩阵结构中，学者对于其学科的认同程度甚至超过其所在的系科。这就需要从事各种专业学科教学的教师能够凝聚共识，共同回到"五育并举"人才培养理念上来。如何使广大一线教师获得广泛的认同已成为人才培养落实的关键环节。

3. 学生及产业界人士

对学生而言，认同就表现这样一个问题，我要成为什么样的人。学生经过高考之后，会选择不同的专业开展学习，对于新时代要求成为一个德智体美劳全面发展的人是否具有理性的认识，从而来规划自己的学生生涯迫切需要获得共识。高校必须从外部获取资源，其培养的学生又必须走向社会，因此，高校是一个开放系统。学界把大学称为一个利益相关者组织，分为外部利益相关者和内部利益相关者。基于大学专业化的特征，在此将产业界人士作为最重要的外部利益相关者。产业界人士是否认同这一人才培养理念，既是社会适切性的表现，又是产业界与大学在人才培养上互动认识过程。人才培养最终的受益者虽然是大学生，但大学是一个学术共同体，共同体构成至少包括党务人员、行政人员、教师和学生。部分党政人员从事教学工作，因此，在行动者的划分上有交叉部分。那么认同构建的主体至少是要包括党政人员、教师和学生以及产业界人士。学术共同体通过分工合作，达到与时代以及需求切合的育人效果。

（二）认同构建的路径设计

1. 政治动员机制

"五育并举"的人才培养理念要实现广泛认同，政治动员是一项常规且最常见的认同构建机制。在建构认同过程中，理性权威往往起到示范作用。同时，效率也是管理者需要

---

① 迈克尔·D. 科恩：《大学校长及其领导艺术：美国大学校长研究》，郝瑜，译，青岛：中国海洋大学出版社，2006年，第222页。

首要考虑的问题。高校党组织的设立，一个重要职责就是保证人才培养的社会主义方向。党组织一个主要功能是进行全方位政治动员。由此，自上而下的政治动员式学习宣传，普遍被大学采用。实践证明，自上而下的政治动员具有合理性和必要性。这种政治动员通过大学组织中党政系统实行，采用自上而下的方式层层推进，从讲政治的高度要求高校组织行动者达成共识。

在实际操作中，各级教育行政主管部门下发红头文件要求高校学习落实。在上级主管部门的要求下，高校主要是以红头文件的形式召开会议、落实精神、进行总动员。然后分层级进行，首先对于党政系统的行政人员进行宣传，往往采用政治学习方式。在高校政治学习分层进行，最高一级党委中心组学习，针对校级党委行政领导班子成员，有必要时开展扩大学习。在校级层面动员之后，各二级单位开展学习，学院层面召开动员大会或者以讲座报告等形式进行宣传学习。对于学生的动员，主要由团委、学生工作部门负责，开展系列宣讲活动等。

为了保障政治动员的效果，可采用问责的方式，督促层层执行文件落实。为了使学习取得实效，学校会要求以学习心得、总结等形式报送学习情况。在政治动员过程中，笔者在访谈时发现也会出现流于形式的弊端。最大的弊端是以文件落实文件，在文件中基本会有"五育并举"成才观的描述，然后都强调以此作为行动指南，而贯彻落实实效性并不明显。调研发现，机关单位的学习人数更多，动员效果更好。在学习传达的过程中，机关单位的人员表示有一定的效果，可以保证社会主义办学方向。反而是院系对于类似政治学习效果不明显，认为跟自己的业务关系不紧密。因此需要改善政治动员方式，深入研究"五育并举"人才培养理念。

2. 民主参与机制

政治动员的目的是把理念贯穿于人才培养实践当中，"五育并举"人才培养理念实施，首先要内化到人才培养方案的制定当中。人才培养方案作为大学生培养的"宪法"，是人才培养体系付诸实践的行动纲领。因此，需要组织行动者都能够广泛参与到人才培养方案制定过程中，在探讨中明晰如何贯彻落实，从而获得广泛认同，把培养理念内化到人才培养方案中去，以此作为人才培养行动纲领。政治动员机制是第一步，第二步是通过培养方案的设计来获得认同，因此政治动员机制要想发挥强大的动员效果，还必须在人才培养制度设计上予以保障，并通过广泛的民主参与机制来构建认同。通过调研可知，人才培养方案制订由教务部门负责组织实施，具体的制订过程由基层院系完成。高等教育以学科中心的组织特征，使得高校中的专业呈现出高度分裂的特征。虽然各专业教师具有共同的职业责任感和认同感，但是学院之间和专业之间，即使是同一个学院中的不同系和教研组之间也呈现出分离状态。

教师作为专业技术人员，课堂成为落实人才培养目标的主要阵地，直接影响学生成才观的塑造。教师的理性认同将会影响到育人效果。调研显示，在人才培养方案的设计中，具有教师参与的制度设计。在实际运行中，参与的教师往往局限于具有一定学术地位或者行政职务的人群，比如，学科带头人、教研室主任。其他教师的参与程度和参与意愿均不高，在实际过程中，真正执行课堂教学的教师并没有完全参与人才培养方案的制订。即使有征求意见的环节，教师的积极性往往也不高，认为这是属于学院或者学校顶层设计的事务，个人可以置身事外。由此可见，广大教师的认同并未很好地建构起来。

参与制订人才培养方案的人员，还应包括社会各界人士，尤其是产业界人员。教育作为专门传授知识、创造知识以及运用知识的场所，目标是为社会生产服务。大学专业对应社会职业，大学生通过学校教育最终走向职场。随着对知识生产模式的认识深化，研究者指出信息社会中知识呈现弥散性，称之为知识模式 2[①]。产业界人员的参与，既能使产业界人员对于新时代人才培养获得认同，同时也能更好地贯彻落实人才培养。因此，需要产业界对参与人才培养方案的制定形成制度性的安排，从而达到人才培养的适切性。

3. 评价激励机制

学生要成为什么样的人，社会需要什么样的人，学校培养的人是否能够符合社会的期待，一个重要的调节手段就是评价机制。大学人才培养处于社会绩效评价当中，比如，专业与各种质量评估。

在教育的过程中，教师和学生呈现出双主体状态。教师的教学、学校的文化、职场的需求都会影响学生的认同程度。教师和学校在评价学生时，如果不是按照"五育"标准进行评价，学生很难达到认同。用人单位在选择毕业生时，如果在专业知识之外并不看重诸如个性修养等方面，也会给大学生一个导向，难以把"五育并举"作为奋斗目标。

学生的认同部分来源于教师和学校，如果教师和学校对学生的评判标准偏高"五育并举"，学生自然不会产生认同感。因此，学校和教师层面的认同将会影响学生的认同。高校要获得发展，就需要获取更多资源，公办高校在向社会获得资源能力还不足的情况下，主要依靠各级教育主管部门的竞争性拨款。比如一流课程、一流专业的评选，应该把"五育并举"的人才培养融入到评价标准当中，形成一种外部驱动力，促进学校、教师、学生达成共识。

2018 年开始，教育部发布"破五唯"的相关文件，改善对于高等教育评价。长期以来，高校被项目化、指标化、碎片化的评价指挥棒牵引，反而在潜心培养全面发展的人才

---

① 迈克尔·吉本斯、卡米耶·利摩日、黑尔佳·诺沃提尼，等：《知识生产的新模式——当代社会科学与研究的动力学》，陈洪捷、沈文钦，译，北京：北京大学出版社，2011 年，第 4 页。

方面缺乏时间和精力①。一线教师在长期"五唯"的评价驱动下，潜心人才培养反而看不到明显现实利益，比如与教师利益最相关的项目获取、职称晋升。在现实利益面前，评价导向使得教师难以从理性上获得认同。评价作用推动高校回应社会需求，如何进行评价才能起到恰当的激励作用，是迫切需要解决是现实问题。

要想使"五育并举"人才培养理念获得广泛认同，需要调动起大学行动者的积极性和主动性，使之主动融入到人才培养实践中来。大学是一个学术共同体，同时是社会主义事业的组成部分，肩负着教育强国的重任。大学又是一个复杂的系统，具有多重组织结构和多种组织行动者，党政人员、教师、学生、产业界人士成为构建认同的主体。政治动员是普遍采用的认同建构机制。大学加强对于理念本身的研究，将会增加政治动员效果。政治动员的目的是把人才培养理念贯彻到人才培养实践当中，因此需要形成大学行动者参与人才培养方案制定的制度。在动员和民主参与之外，还需要改善评价方式，真正把大学行动者的共识凝聚到"五育并举"人才培养实践中，"政治动员—民主参与—评价激励"三者建构机制，形成一个互动过程。

---

① 王旭初、黄达人：《关于新时代高等教育评价问题的一些思考》，《中国高等教育》2020 年第 11 期。

第四章　大学生劳动教育培养体系构建

劳动教育既包含对劳动知识以及技能的学习，又包含劳动价值观的塑造、劳动精神的养成，高校重视这一教育工作，是契合我国教育培养目标的体现，对我国全面培养教育体系的构建有着重大意义。

第一节　劳动教育课程建设与必要性

一、劳动教育课程建设概述

（一）劳动教育课程

我国高校开展劳动教育课程的经验相对丰富，先后产生过生产性劳动教育、劳技性质教育课程、各类实践类型的劳动综合课程。劳动教育课程是高校为了提升学生专业技术技能水平、促进课堂内外相结合的多元课程模式，要通过劳动教育课程展现当代高校课程独有的实践性，还要兼具培养德技并修兼具大国工匠精神的高素质高技能的新时代劳动者的功能性。

在此，笔者认为劳动教育课程是指高校学生在通过对本专业相关的劳动教育课程学习后，获得适合自身未来职业发展的专业性知识，既包括系统性的理论知识，也包括实践性的操作知识。当前提倡学习的劳动教育课程，是希望学生在通过课程的学习后，从思想上建立以劳动精神、大国工匠为终身发展性职业追求；从专业性知识学习角度建立全科课程一体化综合性学习体系；从专业课程实践到个人、校园、社会等方面劳动教育课程实践，实现个人劳动素质到专业技能的逐级提升，培养终身受益的劳动学习能力。

（二）劳动教育课程基础

把握劳动与身体的关系，强调劳动化人，从劳动教育实现身心合一，个性自由全面的发展。[①] 聚焦在劳动教育目标探索有利于我们明晰劳动教育的内涵，找准劳动教育的方向。全面贯彻党的教育方针、加强大中小学劳动教育进行系统设计和全面部署。落实有关劳动

---

① 张磊、倪胜利：《身体视域下的劳动教育：文化内涵、价值意蕴与实践路向》，《国家教育行政学院学报》2019年第10期。

教育的通知和精神，开始劳动必修课程，有利于劳动课程的体系建设。

1. 政治价值——强信仰

劳动作为一种主要的社会活动，不可避免带有政治的色彩。源远流长的中国文明得以保存至今，得力于中国古代儒家"以仁治国"的统治思想，也得力于中国自给自足的小农经济。农民的勤劳朴实，靠土地和劳作的生存方式创造大量的社会财富的同时，维持了社会的稳定。无所事事、游手好闲的人就容易"生事"成为社会的潜在的问题。因此，强调劳动教育，鼓舞人们通过自身的努力去奋斗，去创造，是保证社会稳定的法宝之一。劳动教育作为"五育"的重要组成部分，大力弘扬劳动精神，勇于奋斗，拼搏努力，在实践中懂得劳动的光荣与伟大，在奋斗中坚守劳动本质，辛勤、诚实且富有创造力的致力于中国特色社会主义建设的伟大事业。

因此，劳动教育要注重弘扬积极向上的社会力量，培养符合社会要求的新一代青年，将"立德树人"的具体要求牢牢地贯彻在劳动教育始终。劳动的过程中青年能感受到，通过实际的奋斗和努力，我们能实现自身的抱负，能够获取相应的社会财富和地位，加深其对社会的认可度和自身的信仰。

2. 经济价值——硬本领

马克思的劳动价值论和剩余价值论揭示了资产阶级对于无产阶级剥削的本质，而无差别的人类劳动作为价值的唯一源泉，也是创造财富的源泉。从商品出发，商品是使用价值和价值的统一体，劳动就是实现由物到商品的转变的重要中介条件。而从劳动出发，劳动具有二重性，其具体的劳动创造了商品的使用价值，抽象的劳动创造了商品的价值。劳动从本质上来说，是为了满足人们的基本需求而产生的行动。在原始社会，劳动主要是收集浆果、打猎、制作工具等行为，这些劳动产品不能作为商品，因其不是用于交换，但其本身就是一种"财富"维系着部落的生产。土地给予人类生产的材料，而劳动则是生产的唯一途径。经济价值一方面强调劳动所产出的实际的商品所具有的价值；另一方面强调劳动所产生的能够满足人们的基本生理需求的价值，也就是能给被物化的价值，具有实际的利益。劳动的经济价值是劳动所具有的最基础的价值，也是最核心的价值。

因此，劳动教育首先要赋予青少年生存之本领。所以在劳动教育的过程中，我们要注重劳动教育的实际价值，让青年在劳动的过程中能够产生，有助于社会发展或自身发展的实际的价值，能够将自身所学转换成生产力。

3. 文化价值—软实力

劳动不仅仅创造了人本身，使得人具有社会属性，成为真正的"人"。通过人与人之间的交往，建构了社会的维度，在人与自然、人与人、人与社会的空间中挖掘出文化的财富。诗歌、绘画、音乐都包含劳动人民的影子，从"锄禾日当午"到"黄河码头号子"到

"《拾穗图》中的妇人"，劳动中的文化价值不仅包含在文学中，更渗透到日常生活的每一个瞬间。劳动节作为传统的文化节日在歌颂劳动精神，也是劳动文化的一部分。人们在劳动中不断地升华对于生活、对于自身、对于社会的认识，促进了人的本质的发展以及解放。劳动在人的发展过程中占有重要的地位，使人实现了从猿到人的跨越性物种的进化，使得人的双手得到了解放。文化只有在满足人类的满足需求的前提下，才能够得以留存和传播，如果文化失去这种功能就丧失了存在的基础，而劳动就一直赋予了文化，生活实际的需求。随着生产水平的不断提高，在满足日常的衣食住行基本需求的基础上，空闲的时间也丰富了人的劳动内容，更多地向内寻求自我的发展，建立有意义的生活。

因此，劳动教育要加强对于真善美的宣传与引导，要让青少年能够在这个过程中多方位地全方面地发展自己。劳动教育就是要让青年在劳动中感受到生活的乐趣，丰富其精神世界。

此外，创新劳动形式，发挥劳动实践功能，注重劳动实效。高校应充分发挥劳动教育的育人机制和创新机制。组织大学生参与公益活动，有利于增强大学生的劳动观念、增强劳动者的劳动意愿、端正工作态度、增强社会责任感。将公益劳动课纳入学分制，旨在促进大学生的劳动积极性，提高劳动意识与劳动能力，使其形成劳动教育新格局。

2. 劳动内容设置

劳动教育课程内容的选择要依托于专业来开展，将劳动教育课程化，教育能够更好地融入现有的课程教学当中。对于高等院校而言，可以结合创新创业，实习实训，专业服务，社会实践，勤工助学等多种途径。所以，课程内容的设置要与专业相结合、与时代相统一。

第一，课程内容与专业相结合。高等教育强调专业化，精细化，是研究高深知识的学府，其知识内涵与研究底蕴，决定了高等院校的劳动教育与必须要与其专业培养方向相一致。随着社会分工的进一步细化，专业与专业之间的划分也更加的明显。"隔行如隔山"，专业与专业之间的门槛较高，需要具备较强的专业实际操作能力，才能够进行下一步的工作，决定了高校劳动教育的课程内容的设置要遵循专业特色，做到"学有所用、用有所得"。普通高等院校要明确劳动教育主要依托课程，除了劳动必修课以外，其他课程要结合学科、专业特点。劳动教育既是一种通识教育，重在提高学生的劳动素养，也是一种专业教育，重在提高学生的社会适应能力，这是由劳动教育所具有的切合社会需求、培养职业能和谋生技能的特点所决定的。[①] 课程内容的专业倾向性可以帮助学生发挥专业的优势，提高专业实践能力，同时，有效提高时间的利用率。为此，学校可以通过设置一般性的劳动教育活动，如社会实践、实习和公益活动，提高学生的劳动能力。其次，学校可以开设

---

① 周光礼：《劳动教育高水平人才培养体系的重要一环》，《光明日报》2020 年 7 月 28 日。

专业顶岗实习、创新创业，科教融合等项目，增强专业与职业的匹配度。

第二，课程内容与时代相统一。在劳动发展过程中，人类的工具由锄头、镰刀等日常生活工具到机床、无线电等工业生产工具，再到编程、智能化等机械化智能工具。劳动教育的发展与工具的更新保持着密切的联系，可谓是劳动塑造了工具，而工具改变了劳动。因此，劳动教育的内容要与时代保持一致，就要因时因地改变劳动教育所使用的工具。劳动教育要体现时代特征，要紧随时代发展的步伐，从"新"出发，提出高等院校要注重围绕创新创业，要密切关注科技的发展和产业的变革，要关注劳动新样态，注重新技术、新知识、新工艺、新方法。如人工智能时代技术的革新推动教育领域的革新，我国掀起了"人工智能＋教育"的改革，从小学到大学开设人工智能相关的专业训练，实现人工智能与教育的双向赋能。教育的初衷不仅仅是使人适应当下社会的发展，而且还希望能够推动社会的发展。因此，这种创新性的劳动项目，让学生掌握先进的生产工具是劳动教育所应有之题。

第三，课程内容与实际相匹配。劳动教育是扎根教育，是为学生打基础的教育。所以，劳动教育课程内容的设计就必须要符合现实实际。一方面，劳动教育要符合生活实际，让学生能够养成良好日常生活劳动习惯，能拥有自立自理的能力，如洗衣、做饭、整理房间等。在学校里，就体现在寝室卫生和环境的维护和保持上。另一方面，劳动教育要符合学校实际，学校劳动教育的开展所选择的劳动课程内容要基于学校的条件和特色，不可盲目跟风和回圈吐槽。大学要重视服务性劳动，比如，让学生参与教室、食堂、校园场所的卫生保洁、绿化美化和管理服务等。这些都是校园内部的劳动服务活动。

第四，劳动教育要符合社会实际。例如，高校可以在人才培养方案中设置劳动必修课程，课程设置32个学时，共计一个学分，大二年级开始上课，一个星期上两次课，要求一个学年内修完。获取学分主要分为两种形式：一是参加学校开设的劳动实践课程，二是选择大学生劳动公益岗。劳动实践课程安排在大二一整个学年，一般情况一个星期上两次课，每次为两节课。公益劳动课主要内容是以班级为单位，通过多种形式的校园劳动让学生参与学校的发展和建设，并真正落实到校园美化、量化的实际操作中。设置大学生劳动公益岗，为激发学生的社会责任感和社会服务意识，也为了提高学生的综合实践能力，同时结合本校课程建设，按照学有余力、自愿申请、信息公开、竞争上岗、遵纪守法的原则，由学校有组织地进行，不会影响正常的教学秩序，也不会影响到学生的正常学习。岗位设置以校内行政工作助理、学生工作助理、教学工作助理、科研工作助理和后勤服务助理等为主，原则上每个岗位工时长每学期不少于6周，不超过16周，每周服务时间不超过8小时，每月不超过32小时。

3. 劳动课程实施

新时代的劳动教育提出"要在符合学生年龄特点的基础上，以体力劳动为主，注意手脑并用"的要求，所以在劳动课程实施的过程中，我们就要把握好劳动教育实施的要则，一是要增强体力劳动，在做中求进步；二是要增进社会融合，在学中求发展；三是增加奉献意识，在集体中养成。

第一，增强体力劳动。体力劳动是一种具有重要的历史意义和人本价值的社会实践。[①]劳动教育真正的界限标准就是必须要以体力的消耗为基础，这是针对当下年轻人不想劳动、不会劳动、不珍惜劳动成果、身体素质低下的应对之策。中国有句古话，"天将降大任于斯人也，必先劳其筋骨，饿其体肤"，这就凸显了劳动的深刻价值，不仅是身体的锻炼，还是意志的训练。在费孝通的江村里，子女不仅起着维系家庭群体各方关系，也发挥着重要的经济价值。孩子很早就开始家庭的生产做贡献，不仅要承担家务的劳作，还要为家庭经济作贡献。女孩在日常家务劳动及缲丝工业方面发挥着重要作用。对于从事农业、渔业劳动的人家，男人、妇人都会划船并且在小时候就学会了划船。[②] 这些与生活息息相关的体力劳动就弥补身体锻炼的缺乏与经济条件的贫瘠，实现了自身的生存与发展。马克思也提到，作为无产阶级要抵御腐朽思想的侵蚀，实现自身的解放和发展，那么体力劳动就是抵御一切社会病毒的伟大武器。[③] 不同于《江村经济》时期的社会，人工智能时代，对脑力劳动的过于重视，导致种种社会问题，特别是体质的低下，为社会的发展埋下了隐患。所以，要实现人的全面发展就离不开体力劳动，只有健康的身体、充沛的精力才能推动德智体美劳的发展。

第二，增进社会融合。劳动教育是沟通学校和社会的桥梁，特别是高等院校作为步入社会的最后一道训练场。所以，劳动教育要发挥连接器的作用，加强与社会、与企业的合作，深化产教融合，改进劳动教育方式。高等学校要组织学生走向社会、以校外劳动锻炼为主，融入实际生产中。要在劳动锻炼要求下，加强高等学校与行业骨干企业、高新企业、中小微企业紧密协同，推动人才培养模式改革。这也与我们当下对于职业院校的关注和重视不谋而合，加大对职业教育的投入，培养大量高水平高技能的"双高"人才。职业教育强调校企合作、产教合一，在实践中教学，在劳动中提高。为职业教育正名，提高职业教育的社会地位，有利于推动劳动教育的发展，也有利于劳动技能的输入与输出。所以，高等院校也应该在加强理论学习中，补足劳动实践的不足，培养现代化的劳动技能。同时，社会也提供了进行劳动教育最好的场所和资源，企业公司、工厂农场可以开放实践

---

① 任志锋：《以体力劳动为主加强劳动教育》，《思想理论教育》2020 年第 8 期。
② 费孝通：《江村经济》，北京：北京大学出版社，2012 年，第 32 页。
③ 《马克思恩格斯全集》第 31 卷，中共中央马克思、恩格斯、列宁、斯大林著作编译局，译，北京：人民出版社，1972.538.

场所，工会、共青团、妇联等群团组织可以搭建活动平台，让学生深入城乡社区、福利院和公共场所等参与志愿服务，学生可以在过程中得到发展。

第三，增加责任意识。人是社会的动物，集体构成人的社会属性，所以，劳动观的形成就要让学生在个人与集体的交流中，认识到社会，增强社会责任感。在集体中劳动有利于学生感受到劳动光荣、劳动平等的观念。我国的分配制度是以按劳分配为主体，多种分配方式并存的分配制度，劳动与公平挂钩，这促进了社会财富积累和保证了社会稳定。中国经济的腾飞离不开特色的经济制度、分配制度，所以，构建公平为核心的社会劳动空间是应有之义。不同的职业、不同的身份、不同的群体都因其在自身职业的默默奉献而得到了社会的认可。社会的正向舆论形成正确的劳动导向，即努力奋斗就有所收获，就值得尊重。社会大环境所构建的积极的劳动空间对于劳动教育具有隐性的辅助作用。所以，我们要发挥集体的影响力，形成互相影响、互相促进、互相发展的大局面。

3. 劳动课程评价

要补齐劳动教育的短板，就要保证劳动教育有自身的考核评价标准。

第一，强调劳动素养的达成。劳动素养是基于学生的考察标准，并且劳动素养不同于单一的知识素养，其强调的是学生劳动知识、劳动技能、劳动观等多向度的发展。要健全劳动素养评价制度，要把劳动素养的考察落到实处，就要制定具体的评价标准，把激励机制纳入其中。同时，劳动教育开展重在过程中的收获，强调效果的评价要尊重劳动的特性，以过程性评价为主，辅之以结果性评价，通过线上和线下等多平台手段记录。首先，要对平时的表现进行实时的记录。这有利于随时记录学生劳动素养形成的进度，选择代表性的写实记录，纳入综合素质档案，通过评价促进学生发展。其次，要在学段进行综合评价。阶段性的评价是把握整体劳动素养的达成情况，如劳动观念、劳动能力、劳动精神、劳动习惯和品质等劳，并且结合评优评奖和高一阶段升学考察，可以激励学生积极参与劳动教育，将"可选"变成"必选之项"。最后，对于劳动教育素养的评价要强调多主体、立体式评价。家长、学校、社会作为主要的三大主题，要就劳动教育的不同的方面给予客观真实的评价，以确保劳动教育的实施是多方面的。

第二，重视劳动质量的达标。劳动质量的检测是基于学校这个单位所采取的评价手段。劳动教育开展的好坏，虽然最重要的考核对象是学生，但是学校作为另一方的实施对象，也决定了劳动教育能否得以实施、如何实施以及实施的结果。所以学校也必须纳入劳动教育质量考察的对象。高等学校的劳动教育质量评估可以一同纳入本科学校教学质量评估，设置科学合理的指标，注重量化和质性相结合。首先，要对学校的硬件实施和场所进行考察。学校是否有劳动教育的场地、相应的设施设备，是否有条件实施劳动教育。其次，要重点考察学校的软性条件，如学校劳动教育的师资、学校劳动教育合作的企业和社会团体、学校劳动教育宣传的氛围等条件。这些条件关系到劳动教育实施的好坏，因此应放在重中之重。最后，要对学校的学生的劳动素养进行整体的评估，通过对学生劳动素养的检测，可以形成正向的反馈，从而引导学校进行进一步的改进。

在劳动实践课程评价的设置上，为保证劳动课程的顺利进行和考核过程的公平公正，学校可以实行考勤＋平时表现＋劳动理论考试相结合的课程评价体系。具体而言，在考勤方面，日常上课规范标准进行管理。在平时表现方面，老师根据学生每次劳动课的劳动纪律、劳动态度、劳动表现和劳动质量进行平时成绩评分。在理论考试方面，理论考试主要考查学生对于劳动的认识、劳动的态度等方面内容，采用开卷的形式进行，考试成绩计入综合成绩。在大学生劳动公益岗的考核与评价方面，主要分为两个方面，一是参加劳动公益岗服务的时间，不少于48个小时；二是对参与公益岗学生的工作质量、工作时间等进行监督，并做出评价。对于不负责任、无法达到工作标准的学生，设岗机构可向资助中心提出解聘学生申请。

（三）课程实施

课程实施在当代课程变革中关注的重点，也是课程理论的研究关键内容。一般认为课程实施有三种取向，忠实取向、调适取向、创生取向。[①] 在课程改革的影响下，创生取向逐渐成为主角研究方向。学者吉标和吴霞认为课程实施从本质上而言是一个通过行动将作为观念形态的课程内容通过一种行动的过程，转换为适合学生接受能力的一种课程，实现课程本身所蕴含的教育意义。[②] 有学者认为，课程实施是指将原课程方案替代的过程，由此将课程理论转变为课程实践，这个过程受到制度与环境的影响，因为制度本身对行动者就具有约束力与潜移默化的效果。[③] 有学者提出，在课程实施过程中人员的参与和干涉程度是影响课程实施的关键因素之一。[④] 影响课程实施的因素有很多，比如，对课程价值的认识、教学方法、教学目标、教学评价、教材选用等。

在此将课程实施定义为：在不同教育实行场域中，为实现预期的高校劳动教育课程目标，实施主体将劳动教育理论课和实践课内容的具体展开和实施过程进行合理规划，严格按照国家教委发布的规章制度，落实课程目标、课程内容，实施灵活的教学组织形式，运用多元化的教学方式，进行个性化的教学评价。

---

① 钟启泉：《现代课程论》，上海：上海教育出版社，2003年，第499页。
② 吉标、吴霞：《课程实施：理解、对话与意义建构———一种建构取向的课程实施观》，《西南师范大学学报》（人文社会科学版）2005年第1期。
③ 何兴国、赵志群：《工作过程导向课程实施中的文化———认知性影响因素》，《职教论坛》2020年第3期。
④ 白洁、于泽元：《学校课程实施协同主体建构研究———协同论的视角》，《国家教育行政学院学报》2020年第5期。

（四）劳动课程建设

劳动教育课程建设，注重对大学生创造性思维与动手能力的培养，积极探索劳动教育校本资源的建设和利用，将显性或隐性的以及分散的劳动教育资源进行有机地整合，[①] 是劳动教育内容和教学进程的总和。为适应新时代的发展，众多高校开设了劳动必修课程，其目标是使学生热爱劳动、树立正确的劳动价值观、养成良好的劳动习惯和提升劳动技能。

劳动课程建设作为一项长期的工程，开发涉及的范围和对象十分广泛，需要多方资源和主体的相互配合。高校劳动教育课程建设有以下几种形式：一是以校园环境为载体，设计符合学校自身情况的劳动课程；二是以教学研究团队为中心，通过理论研究和考察其他学校的课程实施设计劳动课程体系；三是以学生为中心，根据学生的兴趣和选择进行劳动教育。不论是哪种形式，都要突出劳动教育的特性，才能达到课程建设的目标。

高校劳动课程建设，主要以高校劳动教育课程为主体，引导研究者、一线教师、学生、用人单位多方参与，既要发展劳动课程理论，也要探索劳动教育新形式。既可以满足学生的兴趣爱好与劳动需求，又可以在思想上、行为上，使其形成正确的劳动价值观念，增强其实际工作能力。同时，还可以转变教师教学观念适应企业需要，为社会提供优质的高素质人才。

二、劳动教育课程的必要性

新时代的发展，科技的进步，一方面给我们带来了发展机遇，另一方面也带来了压力与挑战。新时代高校劳动素质的培养显得尤为重要，以劳动课程为基础，构建高等学校劳动教育课程体系，是现实的要求。明确新时代劳动教育存在的新特点、价值意蕴与重要性有助于更好地把握时代的脉搏和科学的构建劳动教育课程体系。

（一）劳动教育课程的"新"特点

进入新时代，有关劳动的形态、形式、对象等也逐渐发生了变化，进而劳动课程的内容也应该有相应的变化。以新时代为背景，通过研究发现劳动教育课程的"新特点"主要表现在劳动新形态和教育新形式两个方面。

1. 劳动新形态

社会水平的新发展会产生新的劳动形态。传统的农耕劳动、刨土、挖地等劳动形式，逐步由机械代替，既能提高劳动的效率，又能减少劳动的费用。但是，传统劳作方式被机器替代，会使得劳动的形式由简单的人工变成复杂的机械操作，对人具备的劳动素质要求

---

① 陈朝娟：《S市小学劳动教育课程建设调查研究》，河北师范大学，2019年。

也会更高。

劳动课程的内容随着劳动形态的改变而更新。体力劳动虽然作为劳动教育的主要途径，但是这种单一的形式是否真的能起到教育的作用？值得我们进一步讨论。随着现代科学技术的进步与发展，直接改变了人们获取物质财富和精神世界的方式、方法，脑力劳动成为大学毕业生群体最主要的劳动形态和劳动方式。而学会使用和借助现代技术进行劳动，既能锻炼人的思维，又能发展人的智育。因此，劳动教育课程的内容应该平衡传统的体力劳动与新时代的脑力劳动，采用手脑结合的方式更能够促进学生的发展，实现劳动育人的目标。

2. 教育新形式

一方面，是劳动教育方式多样化。劳动教育的传统方式是清洁校园、种植花草树木等，这种劳动教育形式大多是根据学校的地理环境而决定，不可否认的是这还原了传统劳动方式，是学生亲身体验和接近大自然，感悟劳动的不易的有效途径。但这种方式在设计和实施过程中难免存在价值导向的偏差，如缺乏监管，学生自主性不够，劳动只是象征性的拿着锄头做做样子等。因此，要丰富劳动教育的新内涵，需要在此基础上增加研究性学习元素，让学生使用专业设备和知识对被劳动对象进行观察和追踪，保证劳动过程的持续性和创新性。

另一方面，是劳动教育内容知识系统化。"普通高等学校要明确生活中的劳动事项和时间，纳入学生日常管理，紧跟科技发展和产业变革，充分发挥学生的主动性、积极性，鼓励创新创造"，这要求学生不仅具备日常生活动手能力，而且具备创造力，在劳动过程中逐渐过渡到职业教育的外延，体现了劳动内容的丰富内涵和目标的时代性。大学生不同于中小学生，他们具备独立的自我意识能力和较强的学习吸收能力，课程内容知识的系统化有助于他们能够更好地运用理论知识去丰富实践的发展。

总而言之，新时代的劳动形态和教育形式都发生了变化，要求劳动课程内容紧跟时代。课程内容的系统化、全面性、连续性有助于全面培养具有高素质的人才，也有利于学生适应时代的发展不断的成就和完善自我。

（二）高校劳动教育课程建设的重要性

劳动教育具有时代特征，以劳动课程为依托对学生进行劳动教育是时代的要求，劳动课程建设也是时代的要求，更是劳动教育发展的需要。高校劳动课程建设的重要性有以下几个方面：

1. 劳动课程建设是实现高校立德树人任务的要求

进入新时代，社会经济、政治、文化、科技等得到了迅猛发展，加上西方思潮的影响，部分大学生对劳动产生误解，导致"拜金主义""利己主义""享乐主义"等不良社会风气的盛行。此外，由于很多大学生长期脱离劳动实践，大都生活在"吃穿不愁"的环境中，会让他们陷入赚钱很容易的思想误区，甚至使有些学生幻想"一夜暴富"，并且将"当网红"作为自己的职业目标，这种错误的思想深深影响着学生对学习和劳动的态度。如果依然对这些问题听之任之，后果可想而知，因此需要我们及时地去解决当前劳动教育出现的现实问题。

首先，通过劳动课程，坚定劳动最光荣的理想信念。大学生作为我国未来的劳动主力军，更加应该牢固树立劳动最美、劳动光荣的价值观。其次，通过劳动课程，可以增加有关劳动的思想内容，尤其是劳动与德育相关的内容。而劳动教育在我国的教育体制中占有举足轻重的地位，并且对德育起着重要作用。以课程的形式对学生实施劳动教育和道德教育，有利于深化学生对德育和劳育的理解，并且更加全面、系统和科学。最后，劳动课程是学生正式认识和理解劳动教育与德育的主要途径之一。通过课程，可以更加全面、系统、科学的为学生讲授劳动教育与道德教育之间的关系，从学习的效果上也更加能够凸显课程的课程性。总而言之，在高校中开设劳动课程，是实现劳动教育的重要途径，也是高校实现立德树人任务的现实需求。

2. 科学构建劳动课程是保证劳动教育教学质量的关键

在劳动教育中，课程建设是实现劳动教育取得良好成效的关键和核心。在新时代劳动教育的背景下课程建设的质量越来越受到人们的关注，通过构建课程建设的相关要素，保障劳动教育的教学质量，是推动我国劳动教育事业发展的必然选择。因此，劳动教育课程的育人价值能否得以发挥值得深思。基于此，需要从课程建设的核心要素出发，[①]既要明确课程建设的主体，又要重视劳动教育课程的设计理念，还要明确课程质量建设的要素。

首先，明确劳动课程建设的主体。教师具备系统而完善的教育知识体系和丰富的教学经验，课程建设的主体离不开教师的努力，因此，课程建设要充分发挥教师主体性功能，为课程建设构建科学的逻辑框架。但是，教师只是学生学习的引导者，如果课程建设只是一味地采取"一言堂"的形式，那么劳动课程的建设将是不科学与不合理的，因此还应该考虑其他主体的建设作用。著名教育家杜威认为教育是学生主动参与的过程，因此，劳动课程建设更应该充分发挥学生主体的作用。建构主义理论将课程建构分为学生建构和社会建构。学生建构主要从学生的角度出发，根据其对课程的体验而对课程进行教学目标、教学内容、教学过程和教学评价的调整。而社会建构理论认为，学生的学习是在与社会环境的互动中进行的，因而劳动教学的成效与其所处的环境有着直接的关系。当前高校的劳动课程授课环境主要以校内环境为主，劳动的内容较为简单和枯燥，导致上课积极性不高，

---

① 郑秀英、苏海佳、孙亮：《基于核心要素的高校课程质量持续提升机制探索》，《中国大学教学》2021 年第 8 期。

直接影响了教学质量。所以，高校需要从内部创建新形式促进劳动课程建设和发展。

其次，劳动课程的设计理论也是影响教学质量的因素之一。课程的设计理论是对课程进行客观深入分析的理论支撑。根据反向原则，L·迪·芬克从学生的学习成果出发，对课程目标、内容、教学策略和教学评价进行构建，关注了课程中关键因素的互动关系，这样的设计方法，对高校中的劳动课程而言是适用的，因为学生是劳动课程的主体，从劳动成果对其课程建设要素进行分析，对于教学质量保障而言有积极的促进作用。根据课程设计理论，劳动课程可以有效避免原则性错误的产生，能够在理论上为课程建设提供帮助。

最后，明确课程质量的构建要素。影响课程质量建设的核心因素主要包括：课程目标、教学内容、教学方法、课程考核与课程资源，围绕劳动课程出现的问题对症下药，从而提升教学质量。劳动教育课程是一门综合性较强的课程，不仅要求大学生掌握相关的劳动理论基础，而且要顺应时代发展提升劳动技能和创新创业能力，这给劳动课程的建设带来了一定的挑战。但是，基于课程质量建设核心要素的角度，可以有目的性去解决当前遇到的困难和挑战。

3. 劳动课程建设是充分发挥其育人功能的要求

在高校"十大育人"体系中，"课程育人"位居首位，充分说明了"课程育人"的独特地位和价值效用。高校劳动教育要依托"课程育人"的优势，挖掘有关劳动教育的课程要素新发展和完善劳动课程体系，保障当前高校劳动教育的劳动教育实效。

高校劳动教育要发挥课程的育人功能，首先，劳动课程的目标直接影响着高校大学生劳动教育的方向。设置什么样的目标，是劳动课程得以正确实施的关键，该目标不仅要处理好人才培养目标和内容相衔接的问题，避免出现脱节或者偏离还要结合社会发展实际、学科特点和学生身心发展规律，才能真正让课程促进学生的发展。事实上，高校劳动教育课程不同于基础教育阶段的劳动课程，高校大学生的学习情况和需求也同于基础阶段教育的学生，这就决定了高校劳动课程的目标既要能够有效的衔接基础教育阶段的目标，又要根据大学生自身的需求进行设定。这既是新时代高校育人的使命，也是大学生顺应时代发展具备的能力与素养，更是促进大学生成长发展的价值追求。[①] 其次，课程设置是指根据人才培养目标，科学地设定和安排劳动课程的内容，这关系到劳动课程的目标、内容和要求，关系到课程的实施和效果评估。因此，若想劳动课程真的实现育人的目标，就要结合学科发展特点和学生需求，科学合理的对课程进行设置。有学者指出，高校劳动教育课程设置要做到三个方面：一是上下相贯通，即注重顶层设计的作用，如国家有关部门出台的相关政策以及学校发出的通知等；二是前后要互动，即既要衔接高中阶段的内容，又要为大学生后续发展做好基础；三是内外结合，综合实践、技术、实习、社会实践等方面的综

---

① 李彤：《高校大学生劳动教育研究》，保定：河北大学，2021年。

合实践活动课程。再次，教学过程要具备自身的体系。教学过程的顺利实施能有效保障劳动教育的效果。教学设计是以课程标准为依据，结合学生的特点而进行的构想和计划，主要包括教学目标、重难点、教学方法等内容，其目标是改善课堂教学的质量与效率，保证学生的学习效果。在劳动课程的教学设计中，重点研究了"为什么学""学什么""如何学"等问题。"为什么"要学劳动的相关知识？它对学生发展有什么作用？大家只能够对这些问题进行简要回答，而教学设计则可以从内因和外因的角度系统、全面、明确的对此进行回答。简单而言教学设计回答"为什么"的问题是系统而全面的，设计的内容也是科学而又符合学生需求的。"学什么"要明确教学的重难点，分层次的对劳动教育进行阐述，主要包括理论层面和实践层面，即不断挖掘马克思主义劳动理论，也要在专业技术上和职业方面提升创新创业能力。"如何学"指的是教学的方法，高校要依托先进的劳动教学技术，有针对性地进行方法论的教学与应用。最后，依托课程的评价机制，高校劳动教育课程要建立实用的考评体系。主要包括考评的内容、考评的主体、考评的标准以及考评的方式，所有的内容都要结合高校劳动课程的实际情况而制定，才能真正发挥评价促进发展的实效，提升劳动课程教学质量，实现劳动课程育人的目标。

第二节　劳动教育课程建设现状

一、高校劳动课程的实施成效

新时代背景下，劳动教育课程的实施也取得一定的成效。新时代高校劳动课程的实施成效包括以下几个层面：第一，新时代的劳动课程在实施过程中发生了新的变化。结合新时代对高校劳动教育的要求，在育人理念、课程设置、教学环境以及师资建设层面都发生了新的变化，有效地促进了课程的建设与发展。第二，奠定了较为完备的劳动课程基础。在国家方针政策的指导下，许多大学都在进行各种形式的劳动教育，以必修课的形式进行，为劳动课程体系的形成奠定了基础。第三，形成多元化的劳动课程实践形式。经过长期的努力，高校在实施劳动教育过程中形成了丰富的劳动实践形式，如学生的实习实训、专业服务、社会实践活动等，有利于让学生在实践中体验劳动，增强劳动情感和培养劳动习惯等。第四，发展了符合本校特色且具有创新性的劳动课程模式。在实现劳动课程专门化的基础上，创新设置技能性突出的大学生劳动公益岗，既丰富了劳动课的形式，又能够有针对性地提高学生的劳动素质。第五，通过实施劳动课程教育，学生的劳动素养得到了很大的提升。

（一）课程实施过程中产生了新变化

从育人理念、课程设置、教学环境、教学师资等方面论述新时代劳动课程实施过程的新变化，主要表现这几个方面：劳动课程在育人理念上更加重视学生劳动素养方面的培养，在课程设置上更加重视知识与技能的结合，在教学环境上更加重视营造良好的劳动环境，在教学师资上更加重视教师的综合素质。

1. 育人理念上：更加重视学生劳动素养的培养

将劳动课程纳入人才培养方案中，以必修形式安排学时，从形式上确定了劳动课程的重要性。在新时代背景下，应注重学生的劳动素养教育，所谓劳动素养指的是大学生在高校劳动教育过程中形成的劳动意识、劳动知识、劳动能力、劳动习惯与品质、劳动精神的有机统一。[①] 为了提升学生的劳动素养，除了要完善劳动课程体系之外，还应采用多种具体形式对学生进行劳动素养的培养。具体表现为：通过融入专业课程，挖掘劳动教育元素，如旅游管理专业为例，授课教师会通过案例的形式与学生分享有关劳动教育内容。主要包括导游者具有的职业操守、劳动素养、专业技能等方面。加入实习环节，构建劳动教育体系，在学生实习的过程中，融入劳动教育元素，对他们遇到的问题进行有效指导，并且在实习结束后形成实习工作日志。对接创新创业教育，学校每年都会举办创新创业大赛，提供创业实践基地和技术指导，让学生在创新创业的过程中运用自己的智慧研发具有实用价值的文化创意产品，形成良好劳动氛围。通过以上的具体劳动教育形式，可以看出新时代高校在劳动育人理念上出现了新的变化，全方位地挖掘劳动要素，对学生进行思想理念上的培养。

2. 课程设置上：更加重视知识与技能的结合

劳动教育的有效落实必须依托于一套成熟的课程和教学体系，包括显性课程和隐性课程两种类型。[②] 显性课程指的具有专业性、连贯性、看得见的劳动课。隐性课程指的是通过其他方式进行劳动教育的活动与形式。新时代对人才的要求更高，既要具备专业的劳动知识，也要高超的劳动技能。在劳动课程体系设置上，为了提高学生的劳动知识技能，高校可以将显性课程与隐性课程相结合。显性课程具体包括劳动必修课、劳动教育专题讲座"劳动周"等。这些课程从理论和实际出发，对大学生进行理论上的劳动教育，有助于他们树立正确的劳动价值观和丰富劳动理论知识，提高他们的专业技术知识水平。而隐性课程则主要通过校内外活动进行，如宿舍风采大赛、公益活动、"学习雷锋、劳动奉献"主题党日活动、暑期三下乡等进行，旨在帮助学生提高劳动意识和劳动创新能力和劳动实践技能。这样的课程设置，一方面是对新时代劳动教育特征的准确把握；另一方面是科学合理地利用了大学校园的优势与特点，将二者的独特性有效发挥，使得学生的理论素养和专

---

① 温晓年、唐志凤、等：《新时代高校大学生劳动素养评价体系的建构》，《宿州教育学院学报》2022年第25卷第1期。

② 黄丽丽、陈钦萍：《新时代高校大学生劳动教育课程体系构建研究》，《高校后勤研究》2021年第8期。

业技能都得到了有效提升，也是重视学生劳动知识与劳动技能的重要表现。

3. 教学环境上：更加重视营造良好的劳动环境

根据学校自身的劳动环境，可以将教学形式分为两种，一是参加学校统一安排劳动必修课，二是学生自由申请参加大学生劳动公益岗换取学分。在劳动必修课时，为学生规划劳动实践的场所，如学校的草坪、绿化带、小树林等，不但可以让学生参与到校园环境建设当中，而且可以引导学生学习劳动技能和劳动知识。在平时生活中，为了给学生营造充满劳动氛围的环境，可以取消宿舍公共区域清洁人员、食堂自行收拾餐具以及安排学生在食堂门口处进行值日等劳动形式。这些劳动环境的构成，在一定程度上不仅减少了学校在清洁费用方面的负担，而且也有利于让学生形成良好的劳动习惯。而大学生劳动公益岗则是根据时代发展和学校特色开设的第二课堂，统筹学校各个职能部门，给学生提供了锻炼的平台，更加有利于学生个人的全面发展。两种教学环境各有优势，都是学校为了形成良好劳动氛围努力的结果，使得我们学生能够在这样的教学环境中提升劳动素质与技能。

4. 教学师资上：更加重视教师队伍的素质

新时代劳动教育的常态化、高质量发展迫切需要一支高素质、专业化、创新型的劳动教育师资力量。[①] 为了使学校的劳动课得以顺利实施，进入新时代以后，各大高校更加注重劳动课教师专业素养的培养，不定时对教师进行思想上和理论上的培养，使他们明确自身的角色定位。为此，有的高校在开设劳动课程前期组织了劳动教育培训会、劳动技能评比活动等形式以提高教师的劳动素养。此外，还要求教师在授课过程中能够积极加强自身的劳动实践，做一个榜样示范的劳动者。积极参与学生劳动实践的全过程，关注学生个人的全面发展，做一个劳动教育实践的促进者。而当学生在劳动实践过程中遇到难题时，能够及时给学生指导性的建议，做一个劳动技术操作的指导者。最后，能够为学生的劳动表现提供及时而正确的反馈，鼓励、指导、支持学生继续劳动学习。简而言之，根据新时代劳动教育发展对教师的要求，高校应更加重视劳动教师队伍素质方面的培养。只有通过知行合一、身心结合的创新劳动实践，才能够丰富劳动知识、提升劳动习惯、树立正确的劳动价值观，养成正确的劳动习惯，提高劳动素质和劳动精神。而这一前提是必须要有一支专业化、能力强、高素质的劳动教育师资队伍。

（二）形成了多元化的劳动教育课程实践形式

实现劳动教育不只是通过劳动课程理论教学，还有社会实践活动。大学的人才培养方式本来就具有多样化特征，在实施专门的劳动教育课程之前，学校就开设了大学生社会实践与社会调查课程。通过学生寒暑假"三下乡"活动、"彩虹桥"活动等对学生的社会实

---

① 王红、向艳：《新时代劳动教育教师的专业素质结构研究》，《教育发展研究》2021年第41卷第22期。

践能力和劳动素养进行培养和考察。基于此,大学生开设劳动专门实践课程既是对社会实践课课程的补充,又为劳动课的实施提供了基础和先决条件。

多样化的劳动实践更加有助于学生个人能力的发展和对自我价值的认识。大学人才培养与社会服务相结合,实现了理论与实践的双向融合,丰富了学生对社会的整体认知,让他们的在社会服务的过程中形成正确的价值观。以自身的实际行动去帮助有需要的人,在帮助他人的同时也让自己获得了成长,有助于学生个人的全面发展,这也是劳动教育的目标之一。而劳动实践形式的丰富和发展,也为专门的劳动课程奠定了坚实的基础,尤其是在实践以后学生能够加深对劳动的认识,为后续讲授劳动理论时提供了依据。

(三)发展了符合本校特色且有创新性的劳动教育课程

结合新时代发展和社会的用人要求,引导树立学生心怀感恩、自立自强、服务社会的思想,培养大学生的奉献、感恩、诚实的意识,增强他们的工作能力和竞争能力,并且结合学校的劳动课程,设置大学生公益劳动岗。该岗位的设置应考虑到劳动课程单一性的不足,还要具有一定的时代特征性及创新性,而且学生在工作过程中能够得到相关岗位老师的具体指导,及时发现自己的不足,让学生真正学到职场所需技能和提升人际交往能力。

学生能从大学生公益岗学习到课堂上学不到的知识与技能,是这门课程存在价值的重要体现。总而言之,大学生公益岗作为劳动课的另一种形式,既要结合时代和社会用人的要求,也要不断创新劳动教育的形式。能够从学生和社会需要的角度出发对课程进行创新和发展,是当前新时代劳动课程建设的正面案例,也是促进学生全面发展的主要途径。虽然这种形式与职场还有较大的差别,但相对于简单的劳动课程而言,学生的收获不仅是对劳动产生新的认识,而且真正的学到实用的技能,更有针对性和劳动意义。

(四)学生的劳动素养得到极大的提升

教师在课堂上讲授劳动理论知识对引导学生树立正确的劳动价值观有重要的作用。学校组织的专业实习,不仅能增强学生对所学专业的理解,也能提高学生的劳动实践能力。开设大学生劳动公益岗和开展校园文化活动,不仅使枯燥的学习生活增加了趣味,同时,也可以提高学生的交流技巧,激发大学生的劳动热情,增强他们的劳动意识和帮助他们养成良好的劳动习惯。

简言之,劳动课程等主要劳动教育方式对培育大学生劳动素养是有积极作用的,我们应该在新时代背景下继续完善高等学校的劳动课程建设体系,全方位的提高大学生的劳动素养。

二、大学生劳动教育课程实施存在的问题

虽然各大学校都在大力开展劳动教育,在校园内组织了大量的活动,提高劳动教育的

重视程度，但是在具体的实践过程中，学生除了对自身所参加的劳动教育有所明白外，对于学校劳动教育的整体设计却并不是很了解。总体而言，大学生对于劳动教育课程实施过程中的问题主要体现在劳动教育课程目标离身化、劳动教育课程内容形式化、劳动教育课程实施直线化、劳动教育课程评价虚无化等问题。

（一）离身化目标：价值性与工具性的分离

劳动教育在不同的阶段具有不同的偏重，而劳动教育课程目标就决定了课程实施的总体方向。大学的劳动教育，在认识层次，要建立"教育与生产劳动相结合"的宏观认知；在情感层次，要厚植劳动精神，比如，奋斗、务实、奉献。大学正体现了劳动的最本真的价值通过"自由的创造性劳动"实现自我与社会的生存与发展。[①] 通过劳动，人类实现类本质的转化，实现人类集体智慧在个人身上的延续，而且不仅全面提升每一个个体的力量，也激发了自由地有意识地劳动，实现人的全面发展。所以，大学劳动教育需要将价值理性与工具理性相结合，使得劳动教育具身化。

劳动教育的离身之困，主要表现以下几个方面：一是我们不应该将劳动教育的价值属性、政治属性一味扩大化，大学作为创新性劳动，我们更应该重视劳动的能力和劳动的过程，而不是一味地强调劳动的尊重。"尊重"应是建立在对于他人的深刻理解和劳动的深刻领悟基础上。大学生作为一个身心健全的成年人，具有很强的劳动能力，是精力充沛的年龄段，也是学本领的重要时间段。劳动教育目标仅仅谈意识、谈理想、谈情怀，必然会让劳动教育流于形式。二是劳动教育目标成为"空口号""泛泛而谈""纸上谈兵"的局面。三是大学劳动教育将体力劳动与脑力劳动分离。在不同的社会时期，劳动教育的侧重点会有所不同，而劳动课程目标则体现实施总体方向。从中华人民共和国成立到现在，我国对劳动教育的重视程度不断提高，内涵也得到了丰富。对于大学生而言，实施劳动课程的目标，从宏观上是引导学生深入了解"教育与实践相结合"的深刻内涵；从情感上而言是培养学生热爱劳动、尊重劳动者、学习劳动精神和工匠精神；从实践上则是提高学生实践能力和创新创业能力，为步入职场打好基础。马克思指出，"整个所谓世界历史不外是人通过人的劳动而诞生的过程"，[②] 这直接说明了劳动教育和劳动实践的重要性和必要性。大学生是富有想象力和创造力的群体，通过劳动可以将这种创造性转化为实物，并且从中发现事物的本质，将人身上的智慧延续下去，促进个人的全面发展。因此，一方面劳动体现的是价值性对学生思想层面的影响，另一方面体现的是工具性对学生实践层面的影响。在课程实施过程中，只有将价值性和工具性有机结合，才能达到劳动教育的育人目标。

---

① 程从柱：《劳动教育何以促进人的自由全面发展——基于马克思主义劳动观和人的发展观的考察》，《南京师大学报》（社会科学版）2020 年第 3 期。

② 《马克思恩格斯文集》第 1 卷，北京：人民出版社，2009 年，第 196 页。

课程目标出现问题的主要表现，是学校在设计劳动课程或者实施劳动教育时容易将体力劳动与脑力劳动分离。我们日常生活中理解的劳动为体力劳动更多一点，而关于脑力劳动会将它作为意识形态层面的内容，这导致学校无法按照劳动的标准对其进行评价，因而更加容易被忽视。由此，我们在学习劳动教育时，习惯性的将他们分为体力劳动和脑力劳动，殊不知他们作为一个整体，如果将他们分离就无法达到教育的目的。而劳动课程目标的制定也可能受其影响，容易将二者剥离。因此，学校在实施劳动教育的过程中，由于条件的限制，学校大都会以体力劳动代替脑力劳动对学生进行劳动教育，具体表现为校内的清洁劳动和植树种草、拔草等简单而机械化劳动中。结果不仅没有达到上课的目标，而且让学生反感和厌恶劳动课。

如果在上课之前未告知课程的具体目标以及全面的劳动课程内容，容易导致学生对劳动课程存在误解，部分学生可能会以工具性的心态去对待劳动课程，忽略其劳动教育的价值性。因此，在实施过程中更需要制定具体细化的目标，才能使劳动综合育人的功能得到充分发挥，做到过程中育人。劳动教育课程的目标要体系化，才能把握课程实施总体，实现课程化育人目标。

因此，我们看到在劳动教育开展的过程中，我们在明确总目标的同时一定要将劳动教育课程的小目标明确到具体的行动中，才能发挥劳动教育综合育人的功能，做到在过程中育人。劳动教育要体系化、课程化，就理应建立目标体系，而不是"独领风骚"的总目标。

（二）形式化内容：劳动教育与体力劳动画等号

劳动教育内容的选择影响学生对劳动教育的看法。当劳动教育课程内容的选择和制定并没有达到学生自身的期望时，或者不符合学生的实际需要时，不仅会使大学生对劳动教育课程内容上产生不满，而且容易导致课程质量的下降。因此在制定劳动课程内容的过程中，不能为了应付上级要求而选择简单粗暴的内容对学生进行劳动教育。此外，简单重复的课程内容让学生在对待劳动课程时态度过于随意，深入到劳动课堂可以发现真正听从劳动指挥进行有效劳动的同学很少。在授课班级人数较多的情况下，劳动课教师无法顾及所有同学，对学生劳动的自觉性要求较高。在制定劳动课程内容的时候忽略了学生的主体性，存在内容与需要不对等的现象，也不利于劳动课程的顺利实施。

在劳动课程内容制定过程中，简单将劳动教育等同于体力劳动，企图通过体力劳动的形式达到教育的目的，这是既不科学也不可能实现。当前，大学生很多都具备体力劳动的条件，但是却缺乏思想层面上对劳动的理解。高校在国家有关政策的压力之下，不得不采取这种简单粗暴的方式对学生进行劳动教育，但他们忽视了劳动课程的科学性，缺乏体系的设计和安排导致教育效果的不尽如人意。学生在上完劳动教育课程以后，给劳动教育贴上了"免费劳动力""干苦力"等标签。劳动内容过于单一，让学生充当学校的修剪工和保洁人员，不仅不能激发学生的劳动精神和增强劳动意识，反而会让他们产生抵触，甚至对学校开设这门课产生不满。此外，劳动课程缺乏连续性，没有明确的劳动规划，学生总是被动地接受劳动课程老师的支配，典型的"指哪打哪"。在实施劳动课程过程中没有明确的劳动规划，容易导致劳动内容缺乏连贯性，不利于培养学生的劳动观和劳动精神。因此，只有从形式上进行合理设计，才能改变学生对劳动课程的看法，才能从劳动教育等于体力劳动的牢笼中走出来。课程内容的选择应该从学生的需要出发，可以通过征集学生的意见和建议对当前的劳动课程方式进行重新整合与规划，利用现有资源，完善劳动课程内容。

（三）直线式实施：实施主体之间缺少沟通交流

劳动教育的在实施过程中，呈现出来最主要的特点就是直线式实施，没有经过任何的缓冲和沟通，这就导致在实施过程中，产生主体与主体之间难以调和的矛盾，涉及学校—监管人员—学生这几个主体之间的矛盾。

首先，最明显的矛盾就是学校与学生之间的矛盾。学校开展劳动教育其本意是想学生能够在劳动中得到锻炼，在劳动中体会到生活，但是作为劳动教育的发起者，劳动教育实施中的问题不可避免地就会让学校去承担，因此，缺乏了前期的沟通和积极的交流，学生就很容易把学校放在完全对立的一面上，双方也很难达成共识。

其次，第一个矛盾就体现在监管人员与学生之间，即学校的工作人员与劳动教育的主体之间。学校教育的工作人员一方面作为学校的代表，肩负着监督的作用，另一方面学校的工作人员也是一线与学生作为接近的群体，有着为学生服务的责任。在具体过程中，对于劳动教育的要求得不明确，实施得不严格，交流得不畅通，就会导致争吵。

最后，另一个矛盾就是学生与学生之间的矛盾。图书馆、教室、宿舍都是学生经常活跃的地方，也是需要安静的地方。但是全校开展劳动教育，一起进行劳动大保洁，就像是掀起了一场运动一样，但是却打破了校园的宁静。

劳动教育课程在实施过程中，涉及到多个主体，比如学校老师、后勤人员、大学生，不同主体间没有一个润滑剂，没有联动起来，没有协调就会导致各自为政的局面。就像是同时被外力捏到一起，强行做一件事，自然就容易产生矛盾，从而导致劳动教育的实施的效果不尽如人意。

（四）虚无化评价：学生需求无诉口，激励机制不健全

教育评价事关教育发展的方向，有什么样的评价指挥棒，就有什么样的办学方向。因此，劳动教育课程评价不仅是对教育实施成果的检验、也是给予学生的反馈。然而，在实际的劳动教育过程中，我们虽然很重视劳动实施的过程，强调劳动教育要重视质量，要以质性的评价方式为主，但是往往流于形式。由于缺少经验、缺少时间、缺少理论的指导，

劳动教育评价的标准很难建立，在评价时往往成为一种"打卡签到"的仪式。这种虚无化的评价不仅不能起到相应的促进作用，反而抵消了学生的激情。劳动教育的开展和实施主要分为理论学习和劳动实践。在理论学习上，普遍存在的现象就是开着视频学习课，做着无关的事情，最后在网上搜一搜答案就完成了。在劳动实践的过程中，评价就更加形式化了，做过场的评价方式，虽然学生可能也乐享其成，但也更加忽视学校开展的劳动教育。

对学生来说，参与劳动教育，如果没有得到反馈和评价，就感觉在浪费时间和激情。劳动教育需要形成常态化的评价机制，从而给予劳动教育成果以反馈。一个个单一的活动，并不能构成劳动教育，只有相互的联系形成一个整体，才能施加教育的力量。

三、高校劳动教育课程存在问题的原因分析

根据高校劳动课程存在的问题分析原因，主要包括：高校劳动课程经费不足且缺少实践基地、缺乏科学性与系统性的课程体系、师资队伍建设比较滞后和学生对劳动课程认识不足等方面。

（一）物质层面：课程教育经费不足且缺少实践基地

劳动教育需要理论与实践相结合，劳动教育课程的顺利开展，需要学校各个方面的积极配合与支持。当前高校劳动课程的实施保障方面主要包括以下的问题一是缺乏劳动教育经费，二是缺乏相应的劳动课程教育基地。

一方面，国家对教育经费投入还是很大的，但真正贯彻到劳动教育中去的却非常有限，不足以抵扣劳动教育的各项支出。具体表现为：一是对任课教师的投入，二是对各种劳动工具和设施的补给。很多高校为了节约劳动教育经费支出，安排的劳动课程教师以校内其他部门人员以兼职的形式进行，对于是否有教学能力和是否具备专业的劳动知识缺乏考量，从而影响上课的效果。劳动教育想要顺利落实劳动课程，需要与校内校外的有关机构进行联络，需要劳动设施和劳动工具的采集，需要建设好校内外实践基地等各种资源的配置，但是由于缺乏资金支持，劳动课程逐渐简单和机械化，主要的课程内容为绿化校园，劳动工具主要为简单的锄头剪刀等之类的，以"劳动周"和"劳动月"的形式进行劳动教育。缺乏资金的保障，劳动课程的建设和实施直接受到影响，因此，争取更多的劳动教育经费，是保障劳动课程得以顺利实施的关键之一。

另一方面，缺少劳动实习、实践基地。劳动教育是一项非常具有实践性的学科，如何提高劳动者的素质，还有待于实践的检验。新时代是人才竞争的时代，谁掌握人才谁就处于优势地位，这意味着对人才的素质和技能也要提高，尤其是劳动的实践技能方面。通过调查发现，新时代高校为落实国家有关劳动教育的方针政策，笼统的将劳动课程的实践基地安排在校园中进行，形式化的指导学生参与劳动课程，将体力劳动等同于劳动教育，直

接导致了劳动课程内容的单一性、重复性和形式上的简单化。在这样的背景下，容易导致学生的懈怠，认为劳动课就是"娱乐"的过程，缺少学生重视的课程质量必然无法提升。再者，校内外缺乏可以提供劳动实践教学的基地。校内有劳动技能训练、就职培训、劳动实验地等，主要进行劳动技能训练、职前培训、劳动研究和理论研究具有模拟性。校外有实习单位、校企合作单位等，则是真正的劳动实践，具有一定的真实性。进行校内培养，需要配备相应的劳动实验室和劳动实践基地。通过校外检验，给学生提供真实的劳动场景，让他们感受真正的劳动环境需要什么样的劳动技能。通过调查发现，当前很多高校都缺乏这方面的实践基地，无法满足学生对劳动技能和劳动实践的需求。基于此，只有不断拓展校内外劳动课程实践平台，更新劳动实践形式，才能有效应对新时代背景下社会对高素质人才的要求，也只有将校内实践与校外实践有机地结合起来，才能达到劳动育人的教育目标。

（二）课程方面：劳动教育课程设置缺乏科学性与全面性

高等学校开展劳动教育课程虽然有着先天优势，如校内大学生公益岗、校外实习和创新创业等，但是要建立科学系统的劳动课程体系还需要继续努力。当前，高校在劳动教育课程建设过程中存在问题的原因主要课程设置缺少系统性和科学性、课程设置缺乏理论性以及高校对劳动教育认识不足等。

1. 课程设置缺乏系统性、科学性

课程的体系与科学性包括课程目标的确定、课程内容的选择、课程实施的掌握、课程评估的制订。很多高校在开设劳动课程时比较匆忙，并没有科学系统的对劳动课程进行设置。首先，关于课程目标，有的高校从宏观层面确定了劳动课程目标。其次，关于课程内容，虽然某些地区通过文件指出了劳动课内容方向的选择，如高等学校要注重围绕创新创业，结合学科和专业积极开展实习实训、专业服务、社会实践、勤工助学等，积累职业经验，从社会需求层面确定内容的大致方向。但是由于学校条件有限，在内容的选择上依然以体力劳动为主，具体表现为绿化校园、值日执勤等简单内容。再次，关于课程实施，经过调查发现劳动课程的实施主要以教师为主，缺乏教育督导的监督，造成实施过程的简单化和随意性强问题。最后，关于课程评价，当前的劳动课程评价以阶段性和结果性评价为主，评价主体以教师为主，评价主体单一。劳动教育不是一蹴而就，而是在长期的实践过程中积累的劳动素养、观念、精神以及技能等。因此，劳动评价的设计缺乏系统性。

综上所述，关于劳动课程的设置，在课程目标、课程内容、课程实施、课程评价等方面，虽然都具有一定的基础，但是依然存在问题，主要表现为：没有形成连贯的、系统的、科学的劳动课程体系，仍然需要进一步努力。

2. 课程设置缺乏理论，不够全面

在课程设置上，缺少劳动理论，不够全面。目前，专门设置劳动课程对学生进行劳动

教育的学校相对较少，即使开设了很多也不具备实质意义。主要表现在劳动内容设置上，缺乏系统、全面、针对性，而且大部门没有专门的劳动教材。有的高校开设劳动课程时间较早，但经过多年发展却没有形成完善的、系统的、全面的劳动课程体系，没有将理论与劳动实践真正有机地结合起来。在缺乏理论的基础上，劳动课程的教学形式单一，重形式轻教育意义。学生和教师的课程参与度降低，课堂氛围活跃不起来等。这就是缺乏理论教育产生的一系列后果，所以高校劳动课程的建设不仅要重视实践，而且要重视理论，从思想上让学生学习和接受劳动教育。

3. 高校对劳动课程认识较浅

虽然目前很多高校开展了轰轰烈烈的劳动教育，加强马克思主义劳动观的教育，突出以创新创业为重点，结合本专业的生产、服务、积累工作、培养创造性劳动能力、诚信、诚信的劳动观念等方面，开设专门的劳动课程，但是在实践过程中，高等教育体系并没有因为加入劳动教育以后发生实质性的改变。开设的劳动课程以实践为主，内容简单重复，形式单一，过程无趣等都是劳动课程实施的现状，忽视了学生和时代两个标准。学生是培养的对象，如果不能从学生的角度出发建设劳动课程，那课程便成为了摆设，是没有意义的课程。随着新时代的到来，对学生的劳动素质要求更高，学校应该结合时代发展特点，创新劳动课程内容和课程实施形式，从学生和时代的角度出发，建立和完善劳动课程体系。

（三）师资队伍：劳动教育课教师队伍建设比较滞后

作为劳动课程的主体，教师在劳动课程的构建中扮演了重要角色，部分高校劳动课程建设存在问题的原因是学校在课程建设过程中缺乏科学的管理和监督手段，在教师队伍建设方面没有形成有效的管理策略。具体表现为：对教师缺乏针对性培训、课程考核评估不完善、劳动课教师数量不足并且专业性不强等。

1. 对教师缺乏针对性培训

高校劳动课程主要以实践课程为主，而且在校内进行，对于劳动课教师的选择主要以退休教师和外聘为主。教师的教学理论与课程目标是相适应的，教师上岗前学校缺乏对劳动教育相关理论的培训，重点关注学生的劳动实践。一方面，在课程实施过程中，学校监管不到位，主要表现为不按时上下课、对授课教师门槛要求低等方面。由此可见，劳动课教师的角色在学生心中没有形成正确的认识，老师不是老师，给学生的印象是非专业的其他工作人员。部分学校有安排专门的教师给学生上课，但是却没有专业的教材，即缺少专业理论内容。在对劳动课程教师授课水平评价程度方面，学生对授课教师的教学水平评价不够高，教师专业素质水平有待进一步提高。

另一方面，在学校负责劳动素质、劳动知识和实践的全职教师更是寥寥无几，学生在上课过程中能学到专业的劳动知识的机会很少，不能有效的将劳动实践经验与理论相结合，造成"只实践，无理论"的局面。简言之，教师的授课水平影响学生知识的获取，缺乏理论一味追求实践的劳动课程是没有灵魂的，难以到达劳动培养人的最终目的。

2. 对教师缺乏针对性的考核评估机制

高校在建设劳动课程的过程中，对教师缺乏针对性的考核评估机制。产生这样原因的有很多。主要原因有两个方面，一方面，缺乏对授课教师的考核评估的标准，不能按照标准对教师的完成授课任务的评估，造成教师产生倦怠，未能有效地监测教师的劳动教育课程的实施状况，其上课的水平、上课的方式、上课的质量等均处于"失控"状态，不利于打造高素质的劳动课程师资队伍；另一方面，高校没有明确将劳动理论作为评估学生课程成绩的指标，在课程开课过程中很少对学生进行理论层面的测试，主要的考核标准依然按照笼统的"平时成绩"进行，在学生心中容易产生"不公平"的想法，加上劳动课程的实践性特点，聘请的劳动课教师缺乏专业理论知识，会让学生误以为教师"无理论水平"，也没有授课资质，将他们误认为"阿姨"。导致劳动课不像上课，倒像是学习之余的娱乐活动，劳动课程实施在打闹和聊天中度过。因此，教师授课水平、课堂管理与学生对教师、课程的认识是影响课程教师水平评价的主要原因。劳动课程教师评价机制不完善，也是影响高校劳动课程建设出现问题的主要原因之一。

3. 劳动课程专业教师数量不足

近年来，劳动教育课程教师的需求量很大，尤其是理论教师，但是由于培养机制的原因，很多高校没有开设劳动教育或者相关的专业，导致这方面的人才一直存在较大的缺口。通过对劳动课教师的访谈，我们可以发现虽然学校安排了一部分劳动教师，但是随着招生规模的扩大，劳动教师的配置依然跟不上招生的增长速度，出现了师生配比不平衡的现象。

由此可见，在高校负责劳动课程的授课老师无论是在数量还是质量方面都相对欠缺。尽管劳动教育已正式确立和其他四育具有同等重要位置，但目前还没有专门的师资力量，也没有专门的培训机构来培养这种人才。当前，无论是专科还是本科类院校都开设了劳动课程，但在师资安排上主要以校内退休教师或其他部门的人员为主，这些人员并没有系统地接受过劳动教育的学习，因而理论基础不扎实，无法对学生进行理论上的指导。此外，高校对劳动教育进行研究的专家学者学习的专业主要教育学专业为主，他们对于劳动的理解局限于所学专业的内容，对劳动教育没有达到融会贯通的地步。所以，高校劳动课程教师严重缺乏，严格说是"无"师资。劳动教育包含哪些内容？劳动教师的资质应该如何评判？那么，怎样才能培养出一个职业教育工作者呢？这些问题都是当前我国高校劳动课程体系建设中亟待解决的问题。

4. 劳动课教师专业性不强

目前，有的高校担任劳动课程的教师中，存在对课程内容认识不深且对授课内容不明确，以及课程评价潦草等现象，"非专业"现象明显。虽然在授课之前进行过相关技能的培训，但这些都不是专业的劳动课程教师，培训的效果没有持续性。作为校内其他部门的人员，他们只能按照学校绿委办的安排给学生上劳动课程，主要以实践课形式进行。老师们关于劳动课程目标、课程内容以及课程评价等了解不多，选择劳动实践地点也是根据学校绿化需要进行的，学生劳动评价主要采用集体评价为主，即按照整个班级的到课情况、"听话"程度、劳动表现等打分。一般而言，老师只对表现最好和表现最差的同学有印象，中间这部分人的成绩相差不大。

总而言之，缺乏专业教师对劳动课程的实施及实施效果会产生不利影响，主要表现是学生对教师角色的认同感降低，学习动力不足和上课兴趣的下降等。学生主体内驱力不足，教师教学水平低下导致劳动课程的教学质量下降，影响课程目标的实现。

（四）学生因素：学生对劳动教育课程的认识不足

学生作为劳动课程授课的对象，对该课程的认识不足会影响课程的顺利实施和实现课程最终目标。通过调查发现，新时代高校大学生对课程认识程度不足，主要是因为缺乏一定的劳动素养、对劳动课程认识出现偏差、缺少上课动力。

1. 大学生劳动素养相对缺乏

近年来，社会上关于大学生实施劳动教育的呼声愈发强烈，学校也进行了很多有关劳动教育的宣传和组织了大量的劳动实践活动，但是在一部分大学生心中依然认为劳动教育不重要，以比较消极的态度去应对劳动课程与劳动教育。说明了劳动教育如果只是喊口号，注重形式是无法从根本上解决当前我国劳动教育存在的问题，应该从理论上、劳动观念和劳动态度等精神层面做出努力，这就要求学校不得不重视劳动教育课程的作用。

进入大学校园，脱离了父母的管束，有些学生表现出良好的劳动素养，有些却不尽如人意。从公共区域到个人领地，都给学生提供了劳动实践的场所，但是却有些学生不愿意动手，只想"躺平"。

虽然大学生的劳动素养相对缺乏，但却有较高的劳动技能。[①] 为此，劳动课程体系的构建需要从理论上入手，丰富学生的劳动知识和引导学生树立正确的劳动价值观。个体劳动观念的形成主要基于青少年时期，这与基础教育阶段学校进行的劳动教育和家庭劳动教育有关。在学生成长的过程中，学生劳动素养相对缺乏，造成养成他们不爱劳动、不愿劳动的习惯。虽然为了学分不得不听从学校的安排去上劳动课，但是在劳动课程实践过程中

---

① 王正青、刘涛、杜娇阳：《新时代大学生劳动素养测评模型构建与测度研究》，《现代教育管理》2021年第6期。

身体还是很散漫，无形当中给劳动课程的实施造成了阻力。基于此，高校需要从思想层面加强学生对劳动课程的认识和培养劳动素养，引导他们在生活和学习中树立正确的劳动价值观，从课程外部和内部形成合力，促进学生劳动素养的形成和发展。

2. 大学生对劳动课程认识有偏差

当前，高校开设劳动课程的主要内容为：绿化校园、门岗执勤、食堂值日等，因为这是学校后勤工作的一部分，因此，一些学生提出了这样的问题：安排学生参加这项工作，是因为学校为了节省后勤和费用，使用了"免费劳动力"？这样的疑问存在于多数学生心中。这与学校开设劳动课的初衷大相径庭，学校本意是通过劳动课改造学生的劳动观、提升劳动技能，加强学生自我教育、自我管理、自我服务的意识和能力，以提高学生的道德品质和敬业精神。面对这样的结果，学生和学校都感觉很"委屈"，学生对学校开设劳动课程的理解有偏差，学校觉得学生难教。因此，学校应该多听取学生的意见，比如，在劳动课开始之前召开劳动课程介绍会，普及相关的劳动理论知识，跟学生说明劳动课程的目标和具体实施方法，了解学生心中所想，听取学生对这门课程的建议，更好的改进和完善劳动课程。学生应该积极反馈自己的意见，关于劳动课的通知要认真研读，了解学校开设劳动课的初衷，也可以根据所学知识积极地为劳动课程的开发和建设提供切实可行的建议。

学生是课程的主体，课程反馈是了解他们想法的主要途径，收集学生对课程的反馈，既是课程得以健康有效发展的要求，也是促进学生成长的需要，每一门课程都应该具备通畅的反馈渠道，才能更好地促进和提高课程的教育教学质量。当学生对课程的认识出现偏差时，极易影响学生的上课态度和课程的顺利实施。所以，要重视学生对课程的认识和反馈，更要提前做好说明工作，才能保证劳动课程顺利进行。

3. 学生上课内生动力不足

学生上劳动课的动力主要来自外部，学生缺乏上劳动课程的内驱力，相比较其他课程而言，对于该门课程学生的主动性比较低，不利于课程的顺利实施和发展。

学习是一种主动建构的过程，要使学习成为一种快乐的生活经历，必须从"要我学"到"我要学"，从"被动"到"主动"，从"负担"到"享受"的过程，才能真的从学习中获取知识和养分，丰富自己。高校学生具备主动学习知识的能力，课程强调学生学习方式的转变，要求学生进行自主合作、探究学习。而劳动课程作为一门实践性课程，对学生的自主性要求更高，但是，当前高校学生上劳动课的动力却以学校要求的外部动力为主，学生缺乏主动学习的动力，直接影响了上课的效果。所以，高校需要激发学生的内生动力，让学生积极主动参与课程中，促进学生全面发展。

第五章 大学生劳动观的培养

要对大学生劳动教育进行研究，首先要让大学生树立正确的劳动观念，并以此作为展开大学生劳动教育的实践支撑。因此，本章首先对劳动观的基本理论进行介绍，然后分析大学生劳动观的培养现状及存在问题原因。

第一节 大学生劳动观

一、劳动观

（一）劳动观的定义

劳动观有广义和狭义之分。广义的劳动观从世界观和方法论的角度对其内涵进行阐述，不仅回答如何认识劳动、如何对待劳动，还包括如何实践劳动的探讨研究[①]。而本研究中的劳动观是狭义的劳动观，是指劳动者对于劳动的根本看法（即劳动价值观）和基本态度，是人们对劳动目的、劳动价值意义、体力劳动与脑力劳动分工、劳动本质问题等的根本认识和看法，对劳动、劳动者、劳动成果的态度倾向等，决定劳动者的劳动价值取向，引导具体劳动实践。

劳动观是人们对于劳动的根本看法（即劳动价值观）和态度（指劳动态度）。其中劳动价值观包括劳动目的观、劳动荣辱观、劳动分工观、劳动本体观，劳动态度包括对劳动的态度、对劳动者的态度和对劳动成果的态度，具体如图 5-1 所示。

劳动价值观
- 劳动目的观：回答"为什么劳动，劳动是为了什么"
- 劳动荣辱观：人们对劳动行为"荣""辱"的价值判断和评价标准
- 劳动分工观：对体力劳动与脑力劳动的基本看法和价值判断
- 劳动本体观：对劳动本质的认识，包括对劳动相关概念、内涵的认识；对什么是劳动的认识；等等

劳动态度
- 对劳动的态度，包括对创新劳动的态度
- 对劳动者的态度，包括对劳模精神、工匠精神、工匠精神的态度
- 对劳动成果的态度

图 5-1 劳动观的内容构成

---

① 马宁康：《大学生劳动观教育研究》，辽宁：辽宁大学，2020 年。

1. 劳动价值观

劳动价值观即人们对于劳动的根本看法[①]，主要包括劳动目的观、劳动荣辱观、劳动分工观、劳动本体观。劳动目的观是劳动价值观的核心问题，主要回答"为什么劳动，劳动是为了什么"。劳动是人主观能动的实践，劳动过程中往往带有价值预期，这就是劳动目的。劳动荣辱观即人们对于劳动行为"荣"与"辱"的价值判断和评价标准。"劳动分工"最早是由亚当·斯密提出的，他认为劳动分工是最大效率地提高劳动生产力的重要途径。以提高劳动效率为目标的精细劳动分工最终导致了体力劳动与脑力劳动的彻底分离。因此，劳动分工观，即对体力劳动与脑力劳动的基本看法和价值判断。劳动本体观，即对劳动本质的认识，包括对劳动相关概念、内涵的认识；对什么是劳动的认识；等等。

2. 劳动态度

劳动态度是劳动者对劳动客体（包括劳动对象、劳动信息、劳动行为实践等）的态度倾向。劳动态度是与自身的意识经验、认知结构等密切相关，同时，也受家庭、社会、教育、同辈交往等外在因素的影响。本研究中将劳动态度主要划分为对劳动的态度，其中包括对创新劳动的态度；对劳动者的态度，其中包括对劳模精神、工匠精神的态度；以及对劳动成果的态度；等等。

（二）大学生劳动观教育的主要内容

大学生劳动观教育的内容丰富，只有明确大学生劳动观教育内容，我们才能对大学生劳动观中产生的问题进行精准定位，从而要更有针对性地对大学生进行教育。

1. 劳动知识教育

劳动知识教育即包含劳动的目标、劳动的价值、劳动的本质等在内的一系列劳动知识理论的教育，使大学生系统了解和掌握劳动知识。它是大学生劳动观教育中最基本的内容。劳动的知识理论体系宏大，涉及劳动与自然、劳动与社会、劳动与生产、劳动与政治、劳动与意识、劳动与革命、劳动与自由、劳动与科学等各方各面。

第一，劳动与自然。人是自然存在物，人类的历史活动也是自然的历史过程，那么作为人和自然之间的物质变换的活动，劳动就是人类生活的自然条件。劳动对象和劳动资料也是自然界的直接组成部分，因此，劳动是自然界的内部过程，承受自然制约性，必须遵循自然界规律。

第二，劳动与生产。生产是劳动的实现形式，任何现实的劳动，从其劳动结果即产品来看，其实就是一个生产过程。

第三，劳动与社会。人们的生活自古以来就建立在生产上，而社会是生产关系的总

---

① 王智鸿：《新时代劳动教育思想研究》，吉林：吉林大学，2020 年。

和，是在一定生产方式基础上，包括生产、分配、交换、消费等环节。而社会是人类生活生产的整个过程，是劳动关系的总和。

第四，劳动与政治。政治不是与人类同时产生的，而是作为人们相互之间的主权与附属的关系，是人类历史一定发展阶段的产物，是劳动发展的一定历史阶段的产物。随着劳动的发展，不断提高的劳动生产力促进了社会分工的出现，奴役劳动取代原始社会共同劳动，开始产生阶级。国家作为阶级矛盾与可调和的产物，在根本上是社会劳动分工的产物。

第五，劳动与科学。人类是通过劳动与自然界进行物质交换而得以生存和发展，为了满足改造自然界的需要，人必须要对自然界进行充分的认识，而劳动是人类对自然界认识的唯一途径，因此可以说自然科学起源于劳动。随着科学发展由片面到全面，科学形成了一个极其复杂的体系，包括自然科学、历史科学、经济科学、政治科学等，这一切科学都是劳动的结晶。

2. 劳动价值观教育

所谓价值观，就是指评判标准，是人们基于对某种事物价值的认识、判断而形成的对价值的基本看法与观点。它会对人们的行为实践产生重大影响。劳动价值观就是指劳动者对劳动态度、劳动情感、劳动意义的看法，对劳动的作用的一种评判标准，人们基于劳动价值观对于不同的劳动行为做出价值判断和选择。劳动价值观教育使大学生清楚科学的劳动评价标准，是衡量大学生劳动态度以及行为的重要尺度，也是大学生进行劳动选择的重要价值尺度，属于大学生劳动观教育的重要内容。

第一，劳动价值目标教育。价值目标就是人们对某种客观事物（人、物、事）的意义、重要性、值得性或者实用性的总的评价和看法。劳动是人类存在和发展的基础，能满足人类开创幸福生活。

第二，劳动价值取向教育。价值取向指的是一定的主体从自己的价值观出发，在处理各种矛盾、利益冲突时所持的基本立场、价值态度。根据"四个最"的劳动价值观，引导大学生在生活和工作过程中做出正确的劳动价值选择，热爱、崇尚劳动，使他们具有积极健康的劳动价值取向，能够诚实劳动，从而书写幸福人生、创造幸福生活。

3. 劳动幸福观教育

幸福观即人们对幸福的看法和观点。马克思认为，唯有自由自觉的劳动才是幸福的唯一源泉。

第一，劳动幸福观。它是劳动幸福观教育的重要内容，其内涵是通过劳动，能证实"人之为人"的类本质，并在这个基础上体验到的深度且持久的精神上的满足感。它强调幸福的前提是劳动与享受相统一。人们只有进行自由劳动，才能在获取物质生产生活资料的基础上体会劳动带来的精神满足感。这为我们进行大学生劳动观教育研究指明了一个方向。

第二，奋斗幸福观。奋斗幸福观是要为党和国家而奋斗、为人民而奋斗，为实现人民幸福而辛勤劳动。它是新的社会条件下对劳动幸福观的延伸和发展，是劳动幸福观教育的重要内容。针对大学生开展奋斗幸福观教育，能够激励他们为实现自己的人生理念不断辛勤劳动、努力奋斗，帮助他们树立艰苦奋斗、求真务实的精神品质。

4. 劳动责任感教育

劳动责任感教育，是旨在培养大学生的自我责任感和社会责任感的劳动教育。劳动是每个人的立身之本，大学生作为社会主义事业的建设者和接班人，更要对社会负有劳动责任感，充分认识到自身的劳动关系着社会的进步和发展。

第一，奉献意识。奉献是指个人与集体、国家之间的一种纯洁高尚的道德义务关系，奉献意识是情感与理性统一基础上的一种价值认同意识。教育者要注意把握教育契机，激发大学生的爱国之情，教育引导大学生树立甘于奉献的精神。大学生要关心社会和国家的发展，勤奋学习科学文化知识，掌握专业技能，积极参与帮扶农户、社会志愿愿者服务、乡村支教等以奉献为主题的社会劳动实践，为国家和社会的长治久安贡献力量。

第二，责任意识。责任意识主要是个人对自我、他人、集体、社会、国家的责任与义务的自觉意识。由于大学生这一群体知识水平和道德素质较高，社会对他们的期待值较高，因此，大学生对自我和社会承担的责任至关重要。大学生对自我负责，就要健康成长、努力学习，对自己的生命健康和工作前途负责；对家庭负责，就要孝敬长辈，爱护幼小，不辜负父母的辛劳养育；对社会负责，就要有大局意识，主动关心社会大事，靠辛勤劳动掌握专业技能，积极投身到社会建设中去；对国家负责，就要一心爱国，坚定地维护国家安全与稳定。

通过劳动责任感教育，引导大学生深刻认识自己是社会的一员，激发大学生对自身劳动力量的信念，培养劳动荣誉感。激励大学生勇敢担当起自己的劳动责任，使他们能够积极履行自己的社会责任和时代使命，成为热爱劳动、甘于奉献、勇于担当的中国特色社会主义伟大事业的建设者。

5. 劳动习惯的养成

对于劳动习惯，属于人类长期形成过程中所养成的。人类生活环境持续变化，其素质持续提升，进而逐渐产生特定劳动形式。现阶段，人们开始关注大学生劳动习惯养成问题。00后逐渐成为主要大学生群体，受现代智能化社会的影响，部分学生偏重于脑力劳动、忽视体力劳动，劳动量较少，缺乏劳动观念，已经出现鄙视劳动、厌恶劳动等观念，主要体现在以下方面：缺乏资历能力、贪图享乐、好逸恶劳以及生活懒散等；在学业方面，刻苦钻研精神不足，考试习惯作弊等。所以，应该积极培养大学生劳动习惯，使其可以积极参与劳动实践，同时，引导学生将劳动作为习惯。借助劳动习惯不断培养学生良好生活习惯，培养艰苦奋斗精神。

（三）劳动观与劳动教育的关系

劳动观教育有广义和狭义之分。广义的劳动观教育是指培养人正确的劳动观的实践活动，包括社会、家庭、学校的劳动观教育。本研究的劳动观教育是狭义的劳动观教育，是指专门的学校劳动观教育，即学校有目的、有计划、有组织地促进受教育者形成正确劳动价值观和积极劳动态度的教育活动[①]。中小学阶段的劳动观教育侧重于启蒙劳动情感，而大学生劳动观教育更侧重于提高学生内化劳动价值的水平，鼓励学生结合专业知识，围绕创新创业、实习实训、产教融合等，在具体的劳动实践中强化劳动价值观、劳动情感态度的内化，关注劳动的创造性目标。

从不同的视角出发，劳动教育的概念不尽相同。通过梳理不同学者关于劳动教育概念的界定可以发现，劳动教育并不是简单的"劳动＋教育"，而是内容、手段和目的辩证统一。劳动教育既是"关于劳动"的教育，以劳动教育作为内容，培养学生的劳动观、劳动知识和技能等；也是"通过劳动"的教育，即以劳动为手段，促进德智体美育人目标的实现；同时也是"为了劳动"的教育，帮助学生形成科学的劳动观，掌握劳动知识和技能，形成积极的劳动品质，培养全面发展的劳动者。因此，要落实新时代对劳动教育提出的新要求，首先必须明确劳动教育的多重内涵，既要看到其在德智体美四育中的综合育人价值，更要看到其在劳动价值观、劳动伦理、体脑结合等方面独特的育人价值。

劳动教育主要包括劳动观、劳动知识和劳动技能教育。劳动观教育是劳动教育的重要组成部分，同时也是劳动教育的核心或本质目标。主要表现在：第一，劳动观教育是劳动教育的重要组成部分，劳动知识和技能教育是实现劳动观教育的途径和手段，劳动知识和技能的教育一定程度上会促进劳动观教育。第二，劳动观教育是劳动教育的核心，通过劳动教育能使学生学习劳动知识、劳动技能并产出一定劳动产品的外显的劳动成果，但对大学生发展而言，最根本的目标不是要生产多少产品，最核心也是最重要的应是对其内隐的劳动观的培养，后者为本，前者为用。

二、大学生劳动观的形成机制

一般认为，价值观念指人们对外界客观事物进行选择评价时所采用的标准和相应的态度与倾向。劳动观作为价值观中主要内容，包含了人们对于劳动价值观念的认识和劳动态

---

① 马宁康：《大学生劳动观教育研究》，辽宁：辽宁大学，2020年。

度倾向。

（一）劳动观形成的影响要素

从事物生成的过程看，厘清其形成机制首要的就是明确其影响要素。大学生劳动观的形成是"内在主观与外在客观交互统一的结果"[①]。其中，主体影响要素主要为：主体认知因素、非认知因素、劳动客体要素和主体意识经验；外部影响要素主要有社会环境与情境、教育经历和社会交往。

1. 主体要素

（1）认知要素

认知是指人脑反映客观事物的心理活动。由认知要素构成的认知系统是主客体进行信息沟通的主要渠道，在主体的认识活动中居于主导地位。来自外部环境的刺激只有在主体认知要素的作用下，才能被认知系统所接受和加工。在认知要素的影响下，主体按照已有劳动观念和劳动思维定式去加工新的劳动相关信息，形成不同的劳动观念、态度和立场等。主体的认知既是已有认识活动的成果又是进一步开展认识活动的必要前提，为主体实现与外界环境的交互作用提供了必要基础。认知要素主要包括知识结构、认知能力、认知定势三部分内容。

①知识结构。认识的发生，总是以原先的知识结构为基础。知识结构代表着某个特定概念的有组织的知识，是认识中主体在知识、观念、思维的集中体现。劳动认知主体的知识结构是主体在其人生成长中，由于教育学习和实践经历而逐渐形成的相对稳定的劳动思想架构，作为一种系统的、结构性的观念存在，主要包括已有的相关知识、价值观念在大脑中的凝结。在个体人生发展不同阶段，由于受到学校、家庭和社会的不同影响，个体会积累与劳动、劳动观念等相关的知识，成为其知识结构中的重要组成部分。这些知识中既可能包括了与社会所倡导的主流价值观念相一致的相关内容，也可能包括一些与主流价值相悖的内容。这些信息以长时记忆的方式储存在大脑中，构成一个整体性的、系统性的存在，成为主体在对外界事物和社会信息的加工过程中实现认知提取的重要基础，对个体劳动观的形成起着极为重要的作用。

价值观念是知识结构中的另一重要组成部分。以对人的思想和行为影响的程度，可将价值观念分为表层价值观念和深层价值观念。其中，表层价值观念主要指为大众所认可的基本的价值判断标准，如法律规范、道德规范等，从而为人们提供基本的是非、善恶、美丑等的判断依据。深层价值观念则指处于价值观念体系核心地位，较为抽象的原则性标准和信念。作为主体认知结构的深层部分，一旦形成便不易改变，稳定性强。在主体面对日

---

①　余加宝：《大学生道德自觉的生成机制探析》，《大学教育科学》2019 年第 5 期。

常生活中观念的剧烈冲突或者人生发生重大变化时，深层价值观念能够指导、影响、调整表层价值观念，进而决定着个体对客观事物的价值评价和人生道路的选择方向。价值观念作为现在知识结构的一部分，可对主体新接收的信息起到反映、选择、整合等的作用。不同的价值观念会对劳动客体进行信息加工的过程形成不同的影响，进而产生不同的认知结果。

②认知能力。认知能力是指主体对外界劳动信息加工、储存和应用的能力。认知能力决定着主体对劳动的性质、发展方向及基本规律和主体与劳动关系的把握。这种认知能力并非简单表现或反映，而是与主体的社会生活经验有密切的关系，主要有价值判断能力、社会观点采择能力和媒介认知能力等。价值判断能力是一种典型的逻辑思维能力，是特定主体对劳动客体价值的判断和选择的能力。价值判断的正确性取决于主体已有知识结构的合理性和理性能力的发挥程度。价值判断能力是人们在实践经验的基础上逐步形成的。劳动价值观念中的价值判断能力是主体在面对思想道德和意识形态领域中各种价值冲突时，能够自主地评价和选择进而采取某种行动的能力。社会观点采择能力是与个体的社会化紧密相关的一种逻辑思维能力，对个体社会认知的发展有着重要的影响。从概念上来说，指主体在能够明晰自己与其他个体或群体观点差别的基础上，进一步转换思维并协调不同观点的能力。社会观点采择能力有利于主体在社会交往中站在不同的视角理解问题，为推进主体的认知发展提供了认知前提。媒介信息能力也由此成为人们适应现代社会、获取信息的一项基本能力，即个体获取、识别、分析、利用各种形式信息的能力。

③认知定势。定势的形成可使主体在自觉不自觉中以某种惯常的方式对一定刺激情境做出反应，形成固定的思维模式，或隐或显地支配着人们的认知活动。劳动观形成中的认知定势主要指主体受到已有的知识经验和价值观念的影响，而在劳动观形成过程中遵循固定的认识框架和思维模式去实践和认识的倾向性。在劳动观形成过程中，认知定势使主体倾向于关注与个人需要和观念相符合的内容，按照一定思维模式认识与理解外界事物。认知定势的作用体现为积极的和消极的两个方面。积极的认知定势能使主体利用已掌握的种种原则方法迅速解决认识活动中所面临的各类问题。反之，消极的定势会在一定程度上表现为对知觉对象的歪曲反映，具有片面性、情绪性、刻板性和内隐性等特点，妨碍主体做出正确的认知，容易形成主体错误的认知结构。

(2) 非认知要素

认识过程的启动与展开除认知要素外，也受到非认知要素的影响和制约。通常认为，"非认知要素"主要指主体需要、情绪情感、态度意志等。非认知要素具有调节作用，可使主体正确地选择认识客体，维持、调节认识活动的发生与发展①。研究非认知要素在劳

---

① 朱宝荣：《认知科学与现代认识论研究》，上海：上海人民出版社，2013 年，第 108 页

动观形成中的作用，有利于全面、系统地了解劳动认知活动的复杂性及其影响因素。

①认知需要。从概念来说，需要指主体对内外部环境的客观需求在其大脑中形成某种反映而引发的不平衡状态。作为人的行为实践活动的内在驱力，需要是激发人认识活动和价值选择的基本动因。人类对外界客观事物和自我生存与发展所体现的各种不满足状态，激发了人们追求发展的内在动力，构成人的本性活动的全过程。在人的认识活动中，需要不仅能促使主体对主客体之间的价值关系做出评判，对认识对象进行取舍，而且对认识对象具有能动的选择作用。认知需要构成了主体劳动价值观点的选择性和指向性的内在尺度。

②情绪情感。情绪情感是基于人的特定主观愿望或某种需要所产生的对外界客观事物的体验及反应。其中，情绪是以感知觉为基础，产生类似快乐、气愤等表现。而情感是同人的社会性相联系的主观体验，指主体对自身意识是否符合社会性需要而产生的态度体验。情感与人的价值观念紧密联系，具有稳定性和持久性，形成之后不易受外界环境条件的改变而改变。在劳动观的形成过程中，情感体现着主体对劳动客体由价值关系所决定的态度。情感能够极大地影响主体对劳动认知的"归因分析、价值评定和选择判断"，进而影响对劳动认知内容的选择，影响主体对劳动价值、劳动观念的追求。

③态度意志。在人的认识体系中，对主体最终行为的发生起到决定性作用，"是主体对客体的态度而不是事实性认识本身"。从概念上来说，态度是指主体在对客体进行评价并做出价值判断的基础上所形成的一种心理倾向性。在主体的记忆系统中，对客体的评价可以分为外显态度和内隐态度。外显态度能为主体所意识，内隐态度则固化于主体的意识层面，不为主体所感知，但却对主体行为起决定作用。在劳动观形成过程中也存在这种双重态度的情况。当主体形成对相关事物新的态度时，原有的内隐态度并没有消失，而是在记忆系统中得以积淀，对个体的思想和行为形成潜在的影响，此时，就出现了"双重态度"的局面。内隐态度一旦被激活，就会形成对主体的支配作用。

（3）劳动客体要素

劳动认知是认知主体与客体之间发生交互作用的互动过程。主体对劳动客体的价值认识影响着人们劳动认知的发展。对劳动的价值认识体现为一种关系，即劳动信息所具有的特性与主体需要之间满足和与被满足、促进与被促进的关系。主体需要与劳动特性之间的关系往往与主体的利益紧密联系在一起。劳动认知的生成也内涵着深层的利益关系，具体体现为劳动经济利益、劳动文化利益和劳动精神利益等以及个体与他人、集体的比较利益等多个方面。满足主体的利益需要，激发其为利益而奋斗是劳动观形成的重要目标之一。在劳动观的形成过程中，如果主体对劳动价值观念的学习和认识能够满足其在特定社会生活中的利益需要，那么，就能够激发主体参与劳动的主动性，推动其劳动认知的发展，进而内化形成劳动观。反之亦然。因此，大学生的劳动观教育必须与日常生活实践相结合，满足大学生日常生活和精神发展中的利益需要，促进其主体利益的实现。只有这样，劳动的价值观才能得到大学生的认可，才能真正提升劳动观教育的实效性。

（4）主体的意识经验

由于个体的人生经历、知识水平、立场态度甚至身体状况等的不同，对于相同信息可能做出不同的解读，形成个体特定的意识经验。个体的人生发展过程是一个不断获得并积累意识经验的过程。随着年龄增长，个体的思想，社会接触面逐渐扩大，通过直接学习知识、他人经验或亲身经历活动，获得关于社会和他人的特定的意识经验。特定的意识经验形成人对事物思考、感受和选择的特定方式，可以影响个体对社会的认知。对于个体认知发展，意识经验可产生正反两方面作用。从正向角度来看，有利于提高个体的理解能力，促进新的思想观念的生成，促进个体的认知发展。从负向角度来看，已有的意识经验可能形成个体固定的思维模式，形成认知定势，对新观念的生成起到阻碍作用。

2. 外部制约要素

（1）社会环境与情境

大学生劳动观的形成不是一味向内地寻求，是在与社会文化环境的互动、沟通中逐渐丰富、发展。大学生是社会中的人，而社会环境制约着大学生生的发展，影响他们劳动观的自觉生成。显然，大学生劳动观的形成不是纯粹的内在意识性思维过程，是在主观与客观相互联系、相互作用的社会文化环境中不断生成。建构主义理论特别强调人进行知识建构学习的社会背景性，这里主要指的也是社会文化环境。社会文化在本质上指向人，对大学生的发展具有塑造、濡染功能。通常，经过历史发展积淀的社会文化会以文化模式、传统以及各种形式的媒介的方式渗透到大学生的生活世界中，潜移默化地影响他们的劳动认知、劳动价值观念等，对大学生劳动观的生成具有广泛而深远的影响。

（2）教育经历

教育既是实现主体社会化的过程，也是促进主体个性化发展的过程。主体的教育经历主要包括了家庭教育、学校教育和社会教育等，它们分别在不同的时间，以不同的渠道和形式，对个体的劳动认知发展产生影响。

（3）社会交往

认知并不是主体的纯粹意识领域，而是发生于社会实践活动中不同行为主体之间的交互作用，交互作用的过程也是主体社会交往的过程。可以说，人的思想观念只能产生于人们通过交往创造的社会关系中。人是社会的产物，劳动是社会实践活动，因此，对劳动的价值认知必然离不开主体与他人的社会互动，通过群体成员之间的思想交流、对话与沟通，实现人的精神生产与精神交往，达成劳动共识，完善甚至重构劳动认识。可以说，主体与社会群体的动态交往直接影响劳动观的形成。

（二）大学生劳动观形成的内在机制

由上可知，大学生劳动观形成主要受内外部两种要素的影响和制约，两种要素相互作用，促进了大学生劳动观的形成。

大学生劳动观的形成是大学生接受劳动信息形成劳动认识，再慢慢转化为劳动观念，并依此不断修正自己的观念和行为，直至提升为观念自觉（劳动观）的过程，即劳动认识——劳动观念——劳动观。在形成过程中，个体在劳动认识的基础上，通过劳动情感激发情感认同，进一步深化和强化劳动认知，形成劳动观念，再通过劳动意志不断修正劳动行为，产生劳动观念认同，从而形成稳定的劳动观。其中，劳动认知、劳动情感、劳动意志和观念认同4个维度相互作用、相互促进。劳动认知是基础；劳动情感是认知的进一步强化，也是劳动观念形成的催化剂；劳动意志是情感内化的结果，通过劳动行为不断巩固劳动观念；最后个体把劳动认知、劳动情感和劳动意志不断内化、整合，实现观念认同，即劳动观念同一性产生，标志着劳动观的最终形成。

1. 认知的生成——劳动观形成的基础

劳动认知是劳动观念和劳动观形成的前提和基础。它是由人的内在需求引发的，通过对劳动信息的选择、理解与编码，形成对劳动客体直接的整体感知的心理活动，是一种对劳动的感性反映形式。

大学生劳动认知产生来源于利益需要。劳动认知是在一定的动力的驱使下进行的，在劳动活动中，这种驱动力就是利益需要。大学生个体的抽象逻辑思维有了显著发展，自主意识觉醒，有了自己的自主需要。因此，对于自我意识逐渐成熟的大学生而言，对认知观念的感知接收更多取决于自身的需要选择。大学生有各种各样的获取劳动信息的来源，但并不是所有的劳动信息都能被主体纳入劳动认知加工的范畴，大学生在所有感知到的劳动信息中选取那些符合自身需要的劳动信息进行信息理解和加工。大学生在符合自身需要的基础上通过认知能力（选择、理解、加工与应用）对劳动客体信息如劳动思想意识、劳动价值观念和劳动道德规范等信息进行有选择地吸收、了解，形成一定的劳动认知，并在认知的基础上形成自己的劳动意识经验。

劳动认知既是一种过程，也一种是结果。作为过程的劳动认知强调的是人们处理外部信息的过程，作为结果的劳动认知是对劳动信息获取、处理与内化的结果。教育者、社会、家庭等向大学生传递与劳动观相关的知识信息，这些外界信息通过认知加工理解，形成对劳动客体信息直接的、整体的感知统摄到认知结构中，并且更新原有的认知，形成对劳动新的认知。尽管这一阶段形成的劳动认知往往可能是片面的、简单的，却是大学生劳动观形成的基础，是大学生对劳动知识、劳动价值、劳动关系等劳动客体的认识与了解。

劳动认知是劳动价值观体系中最基本的要素和最为原始的外在表现形式，这些已有的劳动认知水平和价值观水平作为一种知识结构，影响着大学生劳动观的形成和发展。

2. 情感的介入——劳动观形成的催化剂

劳动情感是指以人的情绪情感为基础，劳动主体在劳动生活中对劳动客体（劳动认识、劳动价值观念、劳动行为等）所产生的态度和情绪体验。劳动情感往往表现为劳动主体在劳动认知过程所形成的好恶感、爱憎感等。例如，"有的人喜欢工作""有的人不喜欢工作"，这些行为实际上都反映着人们一定的劳动情感，但这种反映往往有着强烈的情绪好恶色彩，具有较强的主观性和不稳定性，劳动情感的偏失会在一定程度上影响人们对劳动的认识选择。

在劳动情感的作用下使劳动认知过程采择观点时有明显的选择性①。在劳动认识的基础上，个体会根据以为的或遵循的认知、价值标准或意识经验所形成的认知定势对劳动信息、观点等有一个情感"判断"过程。被个体所情感认同的劳动信息吸收成为其劳动价值体系的一部分，而被个体认为的"不好"则被其劳动认知系统排斥对立。因此能否对劳动客体产生情感认同，是形成劳动观的关键要素。正确的劳动情感认同对大学生劳动观的正确形成具有催化定向的作用，如对劳动行为、劳动者的自豪感会激励大学生为实现中国梦的伟大建设不断贡献自己的力量；但如果大学生对劳动产生回避、厌恶的情感倾向，那么，当环境变化或个体需求受到影响时，"知行不一"的情况就会发生。情感认同是劳动内化的关键，也是最困难的。

3. 意志的调适——劳动观形成的关键

个体在劳动情感多次反复和各种劳动知识信息参与的条件下，通过劳动意志的调控，即个体在原有认知判断的基础上加以筛选与确认，对一定的劳动客体价值形成认同，加以内化和接受，经过长期积淀形成关于劳动、劳动关系的稳定的观念模式——劳动观念。意志过程"具有自觉性"，但往往比较零散且不系统。因此劳动意志在大学生劳动观形成的过程中具有积极的能动调控作用。大学生在意志调适作用下，主动排除干扰，自觉地接受劳动信息、劳动教育，摆脱固有情感认知定势的制约，实现对劳动内涵的深刻了解和准确把握。

其一，劳动意志是一种克服一切矛盾，朝着预期劳动价值目标明确前行的决心。劳动意志表现为权衡各种动机冲突，及时做出正确的价值选择并坚持劳动价值目标，使个体的行为始终指向正确的劳动实践。若没有坚定的劳动意志，大学生面临劳动情景"两难冲突"时，容易处于矛盾状态，陷入劳动观念的"两难境地"。例如，部分大学生虽然明白体力劳动和脑力劳动一样都应该受到尊重，不应该轻视体力劳动，但由于家庭教育、社会

---

① 周莉：《论个体价值观形成发展的机制》，《河南社会科学》2005 年第 3 期。

对体力劳动和脑力劳动的差异性对待和待遇差距，使其容易陷入劳动观念的"两难境地"，甚至陷入误区。因此，劳动意志能够使大学生在面临劳动价值冲突时，自觉接受、自愿遵循正确的劳动观念。

其二，劳动意志是排除一切干扰而坚定不移地按劳动价值目标行事的毅力[①]。坚定的劳动意志能够抵抗外界诱惑，调节或抑制非理性情感。大学生人生理想信念强烈，自我意识突出，因此其意志活动有明显的目的性，但意志水平存在着不平衡性，在面对一些行为选择时往往表现出盲从、反复、急功近利等，如出现一些投机的劳动行为：课业抄袭、修改实验数据、开劳动实践假证明等。而坚定的劳动意志不但能让大学生坚持诚实劳动，而且还能激发大学生劳动的自主性。

其三，劳动意志是一种持之以恒的精神，主要表现为强化正确的劳动行为及习惯。劳动行为习惯的形成要经过多次反复的劳动实践，而这种行为习惯的形成需要坚定的意志，促进劳动认知内化。一方面，大学生对劳动认知的内化是劳动行为习惯形成的基础和前提。知识是基于情境的活动，认知在个体与社会的交互过程中形成，意义在个体与环境交互过程中建构。交互的过程不仅能够给个体更多的了解、认识不同观点和思想的机会，有利于完善其认知结构，而且能够促进其社会观点采择能力和社会敏感性的发展，提高认知能力，从而反映为劳动行为习惯。另一方面，大学生劳动行为及习惯的养成是他们形成劳动观念的目的和归宿。只有将劳动认知经过多次反复的练习，强化为劳动行为习惯，才可使劳动认知在意志的作用下得以检验、调整和强化，并进一步定型为稳固的劳动思想观念。

4. 观念同一性的产生——劳动观的确立

本研究中的"观念同一性"是指劳动主体（大学生）通过对劳动观念的自我建构，将劳动观念内化整合为自身情感和理性不可分割的一部分，产生同一感，获得较高的、较全面的价值实现，最终形成了劳动观念的高级形式即劳动观。观念内化即"社会要我这样做"转变为"我要这样做"，是"通过对劳动认知的加工，转化为自身价值体系的一部分，调控自身认知、情感、行为的过程"[②]。大学生通过劳动认知的生成、劳动情感介入和劳动意志进行观念调适等实现劳动观的内化。但是对于大学生自身而言，其对劳动的理解、觉悟也是一个持续发展、提升的过程，当前的劳动观不具有终极意义，随着社会发展及个体认知水平的提升会不断产生新的解释，不存在一成不变的观念觉解状态。

同样，个体通过劳动认知、劳动情感认同、劳动意志选择不断吸收新的劳动认知、劳动观念，但是由于个体所处社会环境的变化等，个体的劳动认知、劳动情感认同、劳动意

① 李东坡：《青年信仰形成过程与教育机制研究》，兰州：兰州大学，2012年。
② 王晶：《中小学生社会主义核心价值观形成的过程、机理及特征探讨》，《教育探索》2017年第1期。

志选择也会不断改变，前后的劳动认知、劳动情感认同、劳动意志选择并非总具有一致倾向性，从而出现劳动冲突，因而，个体劳动观形成总是处于不断建构更新的循环之中。

人的认识发展、观念形成与社会背景是不可分割、相互作用的。大学生劳动观的生成是基于一定的社会文化背景的，因此，离不开社会文化、家庭、教育以及在此基础上形成的自我认知的影响。大学生对劳动相关内涵、意义的觉解与认识也是在他们与社会的持续相互作用中产生的。文化传统不同，劳动思维也有所不同，这种多样性必然引发个体间、个体与集体或社会间的价值观念冲突。因此，当社会环境中的价值观念或与外界客体互动时面临新的劳动经历与个体遵循的劳动认知和劳动观点不符合时，则会产生劳动冲突，大学生主体无法将劳动信息顺利纳入自己已有的认知图式中，现有认知图式无法同化外部信息，于是主体通过意志调控对个体劳动认知结构重组、改造即顺应，对原有劳动观念进行调适，形成新的平衡状态；外界环境中的劳动信息、价值观念与大学生已有的劳动认知图示相一致时，他们进一步对这些外界信息进行加工理解，将其同化，修正和完善原有的劳动认知结构。主体通过对已有的劳动认知结构进行不断的自我建构，在平衡、不平衡以及新的平衡中的持续性循环中不断丰富、提升，实现对劳动认知、劳动观点的内化和建构整合，最终形成具有意识形态性的劳动观。

综上所述，劳动观的形成遵循劳动认知——劳动情感认同——劳动意志的调适——劳动观的确立的过程，是劳动主体认知、情感、意志的高度统一。首先，在具体的劳动情境中，大学生个体由于某种"匮乏感"产生对劳动的需求，在需求的基础上，个体产生劳动动机，这种在"匮乏感"基础上产生的需求和在需求基础上产生的动机，组成了内部机制的动力。动力系统被激发，劳动信息便进入个体的感知系统中，通过感知理解，形成劳动认识。其次，劳动情感产生的认同感强化劳动认知，催化劳动观念的形成。再次，意志是劳动主体实现劳动价值目标的决心和毅力，并随着劳动行为习惯的不断实践而强化，促进形成初步的劳动观。最后，最初形成的劳动观被进一步的整合内化、建构凝聚，从而产生观念同一性，标志劳动观的最终形成。但这只是理论逻辑上的先后顺序，而实际上劳动认知、劳动情感和劳动意志彼此交互作用，反复推动着个体劳动观的发展，周而复始，循环往复，不断向高一层级的认识阶段发展。同时，劳动观最终会反映成劳动行为，行为也会给知、情、意提供反馈信息，若大学生在劳动行为中体验到认同、愉快等积极情绪，对大学生劳动观形成产生正面强化作用；若大学生个体体验到厌恶等负面情感，对其劳动观形成则会产生冲突或反作用。具体劳动观的形成机制如图5-2所示。

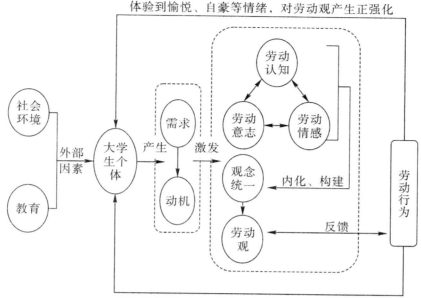

图 5-2　大学生劳动观形成的内在机制

（三）大学生劳动观形成的特点

大学生的认知、文化素养，以及个性等特点为他们生成稳定的劳动观奠定一定的条件和基础。而大学生的学习方式、生活环境，以及受教育方式等阶段性特征则为大学生形成稳定的劳动观提供发展契机。结合劳动观的形成机制以及大学生劳动的特点，大学生劳动观形成具有自主性、差异性、复杂性、生成性等特点。

1. 自主性

大学生正处于迈向社会和学校"象牙塔"的交界处，大学生心理、生理都趋于成熟，准备迈向"成年人世界"，具有强烈的独立自主意愿。但同时大学生们普遍"涉世未深"，缺乏社会经验，对事物本质的分析判断能力不强，自控能力较弱。由此可见，大学生们正处在价值观念发展的关键期，包括获得自我认识和社会角色观念的统一，建立符合自我需求与社会发展的价值体系，获得自我道德观念的健康成长。因此，大学生劳动观形成具有自主性特点，他们会主动了解劳动相关知识、意义、观点等，积极进行内化、反思，自愿进行劳动实践，以不断改善自身的劳动生活。在劳动价值观点的自觉发展中，大学生具有主导权和控制权，在与外部环境的互动交往中，他们能发挥自己的能动性、创造性积极处理劳动关系、劳动问题。当面临劳动价值选择时，大学生能服从内心的劳动意愿，排除外界干扰，自主进行一系列的劳动认知、内化、反思、实践等活动。

2. 差异性

每个大学生都是独特个体，因此，大学生劳动观的形成既具有某些共性特征，也具有较大差异性。这种差异性主要有两个方面原因：一是个体本身存在的差异性。劳动认识、劳动情感和劳动意志的发展水平各有不同。这就造成不同的个体在接受同一劳动信息、劳动观点或劳动教育活动时可能会产生不同的劳动认知、劳动观念。这也导致他们在面临同一情境时做出的劳动行为也会有差异性。二是个体成长环境的差异性。大学生在劳动观形成过程中会受到环境的影响制约，成长环境的差异使个体已有的核心价值观也存在一定的差异，从而导致大学生劳动观也具有差异性。

3. 复杂性

大学生劳动观的形成是一个复杂的过程。这种复杂性一方面体现在大学生劳动观形成本身，另一方面则表现在外在因素的影响。如前文所述，大学生劳动观形成机制主要为劳动认知——劳动情感——劳动观念——观念同一性（劳动观形成）四个维度。但在具体情境中，大学生劳动观的形成并不完全依照这一逻辑顺序。在具体情境下，劳动观的产生可能是从培养劳动行为习惯开始，可能是劳动情感的激发，或劳动认识的形成，或是几方面同时作用、相互影响。同时，即便大学生对劳动观有一定程度的理解和掌握，也不意味着劳动观的确立，必须经历日常性的、持续性的体验和内化整合，才能将其转化为自觉的劳动观。此外，如前文所述，大学生劳动观的形成还受到外在因素如社会环境与情境（经济、政治、文化等）、教育、社会交往等的影响。在这些诸多因素的影响下，综合作用于大学生劳动观形成，也导致了大学生劳动观形成更加复杂。

4. 生成性

劳动观是大学生后天形成的一种价值观念，是其主观意识也是其社会化的结果。因此，伴随着大学生年龄、意识经验等的发展，大学生的生理、心理也不断发生改变，这也导致在大学生人生发展中，其劳动观念会不断发生变化，持续生成。这种生成性体现在大学生劳动观自觉水平提升的动态发展过程，不存在固定不变的劳动观自觉水平，大学生的劳动观自觉是内在因素与外在环境的共同作用下不断生成。大学生根据人生发展的客观环境变化和自身的需求而不断进行劳动信息、劳动观念的选择和建构。因此大学生劳动观的形成是一个循环往复、长期生成的螺旋式上升过程，不存在一成不变的劳动观。

三、大学生劳动观培养的原则

马克思指出："原则不是研究的出发点，而是它的最终结果；这些原则不是被应用于自然界和人类历史，而是从它们中抽象出来的；不是自然界和人类去适应原则，而是原则只有在符合自然界和历史的情况下才是正确的。"[①] 因此，大学生劳动观培养的原则是依据劳动观培养的实践总结出来的，必须符合劳动观培养的目的，反映劳动观培养的规律，即

① 《马克思恩格斯选集》第3卷，北京：人民出版社，1995年，第374页。

遵循合目的性与合规律性的辩证统一。

（一）坚持以学生为主体

在劳动观培养的过程中，学生不是被动地接受教育的对象，而是不断地进行自我教育的过程。教育者的教育影响只有通过学生的主动内化，才能真正实现教育目标。另外，在社会主义市场经济日渐深化的今天，大学生的目标追求、思想观念日趋多元化，大学生获取信息的渠道日益广泛。劳动观培养不能沿用过去片面强调教育者主体的作用，采取单纯灌输的策略，而必须采用更加平等和民主的双向交流的方式进行。因此，为了提高大学生劳动观培养的效益，大学生劳动观培养应坚持以学生为主体的培养原则。

第一，充分肯定学生的主体地位，发挥教育者的主导作用。劳动是推动社会进步的动力，也是个人生活幸福的源泉。新时代劳动观培养要突出学生的主体地位，激发学生的主体意识，回归劳动是人的第一需求的本质，引导大学生通过劳动追求幸福生活，激发志愿服务、奉献社会的劳动精神。新时代大学生劳动观培养在注重学生主体地位的同时，要充分发挥教育者的主导作用。强调以学生为主体的原则，并不是否认教育者的主导作用，而是要更好地发挥教育者的主导作用。教育者的主导作用发挥地越好，学生的主体地位才能得到充分的调动。因此，为调动学生的积极性，高校应承担起劳动观培养的主体责任，确保开足、开齐劳动观培养课程，科学设计课内外劳动项目，协调组织好大学生的校内、校外劳动实践。高校应采取多种措施对教师进行培训，提高他们的劳动观培养的理论和实践素养。身教胜于言传，高校应加强教师师德师风教育，提倡教师以身作则，率先垂范，在实际的劳动过程中做出表率，为学生树立榜样，为教师发挥主导作用奠定良好的基础。同时，高校和社会应着重建立正向的激励机制，评价起着导向和监督的作用，对于表现突出的学生给予物质上和精神上的激励，形成人人争先的劳动氛围，激发学生的主体意识。

第二，注重培养学生的自我教育能力。"授人以鱼，不如授人以渔。"教育不仅是简单的教授，而是要通过教育达到学生具有自我发展、自我提高的能力，这也是劳动观培养以学生为主体原则的核心内涵。大学生与中小学生在自主能力方面具有显著的不同，大学生大部分已经成年，具有明显的判断是非的能力，具备非常强的自我教育能力。大学生劳动观培养必须注重培养大学生的自我教育能力，让他们在劳动中体悟劳动的目的、作用和意义。引导大学生通过各种途径学习马克思主义劳动理论及其最新成果，在劳动实践中正确地认识劳动，恰当地评价自己的劳动，合理地调节劳动，从而形成较强的自我教育能力，使大学生形成新时代劳动观。另外，提升大学生劳动观培养的自我教育能力的另一个方法是通过朋辈的互帮互助教育。劳动观培养的主体性原则，既强调大学生进行自我教育，也倡导朋辈之间的互帮互助。大学生群体的特点是群体之间的交流十分频繁，大学生接受新鲜事物快，彼此之间不存在沟通障碍，某些方面，朋辈的影响甚至超过教师对其教育的影响，因此，劳动观培养也要重视朋辈之间的示范和影响作用。

（二）劳动理论教育和劳动实践相结合

正确劳动观的形成既需要劳动理论的学习，也需要通过劳动实践加以体认。同时，"通过实践而发现真理，又通过实践而证实真理和发展真理。"因此，大学生劳动观培养需要遵循劳动理论教育与劳动实践相结合的原则。

第一，大学生劳动观的形成需要马克思主义劳动理论作为指导。大学生思维活跃，自主判断力进一步增强，只有通过劳动理论教育使他们从思想上认同劳动观培养，把马克思主义劳动理论讲透，让正确的劳动观入脑、入心，才能使他们明白自己肩负的历史使命，从而更好地进行劳动实践。马克思主义劳动理论是科学的理论，深刻地揭示劳动的本质与属性，批判了异化劳动，并提出了劳动解放人类的美好前景。马克思主义劳动理论教育不仅有助于大学生坚定"四个自信"、形成正确的劳动认知，而且有助于进行劳动实践。

第二，新时代劳动观需要在劳动实践中形成。大学生应当在日常生活劳动中养成劳动习惯，在工厂中参加生产劳动培养诚实劳动，创新劳动意识，在志愿服务和社会实践中形成奉献精神。大学生在劳动实践中尤其是体力劳动中出力流汗，体认劳动的光荣和伟大，形成对劳动观的正确认知和品行。大学生参加劳动实践也可以丰富劳动观培养的形式，避免了只讲解理论的单一形式，在劳动中验证理论，可以有效的提升对劳动的认知。因此，大学生劳动观培养必须以体力劳动实践为主，注重实践锻炼和道德养成，形成正确的劳动观和幸福观，承担起应有的社会责任和使命担当。另外，劳动观培养的最终目的是形成新时代劳动观并且能够积极劳动，因此，大学生不仅要形成新时代劳动观，也要积极地进行劳动，做到知行合一，很多大学生对劳动有一个正确的认知，但是却不能付诸行动，劳动观培养也达不到应有的效果。同时，大学生劳动观培养的效果也需要在劳动实践中进行检验。总之，劳动观培养要注重劳动理论与实践教育的有机结合，真正做到通过理论教育领悟劳动的真谛，通过劳动实践体会劳动价值，实现劳动观培养的知行合一，不断提升劳动观培养的效果。

（三）传承与创新相结合

随着时代的发展，社会大背景发生了显著的变化，科技的发展使地球变成了"地球村"，人们的交流日益广泛且多元，大学生的价值观也呈现多元化的特点。劳动的形态也在发生着变化，新的产业和新的劳动形态不断涌现。大学生劳动观的培养无论从研究的背景、对象和劳动本身都发生了新的变化。因此，新时代大学生劳动观培养必须紧扣时代发展的主题，深刻理解新时代劳动的深刻内涵和主要特征，劳动观培养既要继承优良的传统，也要顺应时代发展的要求，坚持在传承中创新，在创新中传承，不断创新培养的内容和方法。

第一，大学生劳动观培养内容的传承与创新。一是我们必须继承优良的文化传统，将其纳入劳动观培养的内容体系之中。二是传承马克思主义劳动观，因为马克思主义劳动观是科学的劳动思想，是指导大学生劳动观培养的基础理论，因此，大学生劳动观培养必须传承这一优良的劳动观培养内容。马克思唯物史观认为，劳动创造了人和人类社会、劳动是人类的本质属性，劳动创造了财富，在社会主义和共产主义社会条件下，劳动是实现人的自由全面发展的必然途径。劳动的本质属性决定了即使在知识经济和人工智能时代的今天，人们的闲暇时间增加了，部分人工智能代替了人的体力和脑力劳动，但劳动仍然是推动人和社会发展的根本动力，美好生活仍需要劳动来创造。新时代大学生劳动观培养应当以更加生动，更加深刻的方式把马克思主义关于劳动的科学理论讲好、讲透，为劳动观培养奠定良好基础。劳动观培养内容的创新主要指：一是培养大学生理解劳动的新内涵。随着时代的发展，新兴产业的出现，劳动出现了许多新的形态。劳动形态的新变化要求劳动观培养也需要做出相应的改变。新时代大学生劳动观培养不能仅仅把劳动理解为体力劳动、简单劳动、产业劳动，而要充分认识劳动的时代发展性，使学生充分认识服务型劳动和创新型等劳动形式的重要性，引导大学生充分理解劳动的丰富性和发展性，既不把某一种形式的劳动理解为劳动的全部，也不简单的用一种劳动形式否定另一种形式的劳动，真正做到尊重一切有益于人民和社会的劳动，平等看待不同职业。大学生劳动观培养既要重视使引导大学生认识劳动的本质和基本规律，也要针对劳动的新形态，注重深入推进产教融合，培养大学生尊重普通劳动者，形成创新性劳动思维，不断提高科学劳动、创造性劳动的能力。二是培养大学生具有生态劳动的意识。随着人类对自然界开发能力的增强，环境污染、资源枯竭逐渐成为阻碍人类生存和发展的挑战，教育大学生具备环保意识，不论在生产领域或者消费领域都应当时刻谨记生态劳动的重要性，做到珍惜劳动人民的劳动成果、坚持垃圾分类、坚持节约的美德。

第二，大学生劳动观培养方法的传承与创新。事实证明，传统的劳动观培养方法是被证明了的行之有效的方法，应当继续坚持劳动思想理论灌输、劳动实践锻炼、劳动榜样示范等办法巩固劳动观培养成果。当代大学生劳动观培养的对象是伴随着网络成长起来的一代人。针对这种情况，我们在强调传统劳动观培养方法的基础上，也要开创劳动观培养的新方式、新方法。伴随着信息技术在教育领域的广泛使用，网络教育的方式方法也不断创新。我们要利用现代化的网络技术，利用慕课、在线课堂、微课等大学生喜闻乐见的形式讲好劳动观课程，增强劳动观培养的互动性、即时性，选用具有时代感的劳模精神和工匠精神等内容教育大学生。通过人工智能推动个性化的教学，利用人工智能的大数据处理功能对学生的学习进行个性化的记录、诊断，发现并跟踪学生的学习情况，做到个性化的教学。我们要利用网络覆盖面广，学生易于接受的特点，通过 QQ、微信、微博等载体潜移默化地打造劳动观培养的校园和社会环境。在推动网络教育的新方法的同时，我们要采用平等互动的方式进行劳动观培养，新时代大学生思维独立，个性鲜明，劳动观培养要采取平等视角、平和态度、平等互动的方法，增强劳动观培养的吸引力和实效性。

（四）普遍性和特殊性相结合

唯物辩证法认为，矛盾是推动事物发展的动力，事物的发展过程始终伴随着矛盾，矛盾具有普遍性和特殊性。矛盾的普遍性是指一切事物的发展过程中始终伴随着矛盾的运动，即共性问题。矛盾的特殊性是指具体事物的矛盾和同一矛盾的不同方面具有各自的显著特点，即个性问题。大学生劳动观培养同样面临着普遍性和特殊性的问题，即大学生劳动观培养要坚持普遍性与特殊性相结合的原则。

第一，从宏观的角度看，高校劳动观培养既要贯彻中央的整体部署，又要坚持灵活多样的培养方式，确保劳动观培养的实效性。为确保大学生劳动观培养的科学性、系统性，必须坚持马克思主义劳动观培养的指导思想。高校劳动观培养需要遵循教育的规律和目的，高度重视大学生劳动观培养工作，科学把握劳动观培养的重点内容、运行机制等特点和规律，从师资配备、环境优化、评价机制、保障体系等方面着力构建系统的劳动观培养体系。贯彻中央的总体部署还要做好劳动观培养与创新创业教育、志愿服务、专业教育等有效融合，系统推进高校劳动观培养的协同育人机制的建立，真正做到深入劳动教育的各个环节，推进与社会、家庭等主体协同参与，形成教育的合力，提升培养的效能，强调高校劳动观培养的整体性原则可以有效地避免大学生劳动观培养的泛化和弱化。高校坚持劳动观培养的整体性部署的同时，需要因地制宜地开展劳动观培养。根据学校和地区的实际情况，结合行业和区域等特点开展多种形式的教育，避免"一刀切"。劳动观培养应当讲求"因材施教"，增强教育的适宜性和亲和力。由于我国幅员辽阔，地区之间发展的不平衡不充分情况的存在，教育客观条件必然存在差异，因此，根据不同区域学生的实际情况，推进适合本地条件的、多渠道、多方式的劳动观培养。根据不同学校的类型开展有针对性的劳动观教育，比如针对职业型院校，劳动观培养的内容主要以诚信敬业的职业精神教育为主；对于普通高校应注重培养学生重视新知识、新技术、新工艺方法的应用，培养学生创造性解决问题的能力；对于研究型大学应注重培养学生的创新性思维的形成与锻炼。大学生劳动观培养既要整体把握育人导向，又要推进因材施教，坚持教育的整体性和灵活性的有机结合。

第二，从微观的角度看，大学生劳动观培养要针对学生普遍存在的问题开展教育，又要针对个性问题开展教育。劳动观培养包括劳动的认知、劳动的情感、劳动的精神、劳动的信念几个方面的内容。因此，根据劳动观培养的层次性，劳动观培养应当遵循分年级、分阶段的培养原则。以本科学校为例，针对不同的年级，培养内容也应当有所侧重，对大

一、大二学生强调马克思主义唯物史观的理论教育，注重培养马克思主义的劳动认知。大三学生应当通过劳动实践课程，如"劳动月"、参观劳模工作室等活动激发他们对劳动人民的感情并珍惜劳动成果。当然分年级教育不是绝对的，因为劳动观培养内容不仅层层递进，而且彼此相连，不可分割，不能简单的进行划分，所以，针对不同年级的学生开展劳动观培养有所侧重的前提下，也要注重劳动观培养的普遍性和整体性。另外，从全体学生和个别学生的劳动观培养的角度。一代人有一代人的特点，但是同一代人的每一个个体成长的家庭环境、自身特点都不尽相同，因此，对大学生劳动观的培养要把握新时代大学生整体特征采取教育的同时，还需要针对不同学生进行个别指导，坚持全员育人和个别指导相结合的方法。

第二节 大学生劳动观现状

一、大学生劳动观培养实践成效

党和国家出台了一系列关于加强劳动教育的指导意见，为各高校大学生劳动观培育提供了强大的领导力量。不少高校将劳动教育与大学生创新创业教育充分融合，高校大学生劳动观培育方案正在不断完善，各高校根据自身院校特点从劳动教育全过程中的各个方面作了具体规划，有利于大学生劳动观培育持续发力。

（一）深化了大学生对劳动教育的认知

深化大学生对劳动教育的认知，可以有效提升大学生的劳动素养，同时，对于大学生的全面发展也有积极的促进作用。要深化大学生对劳动教育的认识，充分发挥劳动的育人价值，就要强化大学生劳动意愿，让他们想劳动；促使大学生提高劳动能力，让他们会劳动；教导大学生尊重劳动者，引导其树立正确的劳动价值观。随着高校劳动教育相关各项活动的深入开展，大学生能够对劳动教育有更加正确的认知和理解。

（二）强化了高校开展劳动教育的理念

强化高校开展劳动教育意识，既有利于落实高校的立德树人根本任务，也对促进青年学生的全面发展起着积极作用。

高校劳动教育意识的强化，一方面得益于主流媒体创作的优秀影视作品对劳动精神及优秀劳动者的讴歌与赞美，如央视推出的精品节目《大国工匠》，该节目收视率极高、反响良好，引发了社会对劳动和创造的广泛关注；另一方面，得益于党和国家对劳动教育的重视。中央颁布的一系列政策文件也为高校加强大学生劳动教育提供了有力支持。

（三）丰富了劳动教育的方式方法

劳动教育最突出的特点就在于它具有实践性，这种特性也代表着在劳动教育中，必须以实际的行动对受教育者进行引导，让劳动教育在实践中真正发挥作用。长期以来，高校作为大学生接受劳动教育的主要场所，一直将单一体力劳动作为劳动教育的唯一形式，但事实上，劳动教育绝非只是单纯的让学生"做体力活"，借助多种教育手段，帮助学生形成良好的劳动观念是劳动教育更深层的目的。因此，高校应摆脱单一的劳动教育方式，积极探索劳动教育新方法，通过多种有效的、具有针对性的方法帮助大学生树立劳动意识。

一是劳动教育课程体系不断发展。劳动教育课程体系建设是大学生劳动观培养的基础，目前部分高校打造以"课程"教学为主要承载形式，对课时安排、学分设置方面做了明确规定。如浙江农林大学农学院开设《农业生产综合实训》课程，带领学生开展田间生产劳动。河南农业大学应用科技学院许昌学院组织学生在田间地头上好劳动党课，把劳动党课作为学校开展党建工作的重要抓手。安徽师范大学全日制本科各专业学生都会进行劳动实践课。这一体系的建设保障了大学生劳动观培养正常有序地开展。

二是劳动教育实践活动不断丰富。在加强常规劳动教育活动的同时，很多高校推出了一系列加强劳动教育的新活动。

三是劳动教育考核评价监督体系不断完善。考核评价监督的目的是让大学生的行为纳入劳动素养规范要求的体系，通过舆论、制度等措施监察大学生劳动行为，一些高校建立了劳动教育综合评价指标体系。

目前，我国高校劳动教育已经取得较好发展，与以往单一的教育方式不同，当前，高校劳动教育形式逐渐多样化。如大学生参加社会实践、志愿服务、专业实习实训、勤工助学、创新创业教育与实践、寒暑假组织三下乡活动、"互联网＋"大赛项目培育与孵化等劳动教育活动，以及鼓励支持学生进社区、进工厂、走基层，学习劳动本领，参与劳动实践。此外，学校通过与企业合作，共建实习实训基地，创建协同创新中心、创办实习工厂等方式，增加了学生参与社会锻炼的机会。学校还可以鼓励学生创新创业，搭建创新创业实践平台，并联合企业为大学生创新创业提供场地和经费支持，邀请专家提供技术指导，为大学生创新创业提供良好保障。由此可以看出，大学生劳动教育的开展不仅限于清洁校园卫生的方式，除了劳动教育课程和劳动周的形式外，劳动教育的途径愈加丰富并逐步拓宽，各高校正在大力挖掘自身优势，在劳动教育形式和内容等方面积极创新，努力利用社会资源优势补足当前短板，构建独具特色的劳动教育培养体系。

这些丰富多样的劳动教育实践方法，不仅能够从不同的方面锻炼学生吃苦耐劳的精神、提高学生理论与实践相结合的能力和社会竞争力，而且能够在这一过程中增进学生对专业知识的体会，使他们学会利用知识解决实际问题。通过边学习边实践，让学生的专业知识更牢固、更扎实，全面提升学生个人的劳动素质。同时，丰富的实践环节也能够充分调动学生参与劳动教育的积极性。

二、大学生劳动观存在的问题

目前，大学生劳动观存在的问题集中表现在劳动认知功利化、劳动情感淡漠化、劳动意志脆弱化和劳动行为低效化。抓住这些核心问题，分析问题出现的原因，才能有的放矢探索解决问题的可行性路径。

（一）劳动认知功利化

大学生仍处于世界观、人生观、价值观摇摆不定的时期，很容易受到不良思想的影响形成错误的认知。受实用主义以及市场经济迅速发展的影响，大学生的劳动认知趋向功利化，问卷调查中呈现的问题集中体现在劳动价值认知功利化和未来职业选择功利化。

1. 劳动价值认知功利化

大学生对劳动价值的认知功利化，无论脑力劳动还是体力劳动，他们重视的更多是物质利益和实效性。部分大学生参与社会实践活动有着明确的目的，他们想到的是能从这项劳动中获得多大的劳动报酬，或能否从这项劳动中达到自己的某个功利性目的，追求利益最大化。如果哪个目的都不能达到，他们就会拒绝参与这项劳动或消极地进行劳动。比起长远利益他们更注重的是眼前利益，在一部分大学生看来，劳动就是为了获得利益，付出了就该有回报，如果当下真的得到了回报他们便会沾沾自喜，但如果没有得到他们就会怨天尤人、自暴自弃，导致更加不愿意进行劳动，如此恶性循环。

2. 未来职业选择功利化

大学生对未来职业的选择呈现功利化的趋势，大多数大学生在进行职业选择时更加注重的是这项工作的工资待遇的好坏、是否稳定和轻松，并不在意是否能为社会做贡献。还有的学生受大众传媒的影响，将眼光转向做"网红"和"选秀"，他们认为这些职业不仅收入高、来钱快，还能获得名气，有"一炮而红"的可能性。大学生职业选择的功利化，导致每到毕业季，一些用人单位招不到人、一些大学生找不到工作的矛盾现象时有发生。

（二）劳动情感淡漠化

我国从古至今都十分重视劳动对生产生活的重要作用，无论是历朝历代的古诗词中对劳动及劳动人民的歌颂，还是现今强调的"劳动最光荣、劳动最崇高、劳动最伟大、劳动最美丽"的劳动价值观，无不体现着中国人民对劳动的深厚的热爱和对劳动者的衷心赞美。然而，在对大学生群体的调查中发现了一些不容忽视的现象：一些大学生参加劳动积极性不高，甚至企图通过弄虚作假，不诚信劳动来窃取劳动果实，还有的大学生在观念和行为中体现出对普通的劳动者缺少尊重。

1. 参加劳动积极性不高

新时代大学生参加劳动的积极性不高，劳动情感低，这里以家务劳动和学校劳动为例。现在大学生多为00后，并且基本上是独生子女，这难免会让家长对其宠溺，很少让他们做家务，甚至不让他们不做家务。学校的劳动任务基本只包括寝室卫生的打扫、内务的整理和教室分担区的清扫，而大部分学生都是等到检查前才临时匆匆忙忙进行打扫应付，很少有学生有定期主动打扫卫生的习惯。虽然家务劳动和学校卫生劳动仅是广泛劳动范畴中非常细小的部分，但也能反映出大学生较低的劳动积极性。劳动不仅是简单学会某项生活的技能，更重要的是通过劳动形成劳动意志，例如，遇到困难时坚持不放弃的意志力，做某件事情时对时间的把控、对先后顺序的安排等。因此，消极的劳动态度不可避免地会延伸到学习中，部分大学生平时上课不认真听讲，课后作业应付了事，只等期末考试前临时"抱佛脚"。毕业求职时出现眼高手低的现象，好的职位没有能力去，差的职位不愿去，最终出现"毕业即失业"的惨痛教训。

2. 诚信劳动意识的缺失

劳动意识是指劳动主体对劳动主体和劳动客体之间相互作用的活动过程的主观反映。大学生只有树立了积极的劳动意识，才能提高劳动的主动性和积极性，才能身体力行、踏实奋进，更好地践行劳动观。当下我国高校有相当一部分大学生以自我为中心，忽视他人感受和集体利益，不愿意付出，找各种各样的借口逃避集体劳动，缺乏劳动意识，劳动积极性和劳动主动性较差。时下比较热门的"佛系""躺平"观念正反映了这一点，很多大学生把自己标榜为"佛系"，对待当前遭遇选择"躺平"，他们不思进取，得过且过，不以劳动为荣，甚至反而以不劳动为荣，缺乏责任意识和担当精神，缺乏团队合作精神和为人民服务的奉献精神，这在一定程度上反映出当前我国大学生劳动意识淡薄的问题。

劳动情感淡漠还体现在部分大学生缺失诚信劳动、利用欺骗性的方式获得劳动成果的不良态度。一方面，有的学生虚荣攀比、贪图享乐，却不愿自己付出劳动赚取劳动成果，不仅将父母辛苦挣得的血汗钱随意挥霍，还通过许多不合法的手段获取金钱，只为了满足自己不断膨胀的消费欲望。另一方面，在学习成果的获得上，部分学生存在一些消极的行为态度。近几年社会反映强烈的学术不端问题，学生能力不足又不肯刻苦钻研，到毕业时写不出毕业论文和毕业设计，于是找人"代写"论文或直接抄袭。所有学术活动设立的初衷都是想让学生通过此过程更好地掌握相关专业知识和专业技能，靠欺骗性的手段短时间内是可以获得想要的结果，但这些成果的取得与个人能力不相匹配，时间一久就会被揭露，付出更加惨痛的代价。新时代大学生需要的是朝气蓬勃、奋发向上的劳动态度，而不能是偷奸耍滑、得过且过，这些弄虚作假、投机取巧的行为已不容忽视。

3. 轻视体力劳动

马克思指出，人的抽象劳动是"人的脑、肌肉、神经、手等的生产耗费"①。在马克思看来，劳动有脑力劳动和体力劳动之分，是根据脑力劳动和体力劳动在人全部劳动力之中所占的不同比例而划分的。体力劳动是指除了大脑以外的其他身体劳动在全部劳动力之中占比较高的劳动，比如，环卫工人、保洁员等；而脑力劳动就是指大脑在全部劳动之中发挥主要劳动力的劳动，比如，电脑程序员。事实上，无论是体力劳动，还是脑力劳动，二者都能够创造价值，应该给予同等水平的尊重。但受功利主义和投机倾向的影响，一部分大学生意识不到普通劳动者的重要性。大学生普遍将脑力劳动和体力劳动割裂开，认为脑力劳动更受人尊敬，而体力劳动更低等，由此轻视农民工、保安、保洁员以及服务员，甚至有学生因自己父母是体力劳动者而自卑。在毕业求职时，他们也倾向于选择工作环境舒适、不费体力的体面工作，而不愿意去条件恶劣、环境艰苦、工作艰辛的行业，他们认为，只有从事脑力劳动才能体现自己读书多年的价值，没有意识到体力劳动和脑力劳动一样能创造巨大的价值。受这种错误思想的指引，许多大学生轻视体力劳动者，在校园中与保安、清洁阿姨、食堂工作人员等发生冲突，甚至做出不文明的行为。同时，由于不尊重普通劳动者，不懂得劳动的辛苦，不珍惜劳动成果的现象比比皆是：教室里经常能看到桌椅上到处是乱涂乱画的痕迹，食堂里的剩饭剩菜现象严重，学生虚荣攀比挥霍父母血汗钱……长此以往，大学生即使毕业后走上工作岗位，也会脱离劳动群众，不会向他人学习，固守在自己的世界中。面对这样的社会现象，"全社会都要尊重劳动、尊重知识、尊重人才、尊重创造的重大方针，全社会都要以辛勤劳动为荣、以好逸恶劳为耻，任何时候任何人都不能看不起普通劳动者，都不能贪图不劳而获的生活"。只有确立这样的劳动判断标准，才能让大学生重新审视自己对劳动和劳动者的价值判断，树立正确的劳动价值观。

（三）劳动意志脆弱化

劳动是一切物质财富和精神财富的源泉，回顾中国共产党成立的一百年，一代代先辈们身先士卒、前赴后继，用他们坚韧不拔的意志和辛勤劳动创造财富，使得我们国家的各项事业发展都取得了举世瞩目的成就。然而，新时代的大学生生长在物质财富丰富、网络信息发达的智能化时代，他们当中的大多数都缺少劳动锻炼的机会，因而劳动意志呈现出脆弱化的趋势。问卷调查中，新时代大学生劳动意志脆弱化集中体现在艰苦奋斗精神和工匠精神的欠缺。

1. 艰苦奋斗精神欠缺

艰苦奋斗表现为一种对困难不畏惧、不逃避、积极奋斗的劳动态度。近年来，我国大

---

① 《马克思恩格斯全集》第42卷，北京：人民出版社，2016年，第30－31页。

学生越来越娇生惯养，越来越不能吃苦、不肯吃苦。在实际生活中以自我为中心，嫌苦怕累，单纯追求物质享受，不愿意参与家庭劳动和勤工助学等劳动实践，缺乏主动思考和解决问题的意识，在困难面前束手无策；在学习中缺乏刻苦钻研的学习态度，凡事都需要老师教，学习主动性差，遇到稍微难一点的习题就轻易放弃，课后不愿意勤加练习；在择业上，就是好高骛远、不切实际，拒绝从事体力劳动，做着"天上掉馅饼"的美梦，没有担当精神。然而，我们必须要认识到，无论生活在物质财富和精神财富多么丰富的年代，小到个体生活，大到国家发展，都离不开艰苦奋斗精神，这是通向成功的必由之路。其次，艰苦奋斗精神在新时代应该被赋予新的内涵，不同群体对艰苦奋斗精神的理解和诠释也不尽相同。就新时代大学生群体而言，艰苦奋斗精神应该是他们在学习、工作及生活中面对各种困难时的信心之源，克服困难的力量之源以及遇到挫折再次奋起的动力之源。

2. 对工匠精神欠认同

新时代需要培养一大批大国工匠作为人才支撑，新时代的工匠精神表现为精益求精、求真务实、追求卓越、贡献社会等意志品质，但在调查中我们发现，部分大学生缺乏这样的工匠精神。首先，一部分学生对工匠精神的认识不够深刻。一些学生对工匠精神了解不够，认为只有职业技术人员需要有工匠精神，而自己不需要拥有。其次，还有一部分学生在学习、做事专注度方面缺少精益求精的态度。目前，部分大学生在学习、做事等方面得过且过，对自身要求低，缺少追求卓越的工匠精神。长此以往，这些不良习惯延续到未来的工作中，将对大学生自身与社会的发展带来极大损害。

（四）劳动行为低效化

新时代大学生的劳动认知功利化、劳动情感淡漠化、劳动意志脆弱化最终都体现在劳动行为低效化。在种种因素综合作用的影响下，新时代大学生较之以往大学生普遍缺少劳动锻炼，因此在劳动行为上出现了劳动技能不擅长、劳动习惯不扎实、劳动成果不显著的问题。

1. 劳动技能不擅长

大学生需要掌握的劳动技能包含三方面内容：日常生活劳动技能、生产劳动技能和服务性劳动技能。新时代大学生掌握的劳动技能远没有达到要求。衣食住行所能涉及到的劳动都是日常生活劳动，生活自理能力差，部分学生不会制作简单的家常餐，自己生活时不是外出吃就是点外卖，家用电器或家具等也不会进行简单的修理。不擅长工农业领域的生产劳动技能，动手能力差，不会使用劳动工具，更不会种植、养殖等生产劳动，也无法独立进行手工制作。对服务性劳动如参加志愿服务、公益活动以及社会实践活动等投入的时间也非常少，大多数学生仅是偶尔参加。如此一来，大学生缺乏劳动技能，又何谈树立良好的劳动观？

2. 劳动习惯不扎实

新时代大学生没有掌握应有的劳动技能，现有的劳动习惯也不扎实。许多学生没有形成良好的劳动习惯，无论在家还是在学校都不愿洗衣和打扫，不管什么衣物都随手一丢，积攒一堆以后扔到洗衣机中，甚至有的学生将积攒了几月的衣物拿回家给父母洗；寝室卫生从不主动打扫，还有一些学校的后勤部门为了提高服务质量、提高学校口碑，将所有寝室清洁和打扫任务都包揽下来，学生们早已习以为常；无人检查时床铺上的被褥从来不叠，也没有定期晾晒被褥的习惯。长此以往，不仅不利于大学生劳动观的养成，更不利于其自身的身体健康。

3. 劳动成果不显著

新时代大学生劳动技能不擅长、劳动习惯不扎实的直接后果就是劳动成果不显著。根据劳动类型的划分，人们的劳动成果可分为脑力劳动成果和体力劳动成果。在体力劳动方面，由于部分大学生不会劳动、不认真对待劳动，完成劳动任务只是为了应付检查，因此，劳动成效十分不理想；部分大学生脑力劳动成果不明显，在考试或科研创新等方面，时常主观上觉得很努力，但成绩和结果都不理想。出现这种情况一方面是没有找到有效的、适合自己的学习方式，好的学习方法会使我们事半功倍，反之即使每日夙兴夜寐，仍然是事倍功半；另一方面是一些大学生急功近利，没有坚韧的意志力和足够的耐心收获学习成果。学习成果可能会通过多种形式表现出来，因此，大学生们不能心浮气躁，应该把每一次的学习都当作积累的过程，坚信终有一天将厚积薄发。

三、大学生劳动观问题的成因

要想解决大学生劳动观存在的上述诸多问题，须得先找到问题的成因，对症下药。大学生劳动观出现问题是多方因素综合作用的结果，下面试着从社会影响、高校教育、家庭教育和大学生个体差异四个方面来分析。

（一）社会环境所带来的不良影响

人的本质属性是社会性，大学生的成长发展离不开社会环境的影响。新时代大学生劳动观存在问题的原因之一是社会环境的复杂性，下面将着重从四点社会因素进行分析：

1. 传统观念中糟粕思想的影响

我国是一个有着五千年悠久历史的文明古国，现代人的很多思想虽然已经随着时代的进步而变化，但也有很多观念是根深蒂固的。例如，中国传统的入仕情节，作为中国古代最具影响力的儒家文化也在倡导"学而优则仕"。在古代，似乎只有读书做官才能实现自己的人生价值，读书是为了做官，做官意味着经济待遇优厚，意味着社会地位的提升。这种思想一代又一代地传承下来，即使是在高新科技如此发达、职业种类如此之多的现代，人们的入仕情节也丝毫没有消退，公务员成了许多大学毕业生首选。

还有传统观念中"重智轻体"思想的影响，例如《左传》中指出："君子劳心，小人劳力，先王之训也。"再比如《孟子·滕文公章句上》中指出："劳心者治人，劳力者治于人。"这种将脑力劳动高挂于体力劳动之上的思想也影响着现代人的劳动观。大学生不愿意从事需要付出体力劳动的职业，例如，工农业劳动、服务行业等，而更倾向于从事公务人员、教育事业等偏向脑力劳动的职业。中国传统观念中遗留的这些糟粕思想对新时代大学生劳动观的负面影响是不容小觑的，值得我们不断去思考解决方式。

2. 城市化和现代科技进步的冲击

随着城市化进程明显加快，越来越多的人口从农村向城市转移，这也就意味着越来越多的人接触农业劳动时间减少，甚至不会接触农业劳动。尤其是在城市优渥环境中长大的大学生，有的不会农业劳动，也不知道劳作的辛苦，甚至是"四体不勤，五谷不分"。长此以往，大学生的劳动观必然会出现问题。因此，大学生不能"轻农"，此外还得"知农""事农"，这样才能体会到劳动的辛苦，学会尊重劳动成果、尊重劳动者，才能形成良好的劳动观。

"科学技术是第一生产力"，改革开放以来，我国各个领域科学技术水平不断提升，科技的进步大大推动了生产力的发展和产业结构优化升级，人们可以通过机器生产提高工作效率，尤其是信息技术的发展、人工智能的出现改变了人们的生活方式和交往方式。科技的进步给新时代大学生劳动观带来了很多的影响，这种影响我们要辩证地来看。一方面，科技进步给人们生活带来的便利肉眼可见，加之党和国家也不断鼓励大学生投入科技创新的行列，引导着大学生们的价值选择，使得他们能够重视科技、注重创新，掌握科技创新需要的知识技能，从而更好地形成与时代发展相适应的劳动观；另一方面，科技的迅猛发展也使得新时代的大学生过分依赖科技带来的便捷生活：洗衣机、电梯、汽车等生活配套服务设施的提供，网购、外卖等新兴经济的出现，一切衣食住行都不需要亲自劳动了，只要一部手机、一台电脑就可以轻松获得。久而久之，新时代大学生将对劳动的认同感大大降低，导致只崇拜脑力劳动、轻视甚至蔑视体力劳动的错误劳动观形成。城市化与现代科技进步对新时代大学生劳动观的影响值得我们进一步探讨，从而采取相应的对策解决这一问题。

3. 市场经济过程中不良风气影响

新时代大学生正处于价值观摇摆不定的阶段，如果受到市场经济中不良风气的影响，导致一部分大学生追求的不再是通过勤奋的学习、脚踏实地的劳动收获成果来实现自我价值，而是在盲目拜金、贪图享乐中寻找"存在感"。他们没有经济收入来源，也不靠自己劳动获得收入，而是只想着走捷径。一部分大学生挥霍父母的血汗钱，还有的大学生"校园贷"，甚至不惜走上犯罪道路。他们不仅自己不劳动、不尊重劳动，更不尊重普通的劳动者、不尊重他人的劳动成果，存在糟蹋粮食、浪费物品、破坏公物等行为。

4.大众传媒中不当劳动观的影响

在复杂、多元的网络背景下充斥着拜金、享乐、个人主义等不良导向的内容，会传达一些不良的劳动观念，内容的多元性也促进了网络文化产品和价值取向的多元性。网络文化还具有自由性特征，网民的行为过于自由会使多元的价值取向更易传播，其中，也会夹杂着一些不良导向的内容，复杂、混乱的网络文化环境让身处其中的网民于潜移默化当中受到影响。不良媒体也会为了迎合大众需求，对于一些引人注目的文化现象大肆炒作。共享性、时效性等网络文化的技术性特征使得网络文化现象、事件、价值取向等得到了广泛、快速的传播。与此同时，不良导向的多元价值观念也会利用网络这一途径隐蔽地传播开来，于无形之中对大学生的劳动观造成了一定的冲击，这里只对几种影响较大的价值观念进行论述。

首先，是大众传媒对科学劳动观的宣传力度不够。当前，大学生们信息的主要获取途径是手机上的微信公众号、微博以及各种新闻APP，如果能够利用好这些渠道，经常推送一些歌颂劳动、赞美劳动者的新闻或文章，久而久之大学生们自然会耳濡目染，对他们正确劳动观的形成会有很大帮助。然而，目前的大众传媒对科学劳动观的宣传少之又少，究其原因一方面是媒体对劳动观重要性认识不足，忽视劳动观的意义，自然宣传频率低；另一方面是利益驱使，大多数媒体都是以牟利为主，靠读者的点击量获取流量产生经济利益，因而多数媒体会选择一些娱乐性、社会性新闻进行推送博人眼球，对于劳动观的宣传则能省则省。

其次，大众传媒一些错误价值观的传播对大学生劳动观造成不良影响。

一是享乐主义价值观念的影响，享乐主义是指以追求物质享受和满足感官欲望为目的价值观念。网络中部分宣扬享乐主义的网络文学、影视作品，各类平台中红极一时的"边玩边赚钱"的娱乐博主等现象，无不透露着享乐主义价值导向。通过调查可知，在上网的过程中，大学生的主要活动是娱乐。追求享乐本身无错，但若把人生的价值和目标仅仅定义为追求享乐，那就会使人贪图享乐、不思进取。在享乐主义的影响下，大学生追求的不是通过个人的劳动和奋斗实现人生价值，而是沉溺于娱乐和享受，这将对大学生的劳动观造成冲击，于无形之中消解了大学生的劳动奋斗精神，影响大学生对于劳动意义的认识，致使他们对于通过劳动创造自身价值的追求不高，消极看待甚至蔑视劳动。

二是个人主义价值观念的影响，个人主义与利己主义同义，它强调的是要把满足个人需求和欲望置于首位，个人价值高于一切。网络文化中经常传达出个人主义价值观念，比如网络中一些备受大学生青睐的好莱坞影片，大多都在宣传个人至上，个人利益优先而忽视集体利益需求。在个人主义价值导向的影响下，大学生的集体主义价值观会受到冲击，在劳动中表现出一定的利己主义倾向。一方面，表现为只重视个人劳动而轻视集体劳动，只做与自己有关的事情，不讲责任和奉献。另一方面也表现为重视劳动报酬，只参加有报酬的劳动而不愿意无偿帮助他人。但这与参加公益劳动的行为倾向并不冲突，虽然公益劳动是没有酬劳的，但隐藏着很多隐性福利，比如，获得奖励和荣誉称号，获得评选奖学金所需的活动分等，本质上也是出于个人利益的考量。

三是拜金主义价值观念的影响。拜金主义是一种把金钱视作一切，对金钱盲目崇拜的价值取向，强调金钱是衡量个人成败的唯一标准。具体来说，拜金主义的内涵主要表现在三个方面：对金钱的判断和认识。拜金主义认为，金钱的价值凌驾于一切事物之上，有钱就代表一切；对金钱获取途径的认识。在拜金主义者看来，可以不择手段地赚取钱财，哪怕是违背道德和法律，做出毫无下限的事情，比如，网络中层出不穷的诈骗现象就是拜金主义价值观的体现；以钱财视为评价一切的标准。拜金主义者把金钱之外的所有事物都抛之脑后，视金钱为衡量人生价值的唯一标准。网络文化对于拜金主义价值导向的传播起到了推波助澜的作用。这些大众媒体所产生的不良价值观是影响新时代大学生劳动观的重要因素，我们不能放之任之，必须利用各种渠道探索解决方案。

（二）高校劳动观相关教育的欠缺

尽管社会大环境给大学生劳动观带来许多负面影响，但高校是大学生劳动观教育的主阵地，是大学生与社会接触前的最后一道屏障。因此，高校对大学生劳动观相关教育及配套措施的欠缺也是大学生劳动观存在问题的重要原因之一。

1. 劳动观教育课程设置未见成效

近年来，高校劳动观教育的课程设置落实效果不尽如人意。一方面体现在理论课程尚未全面进入课堂，除了独立的劳动观教育必修课以外，也极少在课堂中专门讲授劳动观教育内容，更不要说其他学科专业了；另一方面是实践课程形式化，劳动观教育课是一门实践性极强的学科，但目前大多数大学生接触到的社会实践形式或是帮助所学专业课辅助学习，或是为完成社会实践指标形式化地完成任务，并没有专门的、系统的社会实践课让学生们真正亲自体验劳动过程，学会各种劳动技能，体会到劳动的辛苦，明白自己所得的劳动成果来之不易。大学生没有机会劳动、不会劳动，就不会明白劳动的艰辛，体会不到劳动的意义和价值，自然缺乏对劳动和劳动者的尊重。新时代大学生劳动观教育必须将理论课和实践课相结合，二者缺一不可。

2. 劳动观素养评价机制亟待创新

高校对大学生劳动观的培育，不仅要关注课程教育方面，还应有完善的评价监督机制。目前，一些高校仍然缺乏劳动观素养评价机制，对大学生综合素质的评价内容还仅停留在德、智、体三方面，尚未建立起德智体美劳全面培养的评价体系。还有一些高校虽然已经涉及到大学生劳动观素养的评价，但其内容十分单一、考核机制缺乏、奖惩机制也不明确，很难激起学生们的劳动热情。首先，没有制定明确的劳动观教育的培养目标且开设的劳动观教育内容不多，大多数只是形式化地完成劳动观教育的教学任务；其次，缺少劳动观素养的考核机制，学生劳动活动进行得好与坏没有评价标准和等级划分，导致学生们没有认真严肃对待劳动活动；最后，奖惩机制不明确，没有将劳动活动成绩作为评奖评优的重要参考和毕业依据。劳动观素养评价制度的缺失和不完善，一定程度上让大学生劳动观教育陷入困境，我们急需创新劳动观素养考核评价机制，从而更好地实现大学生的全面发展培养目标。

3. 劳动观教育专业师资力量匮乏

教师在劳动观教育课中担任主体角色。促进大学生劳动观教育水平的提升，除了相关课程必须要落实、相关监督评价体系要创新之外，还必须配备专业的劳动观教育教师，但当前高校几乎没有配备专业的劳动观教育课教师和相关专业人员，多数大学生的劳动观教育是由理论课教师或辅导员来完成的。理论课教师在讲其公共课时只有某一章节或某一理论来源涉及到劳动观的问题，才会对学生进行讲授，也就是说，对劳动观教育的内容讲解缺乏系统性；辅导员负责学生日常管理和心理健康等方面的工作，一般只是通过谈话或开会等形式向学生传授劳动观教育的内容，这就忽略和抹杀了劳动观教育的课程专业性。高校劳动观教育没有专业师资力量，现有的进行劳动观教育的理论课教师和辅导员授课又缺乏系统性和专业性，大学生们只是零散地、短暂地学习劳动观教育内容，对劳动观的理解难免出现问题。

（三）家庭劳动观教育存在的不足

社会影响和学校教育是大学生劳动观形成发展的重要因素，而家庭教育是影响大学生劳动观的基础性因素。"父母是孩子的第一任老师"，家庭劳动观教育对大学生劳动观的影响开始于学校教育之前，却不随着学校教育结束而停止，且较社会影响更为直接和密切。因此，大学生劳动观出现问题家庭教育责无旁贷。下面就从家长对子女劳动观教育的错误意识和行为两方面因素进行分析。

1. 家长的劳动观培育意识的缺乏

家长的思维方式、行为习惯都对子女有着潜移默化的影响，树立科学的大学生劳动观，需要家长的正确引导，目前，一些家长自身的劳动观念便存在着很多问题。一方面是家长自身对劳动的理解存在误区。目前，大学生基本是 00 后，他们的家长大多是 70 后，家长们成长时的社会环境、学校教育和经济状况等远不如现在的大学生，受这些因素的影响，部分家长对劳动含义的理解存在误区。如前文所述，劳动既包含脑力劳动也包含体力劳动，但家长们觉得只有体力劳动才叫劳动，而他们年轻时车间工作、种田插秧等吃过的苦和受过的罪，不希望在自己子女身上重演，因此在家长的观念中孩子只要多读书，将来找一份"体面"的工作就可以了，不需要他们来劳动。另一方面是家长一味追求分数，轻视劳动。自小学开始，应试教育便一直伴随着新时代的大学生。"小升初"时老师和家长只通过分数判断学生优秀与否，"初升高"时有中考，上大学前有高考，将来如果要继续求学还要考研、考博……应试教育不仅让学生也让家长产生"万般皆下品，唯有读书高"的想法，在孩子的成长过程中，似乎只有学习才是最重要的，像做家务这样基本的劳动都是耽误学业的，更不要说是体验农事活动了。这些都导致了子女轻视体力劳动、轻视劳动者、不珍惜劳动成果等错误劳动观的形成，不仅对孩子科学劳动观的树立产生影响，甚至对他们一生的世界观、人生观、价值观也都不同程度地造成影响。

2. 家长过分疼爱子女包办其劳动

目前的大学生大多都是独生子女，生活在"4＋2＋1"的家庭模式下，几代人都以孩子为中心难免会产生过分宠爱，甚至溺爱的行为。在中小学阶段，孩子的唯一任务就是学习，家务活是不需要孩子来做的，由家长"包办一切"，甚至有些孩子主动要做家务会被认为是逃避学习的表现，久而久之，孩子即使有劳动热情也会被家长"浇灭"。在大学阶段，大部分孩子都去外地读书，每年能回家的次数寥寥无几，家长们因疼爱和思念之切更是无需子女亲自动手做家务。同时，随着我国全面建成小康社会，人们的物质生活水平和可支配收入提高，家长们提供给孩子们优渥的物质生活，也会导致他们形成好逸恶劳、养尊处优的错误思想。孩子从小没有养成劳动的好习惯，长大后自然不爱劳动、不会劳动，这不仅使孩子在家务琐事中过度依赖父母，还会使他们在学习中缺乏意志力，走进社会后没有责任感，遇事没有能力解决，总是习惯于接受他人的劳动果实，活在父母家人的庇护之下，形成"啃老族""妈宝男"等社会现象。因此，我们迫切需要改变现有的家庭劳动观，因为这不仅关乎新时代大学生的正确劳动观的形成，更关系到他们未来处事的思维习惯和行为方式。

（四）大学生个体差异影响劳动观

新时代大学生劳动观的形成是社会影响、高校教育、家庭培育和大学生个体差异综合作用的结果。大学生的个体差异对劳动观的影响是多方面的，一些是先天因素，一些是后天选择，本节将重点探讨大学生的性别、专业和消费水平对劳动观的影响。

1. 性别差异影响其劳动观

人们的性别是先天的、无法选择的，性别的差异对大学生劳动观的形成产生一定影响。首先，性别差异造成劳动的生理条件的不同。因男生和女生生理性结构的不同，男生相对女生来说有更多的体力和耐力。因此，男生对工农业生产劳动等体力劳动有着先天的优势，而女生相对来说更擅长进行精密的、对体力要求小的劳动。其次，社会成员对性别的要求不平等。虽然现代社会始终呼吁"男女平等"，但受封建残余思想的影响，"重男轻女"的思想依然在一些社会成员的观念中根深蒂固。在他们的观念中，"男主外，女主内"是一个约定俗成的家庭模式，因此，男生几乎不被要求进行家务劳动，而女生若不进行家务劳动则会被许多人诟病；男生被要求必须要事业有成，而女生只需要"嫁得好"，在家"相夫教子"。在这种封建观念的影响下，无论男生还是女生都深受其害，男生不懂得进行家务劳动，甚至生活起居都无须自理，何谈有一个成功的事业。而这些社会习俗也可能成为女生不求上进、不踏实劳动的借口。

2. 专业不同影响其劳动观

我国自高中学段开始便将学生区分为文、理二科，大学专业的设置上也有明显的文、理区别。哲学、历史学、法学等学科都偏向文科，这些学科一般来说更重视理论学习，平时安排的学习课程都以理论课为主，毕业要求是撰写论文，这就对学生的动手实践能力要求较低。理学、工学、医学等学科更偏向理科，这些学科的学习过程中有许多实验操作的要求，毕业要求要有毕业设计，对学生的实际操作能力要求较高。由于专业类别的不同对大学生能力要求有所不同，因此，培养的侧重点便有所差异，总的来说，文科类学生的劳动观念以及劳动能力要相对低于理科类学生。

3. 经济条件影响其劳动观

唯物史观告诉我们，经济基础决定上层建筑，大学生的经济条件也一定程度上影响着劳动观的形成。一般来说，家庭经济能力较弱、物质条件较差的大学生的劳动观更加积极，这些学生劳动参与的积极性较高，也更能体会到劳动人民的辛苦，表现出更尊重劳动和劳动者的态度。家庭经济能力更好的大学生，劳动观相对偏消极，这些大学生的物质生活水平高，经常会花钱请人进行日常生活方面的劳动，极少亲身体验劳动的辛苦，因此，相对来说对劳动和劳动者缺少认同感。

第六章　加强大学生劳动教育的路径

大学生是社会建设的排头兵，高校真正认识劳动的意义与价值，才能实现大学生的全面发展。因此，高校必须将劳动教育放在重要位置，通过各个渠道拓展高校大学生劳动教育的途径。

第一节　丰富高校劳动教育模式

如何丰富大学生劳动教育的模式，需要高校深入探索。通过丰富劳动教育模式，教育者要更新劳动教育观念，做劳动教学活动的参与者、引导者，将劳动教育传统优势与信息技术高度融合。

新时代给劳动课程的教学提出了新的要求，尤其是在其内容增添新内涵的情况下，劳动课程更加重视学生素养、技能方面的内容的培养，而为了更好的实现劳动教育的目标，需要不断地创新教学方式。教学方式是教师实现知识传授过程采取的方法，影响学生的课堂参与度。劳动课程有其特殊性，因此，在教学模式的选择上要结合劳动特质，通过不同的方式、手段、策略、时间、空间的灵活组合，探索出更多可以巩固和发展劳动教育的课程教学模式。随着现代技术的应用和发展，本研究劳动课程的理论教学可以采用多媒体技术进行，授课教师可以通过视频、图片、影音资料等工具，不断丰富劳动课程的信息量，让学生了解劳动教育的有关知识，打破学生对劳动教育的固定思维，提高教学的直观性。机械性的劳动实践是无法满足学生对于劳动教育需求的，因此除了采用体验式教学的方式之外，根据创新劳动课程内容，可以采用"小组式""项目式""主题式"的教学形式开展劳动实践，实践过后可以生成实践报告，撰写劳动实践心得体会。以此检验学生的课程参与情况，既能够提高学生对劳动课程的重视程度，也为之后的课程评价提供了依据。

一、劳动教育与德智体美教育相结合

第一，劳动教育与德育相结合。高校开展劳动教育对大学生进行劳动价值观念和劳动素养教育。众所周知，劳动是最常见的实践活动，在培养人德行方面发挥重要作用。高校开展劳动教育帮助大学生树立职业平等的观念，并加强大学生劳动素养教育，引导大学生

厚植劳动情怀，尊崇持续不断的劳动。积极引导大学生树立热爱劳动、辛勤劳动的态度，掌握必备的劳动相关知识。

第二，劳动教育与智育相结合。首先，劳动检测人的认知情况和认知能力是否符合客观事实。高校开展线上课程教学，督促大学生认真学习，线下课堂主动延伸课外内容，让大学生通过对各种事物、现象和过程观察和对比，形成对事物一般规律的认识，进而顺利地了解劳动的实质。其次，大学生在开展劳动实践活动中掌握劳动知识。高校劳动教育融入第二课堂，坚持线上教育和线下教育相结合，让大学生们把书本上的知识应用于第二课堂的实践中，激发学生的创造性并加深大学生对劳动知识的理解。

第三，劳动教育与体育相结合。劳动教育可以增强体质，高校鼓励大学生在参与体育锻炼的过程中，努力增强意志力，鼓励大学生坚持锻炼身体，增强运动素质，成为拥有健康体魄的大学生。高校要组织不同形式的体育活动、体育竞赛，将体力劳动为主的劳动教育应用于大学生的日常生活。

第四，劳动教育与美育相结合。高校要在劳动过程中培养大学生的审美的旨趣。美包含了对天、地、人的描述，大学生需要清楚地了解到劳动是连接人和自然的媒介。理解劳动的美学意蕴，认真遵循劳动教育的价值守则。高校要充分挖掘美育教育元素，比如，开展艺术形式的抗疫活动，让艺术学院、新闻学院大学生创造作品，在实践中理解美和欣赏美，通过劳动使大学生加强对自然、生活和社会中美的认识，在劳动实践过程中发现美。

德育、美育、智育、体育要充分和劳动教育结合，才能促进高校大学生实现德、智、体、美、劳的全面发展。

二、劳动教育与人工智能相结合

目前，新技术风起云涌，深刻改变着社会生活。人工智能是人们利用计算机知识等，借用一定的场景和载体模仿人类思维的一种新技术。随着社会进步，人工智能发挥先锋的作用，不断更新劳动的形式。在一定条件下，促进了信息技术的发展，给人类的教育事业带来便利。

第一，通过劳动实践获得的劳动相关的知识与技能更透彻地理解劳动教育。随着知识生产在当今世界具有重要的核心地位，科技的迅速发展加快了人工智能教育应用的步伐，高校对工智能技术运用的范围更加广阔。因此，基于人工智能开展劳动教育需要重视大学生体力劳动与脑力劳动相结合，使大学生在参加社会劳动的过程中获得关于劳动的认知、增强劳动的情感，最后建构缜密的知识体系，提升大学生的创新思维能力。此外，现在是一个信息高速发展的时代，高校劳动教育要结合时代需要和技术发展方向开展相关教育活动，才能适应社会发展对劳动者素质的要求，高校劳动教育要改变原有的劳动教育模式，推动劳动教育朝着智能化方向发展。

第二，人工智能作为新工具应用于劳动教育教学领域。首先，在课堂教学方面，通过运用人工智能的算法对大学生的学习数据进行分析测算。根据大学生学习课程的习惯进行个性化设计，实现对大学生的精细化管理，根据数据结果为大学生制定独特的学习计划，高校劳动教育实现创新性发展。引导大学生自主利用智能设备进行劳动课程预习。课后采用线下实践方式，利用大学生空闲时间组织大学生参加社会性服务劳动，在知行合一、身心一体的操作中强化大学生对具体劳动的体验与认知、认同，并将这种感受内化于心，从而实现大学生劳动观念、劳动精神、劳动能力与品质等方面的培养目标。其次，设置虚拟的劳动场景。高校教师将课堂设置成虚拟劳动场景，运用多媒体将劳动的文字解读及鲜活的案例通过动态的形式展示，让劳动教育的课堂学习与案例材料相对接，增强劳动教育与课堂衔接的实效性。提升大学生对于劳动观念的认同感，让劳动价值观进头脑，从而实现转化。如设置劳动课程，带领学生课前预习与自主学习。根据大学生课前自主学习发现问题、解决问题，引导大学生在协作探究中进行分享、交流与复习巩固，从而转变学生劳动知识的建构模式。高校要开设 AI 智能劳动课程，依托实验室让教育对象对农业生产的技术和规律有更加全面系统的认识。

第三，构建劳动教育数字课程体系。运用虚拟现实技术为劳动教育的展开营造了全新的教育生态环境，为大学生劳动学习提供了环境与协作伙伴支持，使大学生通过可控的"虚拟现实"操作完成劳动任务，进而获得关于劳动的全面认识与"具身"情感体验。高校充分发挥人工智能的技术优势，构建数字化、视频化和虚拟化的劳动文化课程、劳动实践课程、劳动趣味课程等。根据大学生身心发展特点设计可行的劳动教育规划，并充分利用校园资源，结合学校特色，开设如新医学、环境科学等课程。结合人工智能共同劳作，组织大学生多多参与劳动实践，让大学生近距离接触人工智能，感受人类智慧的最新成果。

人工智能时代应以劳动教育内容智能化整合、劳动教育实践智能化发展和劳动教育要素智能化提升为目标，通过转换劳动教育的认知模式、坚持劳动教育的人文底蕴和厘清劳动教育的技术边界，提升高校劳动教育的实效性。

三、劳动教育与创新创业教育相结合

创新创业教育是以培养有创新精神、创业意识、创业能力的一种新的教学理念模式。创新创业教育不是单单教学生怎么开公司、创办企业，而是培养大学生具有一定的思维能力，在今后从事不同的职业拥有创新思维。

第一，在开展劳动教育活动过程讲授创业知识。高校要开展大学生职业生涯规划教育，培养大学生职业兴趣，使大学生形成正确的劳动观念和人生目标。高校邀请知名学者、优秀的企业家、劳动模范等为师生开设创业实践课程。与此同时，高校要在创新创业课程中，增加职业认知、职业特点、等劳动教育相关内容，开设创新创业要素的课程、劳动基础知识和实践教育的通识教育课程。在授课过程中，讲授如何申请创办企业、和企业组织管理的知识，引导大学生参加创新性劳动教育和训练，切实提升大学生劳动意识。高校主动承担起劳动技能的传授，劳动价值观的培养，职业生涯教育的功能，帮助大学生在劳动教育中懂得崇尚劳动，尊重劳动，增强对劳动人民的情感，培养大学生热爱劳动的意识和习惯，并在劳动中发现美，在尊重劳动中体会美。

第二，在开展劳动教育过程中，建立一支专业的师资队伍。首先，在高校引入劳动模范进校园，从而实现劳动价值观念教育、创业意识教育的培养。其次，高校要打造具有广阔视野、深层次理论造诣劳动教育和创新创业教育师资，创新创业教育老师与劳动教育老师具有一定相似性，强化校企合作、产教融合，并在教师考核、培训、待遇等多方面进行改革，保持教师团队的工作积极性，鼓励专业课教师带动学生群体深入一线实习，强化劳动教育与创新创业教育的结合。

第三，在开展劳动教育过程中，开展创新创业比赛。高校把优秀的劳动文化与劳动教育实践有机地结合起来，举办创新创业系列讲座、创新创业作品设计大赛。高校组织、动员大学生参加职业技能大赛等各类技术交流竞赛活动，进行技能和科研的切磋，从而提升技术水平，增强劳动的职业荣誉感。高校帮助大学生树立劳动价值观塑造与创新思维、创业精神、创造能力培养为一体的创新创业教育观念。高校举办以劳动育人为主线的创新创业创造大赛，设立"公益劳动创业项目组""劳动创意项目组""劳动教育实践展示项目组"等，引导大学生崇尚劳动，让大学生懂得劳动最光荣丽的道理，激发他们参加创新创业的热情，并激励大学生在劳动中创造价值、塑造人生。

因此，在劳动课程实施过程中，既要结合时代发展，利用新技术实施理论课的教学，又要根据现实情况采用多元化的实践教学模式，从学生成长的角度出发，结合后续考评方式，创新课程教学模式。

四、依托各类网络平台

在移动互联时代背景下，网络影响着大学生思想观念的形成和发展。通过新媒体，结合新时代大学生的性格特征，针对性地开展培育工作，将劳动精神融入大学生日常生活之中，帮助大学生树立正确的价值观念。要有效地利用网络媒体开展大学生劳动精神培育工作，可以从以下两个方面入手：

一方面，高校要促进大学生劳动精神培育工作与网络媒体的结合。高校教师可以借助网络载体，布置相关任务，突出弘扬劳动精神的重要性。其次，通过社交平台，针对大学生出现的问题探寻具体解决方式。高校如果要深入把握大学生劳动精神培育现状，则需要不同主体从各个方面了解新时代大学生劳动精神现状，特别是需要发挥辅导员的力量。辅导员应该成为劳动精神培育的负责主体之一。辅导员需要充分利用社交平台，较为精确地把握大学生近期的劳动思想动态，将不良的劳动思想观念扼杀在摇篮里。

另一方面，高校对网络负面舆论要进行一定的监督引导，为劳动精神培育提供良好的网络空间。投机取巧不可取，唯有诚实劳动才能创造幸福生活。高校需要在网络平台上对这类新闻做出正面回应和反击，指引大学生形成诚实劳动、勤劳致富的观念。部分大学生妄图不劳而获，盲目相信网络借贷，导致最后因还不起债而被威胁。高校需要打击这种现象，从源头上遏制大学生网络借贷的存在，在网络上营造良好的劳动氛围，纠正部分大学生扭曲的劳动价值观。

第二节　完善高校劳动教育的课程

高校劳动教育课程化，是明确劳动教育课程的目标，开设劳动教育课程，从而推进劳动教育课程的建设。

一、明确高校劳动教育课程目标

教育目标就是指所培养的人才应达到的标准。劳动教育的每个目标都是希望老师指导学生通过参加劳动教育活动最终达到学有所成的结果，高校确立教育目标的重要性不言而喻。教育目标是建立一个教育内容、教育过程的方向并衡量教育效果证据的基础。通过大学生劳动教育解决大学生群体存在的问题，最终培养成为全面发展的人，必须明确劳动教育的教学目的。

第一，树立劳动价值观。马克思主义劳动教育价值观认为，劳动创造价值，劳动体现出人存在的价值，劳动提升了人的价值，只有劳动，才是人存在的价值形式。新时代大学生劳动教育，要让大学生习得劳动是有价值的，劳动者是有价值的观念，并树立劳动素养的养成，是实现人生价值的重要条件。

高校在实施劳动教育过程中，没有很好的履行自己的义务。他们只是为了评职称获得更高经济收入而开展劳动教育，带有功利目的性从事教育教学工作，这种功利化的现象对劳动教育造成了极大的负面影响。大学生参加劳动的初衷是为了能够通过劳动锻炼自己，但是部分大学生参加劳动的动机不纯，从一开始就滑向了功利主义。大学生通过劳动获得相应报酬是理所应当的，但是物质上的报酬不是劳动价值唯一的体现，高校在开展劳动教育过程中，部分大学生总是有选择性的进行劳动，那些不赚钱没有收益的活动几乎没有人愿意主动参加，大多数选择回报比较多的劳动，更不愿意参加社会上公益劳动，大学生的最佳选择是有偿性的劳动，这种现象说明了大学生对劳动的认识存在偏差，忽视了劳动的其他价值。社会是个大家庭，社会上的事物复杂多样，存在着很多不良的诱惑，我们要擦亮自己的眼睛，看清社会上一些事物的本质，学会通过现象分析出事物的本质特征，这是大学生生存最基本的能力。如果大学生失去了这种能力，很容易受社会上不良风气的影响，从而扭曲了自己的价值观，在这种关键时刻，如果没有把握住自己的航向，很容易犯错误。劳动教育可以促进大学生的全面发展，一是道德层面，大学生通过学习理论知识，能够收获很多，理论知识当中蕴含了很多价值观教育，大学生通过教师课堂上讲解，加上自己充分理解其思想内涵，感受劳动教育的思想内涵。在劳动实践上，教育者引导大学生参加劳动实践，学生通过劳动感受劳动亲身体验劳动的价值，收获劳动后的收获，能够净化心灵，提身自己的道德修养。二是智力方面，大学生劳动过程中需要动手，同时也需要动脑思考，思考怎样才能把这次劳动做好，如何完成这次劳动任务，采用什么方法完成以及通过劳动后反思自己，反思在劳动过程中存在哪些不足之处。三是身体方面，适当的劳动可以促进身体协调发展，一些大学生读大学期间身体还在发育，经常参加运动，不仅能够达到锻炼身体的目的，还能够促进身体协调发展。四是育美功能。美是建立在劳动的基础之上，劳动既呈现客体的外在美，也展现主体的内在美。我们不难发现，田间耕作的农民就是很好的一种风景线，他们用辛勤的汗水创造出劳动价值，虽然农民从事最辛苦的田间劳作，但是他们的劳动价值是巨大的，他们的劳动精神值得我们学习。通过劳动，还能增长我们对事物的审美能力，分辨出事物丑陋与美的两面性，培养辩证分析问题的思维能力。

从微观层面上来说，人类离开了劳动，便不能发展进步。从宏观层面上来说，社会的进步离不开人类的辛勤劳动。我国目前正面临着用工困难，劳动者能力素质偏低等问题，新时代的劳动具有新的特点，不仅仅是简单的体力活动，需要充分利用自己的思维，换句话来说，就是脑力劳动比体力劳动更多，更重要。大学生除了学习好理论知识，还应该树立科学的劳动价值观，积极参加创造性劳动。劳动可以创造生产资料，也可以丰富人们的精神生活。教育者一定要了解大学生生活情况，结合他们实际，可以根据大学生爱好进行选择性的劳动，帮助他们认识劳动，引导他们乐意接受劳动。

第二，树立劳动平等观。马克思主义理论中，始终都贯穿着人人平等的观念，并在世界无产阶级革命运动、社会发展中得到了贯彻和体现。劳动者社会地位、身份是平等的，劳动者的劳动机会、劳动获得、休息权利都是人人平等的。任何劳动形式、任何劳动成果，都应该得到公平的对待。新时代大学生劳动教育，要使得劳动者平等、劳动机会平等、劳动过程平等、劳动获得平等，马克思主义的劳动观内化到大学生的劳动观念中，成为他们劳动素养的有机要素。

劳动没有高低贵贱之分，不关你是医生、教师、工人、农民或是学生，在劳动过程中，都是平等的。在教育行业中，努力学习文化知识，提升综合能力，方可更好地服务于同学。劳技教师要教育大学生诚实劳动，辛勤劳动，不能投机取巧。教师要爱护学生，争取把每一节课上好，在给学生讲述知识时，将劳动平等的观念纳入教学环节当中，使学生从心里认识到尊重每一次劳动，认真对待身边的劳动者。其一，教师要引导学生懂得劳动主体的平等。从法律层面上来说，每一个主体都是自由平等的。不管是医生、教师、建筑工人、外卖专员，还是出生在富裕家庭或是贫穷家庭，从劳动的一般意义上来讲，都是平等的。任何人之间生而平等，不能因为将来从事的工作不同，出生的家庭背景不同而产生高低贵贱之分。从事不同的工作，只是工作性质不一样，工作服务的领域不一样。另一方面，在劳动结果及劳动过程，也都是平等的。每个人都可以自由的选择自己喜欢的职业，自己喜欢的工作，都会经过劳动获得相应的回报，回报不一定是经济上的，也有精神上的回报。大学生在劳动过程中要认真劳动，诚实劳动，要有所思考，充分调动自己思维能力，将体力劳动与脑力劳动有机结合起来。同样一份工作，人们获得报酬和劳动成果有所区别，这是因为个人劳动能力存在差异，劳动能力强的人理应获得更高的收益，同时需要付出更多的劳动。劳动能力差的人，相对应就会获得较少的经济收益，付出较少的劳动。教育工作者要积极为大学生讲解关于劳动平等的知识，并结合实际情况，使劳动平等观扎根于大学生心中。

第三，树立劳动幸福观。劳动促进社会发展，劳动才能带来幸福生活的观念，要成为每个劳动者基本的劳动观念，也应是大学生劳动教育的重要目标。

通过劳动教育，可以促进人的全面发展，一是道德方面，大学生在校学习较多的知识，能够收获很多，理论知识当中蕴含了很多价值观教育，大学生通过教师课堂上讲解，加上自己充分理解其思想内涵，感受劳动教育的思想内涵。在劳动实践上，教育者引导大学生参加劳动实践，学生通过劳动感受劳动亲身体验劳动的价值，收获劳动后的收获，能够净化心灵，提身自己的道德修养。二是智力方面，大学生劳动过程中需要动手，同时也需要动脑思考，思考怎样才能把这次劳动做好，如何完成这次劳动任务，采用什么方法完成以及通过劳动后反思自己，反思在劳动过程中存在哪些不足之处。三是身体方面，适当的劳动可以促进身体协调发展，一些大学生读大学期间身体还在发育，经常参加运动，不仅能够达到锻炼身体的目的，还能够促进身体协调发展。四是育美功能。美是需要被发现的，也是建立在一定基础之上的，很多事物都具有美的一面，劳动亦是如此。我们不难发现，田间耕作的农民就是很好的一种风景线，他们用辛勤的汗水创造出劳动价值，虽然农民从事最辛苦的田间劳作，但是他们的劳动价值是巨大的，他们的劳动精神值得我们学习。通过劳动，还能增长我们对事物的审美能力，分辨出事物丑陋与美的两面性，培养辩证分析问题的思维能力。

人们通过辛勤的劳动可以创造幸福，也可以创造美好的生活，劳动幸福观是考量大学生劳动成效的重要指标之一。首先，教师可以为学生推荐一些具有报酬的劳动，引导他们追求物质生活，并在其中体验劳动给予的幸福感，大学生通过劳动能够获得相应的经济回报，他们在劳动实践当中能够切身感受到劳动的价值，物质和精神都得到满足。其次，教育者要使大学生将个体幸福与人民幸福结合起来。

应试教育背景下，绝大部分大学生能够做到刻苦学习，扎实做学问，考试成绩也比较理想。他们优点在于勤奋好学，但很少实践活动。高校必须通过搭建更多平台来为大学生提供锻炼机会，加强对大学生的劳动教育，虽然教育者在实施教育过程中会不能做到面面俱到，但为学生提供平台，鼓励学生多参加劳动，感受劳动带来的幸福感。

第四，树立五育并进发展观。教育者要齐心协力，整合德育、智育、体育、美育及劳育的力量，促使大学生的德智体美劳全面发展。首先，高校要转变师生的观念。长期以来，部分师生都是重德智、轻体美劳，这也和高校的教育有关。教育者重在培养大学生的道德品质、提高他们的知识水平，而忽视了体育、美育和劳育。因此，师生都要更新观念，意识到体美劳的重要性。体育提高人的身体素质，美育丰富人的精神世界，劳育增强人的劳动技能，它们都是教育体系的重要组成部分。教育者要在重视德育、智育的基础上，加强大学生的体育、美育和劳育。其次，教育者要通过五育促使大学生的德智体美劳全面发展。通过德育，培养大学生的善良意志和善良情感，促使他们成为一个好人。在家是孝顺的好儿女，在学校是品学兼优的好学生，在社会是遵纪守法的好公民。通过智育，激发大学生的学习兴趣，提高他们的智力水平。通过体育，鼓励大学生加强锻炼，保持他们的身心健康。通过美育，使大学生认识美、领悟美，进而增强他们的审美能力。通过劳育，为大学生搭建自我展示的平台，引领他们迈上幸福生活的康庄大道。最后，高校要发挥五育并进的协同效应。五育能否共同作用于大学生的发展，关键在于五育是否协同推进。高校要将德育教师、智育教师、体育教师、美育教师及劳育教师组织起来，厘清他们各自的职责范围，鼓励他们相互配合，形成教育合力，推动大学生的全面发展。

二、开设高校劳动教育课程

课程是人才培育的核心要素，大学生从高校中受益最直接，最核心，最有用的就是课程。大学要明确劳动教育课程的定义和基本条件，编写和完善以劳动科技为内容的课本，整合课程体系，确保劳动教育课程的实施。

第一，设置劳动教育课程方案。首先，开要明确课程目标、课程结构还有教学方法。其次，开发劳动教育专题教材。关于劳动教育的专题教材，是开展劳动教育的重要基础，也是为大学生提供系统理论学习的重要支撑，更是提高大学生对劳动教育观念全面认知的重要前提。要广泛地收集和浏览劳动教育所需的相关书目、参考材料，结合大学生的特点，尽可能全面的梳理和展示包括劳动的价值、劳动的起源、劳动品德、劳动与职业选择等基础内容。对已出版劳动教育教材进行借鉴，结合高校自身特色开发专题教材。此外，劳动教育的专题理论要突出时代特色，紧密联系现实生活，以具体活动案例和现实材料为样板，强化大学生的劳动体验和认知，提高大学生对劳动认知水平，强化劳动教育的观念，养成良好的劳动习惯及实践能力。如江苏旅游职业学院马克思主义学院的教师编写了相关校本教材，涉及劳动安全、劳动法律等方面的教育，融入劳动模范人物的先进事迹等。最后，完善劳动教育课程结构。单一结构的知识很容易导致固化思维，对部分大学生来说并不能真正地将所学知识迁移到实际生活中，只有提供合理的课程结构，才能提升劳动课程的整体效果。高校要注重劳动教育的综合化，在劳动教育课程的基础上，将劳动教育渗透到不同的课程当中，通过劳动教育培养大学生的劳动意识，切实体会到幸福生活离不开劳动的道理，实现大学生全方面发展。

第二，开设劳动教育必修课。结合高校学科专业特点和人才培养目标，专门开设劳动教育通识课，或者在现有课程体系中专设劳动教育模块，严格落实好 32 学时的要求。首先，劳动教育作为教育的一个方面，开展的教育模式并不能使大学生成为劳动教育的受教者、受益者。因此，高校开设相关课程时，要有意识地将劳动教育从教育课程中分离出来，并结合地区、院校自身情况、学科专业特点开设劳动教育课程，合理设计教学时间、教学内容、教学方式、教学考核等多方面，吸引更多的大学生自觉参与到劳动当中。其次，劳动教育必修课的开设以主体性课程为主线，以大学生的学习、生活和实践活动为半径，满足各年级各阶段大学生的特征和需求，以劳动实践教学为落脚点，开展劳动教育实时调整劳动教育的内容和外延，实现劳动教育课程的连续性和阶段性。在劳动教育理论课设置 8 学分，考核方式为撰写课业论文、实践报告、拍摄微电影的方式。撰写课业论文，让教师了解学生这一阶段理论学习的掌握程度，实践报告结合劳动教育实践活动，大学生要通过撰写实践心得，详细说明劳动实践的内容、过程、成果以及自身的劳动感悟与影响。如上海财经大学规定劳动教育为本科生必修课程，学生必须完成 34 学时任务，开设"劳动教育云超市"自主选择实践课程。

第三，与多学科协同教育劳动教育。如武汉大学将劳动教育与专业学科相结合，组织新生来到杂交水稻试验田，在老师们的指导下对水稻品种性状进行调查。如在理科类课程中，了解相关知识及其产生过程可以使学生体会渗透在知识背后的劳动观念，从而培养学生的劳动精神。在物理专业课中，可以结合物理历史知识及相关定理，让学生体会到劳动人民过人的智慧以及劳动的重要性，如在学习牛顿三定律时，可以介绍牛顿与苹果的，为学生树立榜样。例如，在学习生物的杂交技术时，可以深刻让学生体会袁隆平团队研究杂交水稻的伟大与艰辛，感受劳动的伟大出来的；数学专业的在学习拉格朗日定理时，教师可以适时为学生介绍拉格朗日的事迹；化学专业学习在学习时，要了解到在进行各类化学实验中化学物质提取过程中艰难的，使大学生意识到劳动过程的艰辛与不易，从而产生对劳动的尊重与敬畏。汉语言专业在授课过程中，可以通过给大学生讲授劳动相关的诗句和劳动者辛勤劳动的片段，激励大学生勤奋劳动。在法学专业中，老师通过讲授涉及到劳动关系的相关法律，使大学生熟练掌握签订劳动合同、获取劳动报酬的劳基本知识，了解劳动者的合法权益。历史专业在学习时，可以通过讲授劳动人民的历史，让大家生们对历史事件和历史人物进行考证，感受在中国五千多年历史中劳动者的伟大，从而增强自身的责任感和使命感。体育专业在学习时，积极参与体育锻炼，进一步提高大学生对增强身体素质的认识，了解强身健体的重要性，有了良好的体魄更好地为祖国效力。

三、将劳动教育融入教育课程

第一，劳动教育要"进课堂"。"进课堂"是指通过发挥理论课教师在课堂教学中对劳动知识的传递作用。首先，要通过课堂教育，让大学生群体明确自身历史使命。在课堂教育中，教师要使大学生体会到在中国社会发展中大学生所肩负的历史使命，认识到中国社会对大学生的嘱托。

第二，劳动教育"进教材"。教材是体现课程目标和内容的重要载体，是大学生学习和教师教学的工具。"进教材"就是在学科课程的基本理念、课程目标和内容标准中融入劳动理念，最终体现到学生用书、教师用书，音视频等教学材料中。"进教材"应根据课程标准中"内容要求""教材编写建议"要求把劳动贯穿于教材中，并在教材内容选择、整合及呈现方式等方面着力体现。

第三，劳动教育要"进头脑"。劳动教育的正确价值观要在大学生心中形成价值认同，让其入心入脑，转化为大学生的行为自觉。高校应掌握大学生群体对劳动的认知程度，强化价值认同，引导行为实践。教学中，教师可以根据课教学内容，组织学生拍摄微电影，促使学生以艺术方式学习，在创作微电影的过程中体验劳动创造带来的获得感、幸福感；也可以参加社会调研、参观爱国主义教育基地或者到农村、企业劳动等方式，提升劳动能力，提升劳动素质。

总之，教师要在劳动教育活动中充分挖掘思想教育的深层次内涵，研发一系列的劳动实践活动。通过多种形式培养大学生的爱劳动、尊重劳动的品质。

四、盘活多样化劳动实践资源

劳动教育的场景是开放多元的，如果局限在某个特定教育场景内，劳动教育的目的就不能充分实现。因此，劳动教育要在充分利用校内劳动资源的基础上，盘活多样化的社会劳动资源。要创建一批劳动教育实践基地，农村地区以学农实践基地为主，城镇地区要为学生参加农业生产、工业体验、商业和服务业实践等提供实践场所。显然，除了传统的劳动教育场所外，社会中也都蕴藏着丰富的劳动教育资源，这些可以转化为劳动教育的实践场所，扩大劳动教育的影响力。

第一，产业技术的迭代顺应了劳动教育与时俱进的特性。以第一、第二产业为例，在此环境中学生所接受的劳动教育是最为接近其字面含义的，是包含大量体力劳动的教育，比如受教育者可以直接参与农业活动中的采摘、加工等活动中，也可以参与工业活动中的搬运、操作等具体环节当中。在这种实践场所中，参与劳动的学生群体可以直观地了解到整个劳动流程，并第一时间看到自己的劳动成果。对于初步接受劳动教育的学生群体来讲，更容易切身体悟到劳动所带来的满足感。在开发劳动教育社会资源时，各级学校要因地制宜，根据受教育者接受程度，安排适当的劳动课程。

第二，农村劳动资源。农村充盈着生动有趣的劳动文化，我国大部分农村虽正在逐步实现农业生产现代化，但仍保留着一定的劳动原初形式，这也是受教育者亲身认识劳动的最好资源。在农村，类如播种、耕地、除草、晾晒等是直接反应劳动的词语，以及川渝地区的山歌、陕南各县的打夯号子甚至是本村口音的劳动号子，都是各类形式的劳动资源。教育者可以根据教学规律，有序地让学生参与其中，例如，将二十四时节所对应的不同农作活动打造适合各学龄阶段的劳动活动，也可以结合当地农村区域的自然资源、红色资源开发系列研学劳动课程。其农村劳动课程的开发目标是让学生在农作中汗水明白"春种一粒粟，秋收万颗子"的劳动意蕴，体悟"流自己的汗，吃自己的饭"的内涵。

第三，城市劳动资源。不同于农村劳动资源，城市劳动资源呈现分散化、多样化、专业化的特点，也为劳动教育实践走进社会提供了更多的可能性。在街道小巷中，商场、医院、创业园区乃至科技产业园区内都蕴藏着无限的劳动机会。上海市沙田学校就曾联系附近的市场，组织学生开展了半天"售货员"活动。这次活动，学生不仅体悟到劳动的辛苦，还学会了劳动的技巧，以亲身经历体验劳动的成就感。城市劳动资源可以从多方面满足不同认知程度的受教育者进行实践。小学生可以在商场担任"小掌柜"，中学生可以在银行担任"审计员"，大学生可以在创业园区担任"运营官"，让更多的学生参与到社会分工当中，感悟自身的劳动价值。

第四，其他劳动资源。除生产性劳动资源之外，劳动教育中的公益劳动、研学教育都是适合开展劳动教育实践活动的资源。在劳动教育的公益资源中，可以将图书馆、养老院、博物馆作为主要实践场所，学生可以扮演志愿者、讲解员等身份，在这样的劳动体验中，让学生在感受无私付出，帮助他人的快乐，深切体会义务劳动的意义。研学教育是近年来新兴的教育方式，研学教育意在发扬"读万卷书，行万里路"的教育方式，与劳动教育的目的不谋而合。研学旅行可以将教育阵地转向自然资源、红色资源或者是综合性实践基地等场所，依托学生的所见、所想、所感进行劳动教育。从研学旅行教育的整个过程来看，包括前期的研学物品准备、过程中的互帮互助、研学基地中的劳动实践、结束后的总结交流，无不具有劳动教育的功能。以广州市一所多功能综合性素质教育基地为例，每年可以接纳将近 7 万名学生，开展各项综合实践活动。在研学旅行整个过程中不仅可以锻炼提高学生劳动协作能力和调研能力，通过开展沉浸式劳动，也有助于学生提升综合劳动素养。

然而，有的高校重视学生学习成绩，不会太过重视学生的劳动行为，因此不会经常组织社会实践活动以培育大学生劳动精神。有的高校即使组织了一些社会实践活动，往往只是流于形式。这种形势下，高校要积极组织社会实践活动，严格社会实践活动的考察以保证劳动精神培育的效果。

一方面，高校要根据实际开展丰富的公益活动和志愿活动，帮助大学生在活动中增强奉献意识、培养奉献的劳动品质。广泛地开展公益活动和志愿活动，能够促进大学生在劳动中实现自我、奉献个人。高校要根据新时代和社会的发展需要，适时开展相关的公益活动和志愿活动，在活动中使学生具备基本的公共服务能力。例如，师范类院校可以在理论教学之余适当关注乡村贫苦地区的教育，与贫困地区的教育部门进行沟通，组织一些师范生前往这些地区进行支教活动。这种支教活动不仅能让贫困地区的儿童受益，同样可以使师范院校的大学生深刻感悟公益劳动的伟大价值和意义，逐步养成在劳动中奉献自我的品质。而医科大学需要重视当前疫情防控形势，鼓励更多医学生投身疫情防控志愿服务活动。在志愿活动中，新时代医学生能够树立舍己为人、救死扶伤的观念，自觉形成奉献意识。

另一方面，高校要严格社会实践活动的考察，落实劳动精神培育工作。部分高校在开展毕业实习、寒暑假社会实践时，未能比较严格地考察社会实践活动的开展，导致劳动精神培育工作往往流于形式。这就要求高校在开展实习、寒暑假社会实践时，不能只是简单地要求学生上交一张盖章的纸质证明，这会导致部分大学生敷衍甚至逃避社会实践活动。高校更应该关注在开展毕业实习、寒暑假社会实践时，大学生究竟做了哪些工作、在工作中收获了什么以及这些工作对于大学生劳动精神培育起到了什么作用。因此，高校需要让学生上交照片、视频及参与活动的心得体会等，使大学生在实践过程中真切体会劳动的内涵与价值。

第三节　充实劳动教育师资队伍

新时代劳动教育教师是贯彻落实新时代劳动教育要求的有力支撑。当前，我国高校劳动教育师资队伍建设依然面临诸多挑战，主要表现在专业教师供给不足、质量偏低、结构失衡以及评价缺乏和地位尴尬等。因此，新时代高校应该打造一支凸显专业导向，彰显时代特征和综合素质高的劳动教师专业队伍，主要包括：一是培养专兼结合的教师，二是培养可持续发展的教师。

一、加强教师队伍的建设

首先，劳动教育作为一门学科，需要专业的劳动教育教师开展工作。现阶段，除中国劳动关系学院之外，在其他高等院校中鲜有设立劳动教育专业，劳动教育教师没有规范化的培养体系。但令人欣喜的是，教育部公布 2021 年新增本科专业名单，在教育学类中新增了劳动教育专业，旨在改变劳动教育师资严重匮乏的局面。相比较而言，德国、印度等国家在其劳动教育教师培训中则设有系统培训机制。德国对劳动教师的培养涉及劳动教育过程中的方方面面，对每个维度的能力提升都所有设计。在培养劳动教育教师时注重系统教育与不定时在职培训，并对劳动教育教师做出了整体要求，从知识储备、能力培养、角色定位、教学方法等方面进行综合学习，要求教师具备劳动相关的学科知识以及教学技巧，以解决在实际教学过程中所面对的复杂问题。劳动教育教师培训要落实劳动育人机制，持续推进劳动教育教师能力提升。增设一批劳动教育教师培训研修基地，开展劳动教育相关知识的轮训与专业培训；打造一批劳动教育综合研究智库，着重研究劳动教育课程体系、教学规律等；建设一批劳动教育名师工作室，打造"样板型"劳动教育示范课。因此，新时代推进劳动教育，必须着重打造一支出身专业的劳动教育师资团队，建立一套符合时代发展要求的劳动教育理论学科体系，加强对劳动哲学理论与技能提升之间的联系，强化培养专业师资，为开展专业化劳动教育奠定基础。好的劳动教育需要高素质的劳动教育教师队伍，好的劳动教育教师队伍则必须接受专业系统化的课程才能培养出来。

二、明确教师队伍的发展

注重劳动教育教师向复合型教师转变。劳动教育教师除了接受专业的劳动课程培养之外，还可以与专业课程相融合，充分扩宽劳动教育授课群体，满足日后不同学生的需求。同时，复合型教师的培养不仅是要求教师具有多学科融合的知识背景，还要注重知识与技能的双向提升。在培养劳动教育教师时，支持教师参与到实践当中，实践领域要广、程度要深，使其具备理论知识与实践技能相结合的能力，才能在教育过程中做到得心应手。

提升教育教学效果，不仅要加强劳动教育教师的教学培养，也要壮大教师队伍。除了依靠统一设计之外，还应当盘活社会力量参与其中。各级院校可以充分利用社会资源，将社会各界优秀人才纳入劳动教育教师的行列当中。让基层社区优秀工作者、劳动模范等具有突出劳动表现的人成为社会导师，做社会的劳动教育传道者。通过这些优秀的劳动人才讲述劳动故事，展示劳动技能，将工匠精神、劳模精神生动有趣地展现给学生，切实增强劳动教育课程的感染力。

第一，培养专兼结合教师。劳动课程教师的组成应该包括：一类是理论课程教师，以校内为主，可以由劳动教育专业教师担任；二类是实践类教师，可由校内后勤部门的人员和校外的企业人员组成；三类是经验类教师，可以由优秀校友担任，这类校友与学生有相同的母校情节，其创业经历和劳动精神更加容易引起学生产生共鸣。以上三类教师中，理论教师应该凸显专业导向，以教育教师的标准严格要求自己，主动学习和更新有关劳动教育方面的知识，主动构建劳动教育课程建设体系，为满足学生对劳动理论需求提升自身科学理论水平和教学水平。第二、第三类教师，应该以实践为内容，彰显时代特色。校内实践可以通过美化校园和大学生劳动公益岗的方式，让学生接触和感悟劳动的不易，培养学生的家校情感和其他劳动技能，但是不能仅仅进行校园劳动。校外企业实习，可以让学生了解当前用人单位对人才的需求情况，深化学生对劳动的认识。校友教师队伍建设，可以通过经验分享和参观企业的形式进行，他们作为学校创业成功的优秀企业家，其身上的创新精神、艰苦奋斗精神、劳动模范精神等更加贴近现实，与单一的理论相比，更加具有吸引力和引导作用。而到校友企业参观，一方面使学生感受企业家的成功，另一方面能够有效激励学生努力奋斗。而后两类给学生上课前需要进行岗前培训和有效沟通，帮助他们掌握高校教学规律，教会他们将自身经验转为教学内容，从而提升劳动教学水平和教育质量。

总而言之，高校劳动教育课程师资队伍建设时代的要求，也是劳动教育课程建设的需要。师资队伍建设应该遵循时代发展特征和学生发展需求，有目的培养专业教师和兼职教师，共同迎接时代的新挑战、共同实现劳动课程的创新发展。

第二，培养可持续化教师。师资短缺是当前高校教师队伍建设的主要问题。随着新时代的到来，国家颁发了一系列有关实施劳动教育要求的文件，高校对劳动教育教师的需求越来越大，客观上也加剧了高校教师资源短缺的问题。培养可持续化的教师，可以通过广泛开设劳动教育相关的专业，从源头上解决教师供给不足的问题。除此之外，还可以通过以下几个方面进行：一方面重视学校内部的培养。组织劳动课程教师到企业进行实践调研，通过学习可以了解企业对劳动力的素质要求和掌握新时代企业、行业的发展前沿。另一方面开展校际之间的交流。通过与其他学校的交流，可以学习对方的经验，还可以提升劳动课程教师的授课水平以及整体的教学效果。第三方面是重视可持续发展，教师的个人职业发展决定教师的方向。高校应该根据劳动课程的特点，制定出相关的教师职称评定细则和激励机制，确保在工资绩效、职称评聘、评优评先等领域内从事劳动教育专业工作的教师享有与普通教师同样的待遇，确保师资队伍的稳定与发展。有条件的学校还可以成立劳动教育研究中心，通过协同创新、校际联动、区域推进、与劳动力研究机构开展合作等方式，培育和发展一支专业素质过硬，实践能力过强的劳动教育科研队伍，全面提升劳动教育的质量，为劳动课程提供源源不断的专业人才。

第四节　营造良好的校园文化氛围

马克思强调："人创造环境，同样环境也创造了人。"[①] 校园劳动文化氛围作为一种文化软实力对大学生的思维方式和劳动的价值观念发挥潜移默化的影响，是影响大学生劳动教育的重要因素之一。高校在校园环境营造、活动开展、文化宣传、榜样引领等方面营造浓郁的劳动氛围，浸润大学生思想，形成一种乐于劳动的心态，提升大学生的劳动素养，激发大学生对劳动的热爱。

切实将劳动价值观培育融入高校人才培育的全过程，需加强劳动价值观培育与校园文化融合，应积极发挥高校物质文化、制度文化、精神文化、网络文化及行为文化对大学生劳动价值观培育的凝聚、导向和渗透功能。

一、将劳动教育与校园文化相融合

第一，促进校园物质文化建设。高校物质文化的建设是促成大学生劳动价值观培育的肥沃土壤，主要包含校园内硬性设施、环境布局、建筑风格、教学设施条件等。高校物质文化以其外显的感性特征直观反映高校校园文化，是其他校园文化存在和发展的前提，同时在感官上直接影响学生，发挥其潜移默化陶冶学生情操的功能。自改革开放以来，高校物质文化建设日新月异，随着新元素、新对象、新需求的不断涌现，结合学校办学理念和办学特色，高校形成了一批独具特色的物质文化建设成果，但还需进行不断地完善和发展。一方面，高校要重视校园自然物质环境的建设，在广大师生的工作、学习和生活的场景中重视楼宇文化的建设，发挥教学场所、校园、宿舍、食堂、楼宇文化等硬件设施的建设，为师生员工提供良好的场所，与此同时，要积极发挥自然环境"第二课堂"的作用，在学习生活的点滴中渗透、传承并弘扬劳模精神、劳动精神与工匠精神，促使教师和学生

---

① 《马克思恩格斯选集》第 1 卷，北京：人民出版社，2012 年，第 145 页。

树立正确的劳动价值观念摒弃精致利己主义思想。另一方面，高校物质文化建设不仅要为师生提供完美的工作及生活的自然环境，还应发挥人本思想，重视人文环境的建设，积极构建以宣传劳动精神为主题，营造积极向上、导向清晰的育人氛围。高校可以利用文化墙，通过张贴标语，宣传劳动模范的事等于劳动相关的内容，在思想上增强广大师生对劳动教育的认同感，帮助大学生树立正确的劳动理念，培养大学生正确的劳动价值观。总之，校园物质文化建设是一个需长期建设的系统工程，需要多方力量的共同帮助，需要协调各方力量，在加大投入的基础上，通过科学化和技术化的手段在物质载体上不断亮化、绿化、美化。①

第二，规范校园制度文化建设。校园制度文化是高校校园文化建设的保障，健全规范的制度可以更加合理有效的促使广大师生开展各类劳动价值观培育活动。劳动价值观培育在高校制度文化建设中一直是处于缺席的状态，因此，只有系统持续地加强制度文化建设，才能逐步实现规章制度与劳动教育发展目标的深度契合。高校制度文化体现在劳动价值观培育上它主要包括高校的传统、仪式，包括教育教学、检查评估、考核奖惩等规章制度。首先，校训、校纪对师生的行为规范具有一定的指导和规范意义，高校应对其进行不断地完善和新的阐释，并为其注入新的学业，一部校史也是一部劳动教育史，高校的发展离不开一代又一代知识分子的发展和壮大，应积极发挥高校这一作用，培育师生爱劳动、勤劳动的精神。其次，高校作为学生步入社会走向工作岗位的过渡阶段，应积极展开相应的课程培训和实践，在教学制度上，应该设立专门劳动价值观培育课程，监督课程高质量完成，并通过制度的倡导提升师生对劳动的积极性。再次，高校应将评估制度贯彻于劳动价值观培育课程的始终，可以本着促进学生全面发展的育人目标，巧妙地将劳动相关课程和活动列入学生的综合评价体系当中，作为大学生的一项基础评价指标。最后，还应该在全校建立健全师资队伍劳动价值观培育考核和奖惩机制，高校可以通过劳动价值观课程标准审核和教案评价制度等，评选优秀劳动价值观培育途径，激发全校师生锐意进取的精神从而发挥其主流引领、价值趋同的作用。

第三，重视校园精神文化建设。高校校园精神文化是高校文化建设的灵魂，要加强高校劳动价值观培育，不仅要发挥物质文化的作用，更要注重精神文化对大学生劳动价值观培育的潜移默化的作用，将校园精神文化建设贯穿于校园的各个方面。首先，精神文化作为校园文化的思想引领，应具有正确的建设方向。大学生劳动价值观与社会主义核心价值观是一脉相承的，综观社会主义核心价值观的内容，虽然没有提出明确对劳动价值观的要求，但是其中在国家、社会和个人层面都包含了对劳动的态度和观点。在个人层面，"敬业""诚信"表达了对个人劳动态度的要求，这也是新时代大学生应该坚持的劳动态度和

---

① 刘宗泉：《高校校园文化建设的价值理性诉求》，《山西财经大学学报》2012年第34卷第4期。

信念：在国家层面，"富强"的实现要依靠踏实的劳动；在社会层面，"平等"蕴含对劳动者的看法，无论体力劳动者还是脑力劳动者，都应该被平等对待，都应该被尊敬。结合目前大学生劳动价值观的现状，由于劳动价值观受到网络信息碎片化、社会思潮复杂化的影响与干扰，出现劳动价值的动摇与偏移的倾向。其次，要不断加强校风建设，营造可以激励大学生产生积极的劳动观点、劳动态度，具有很强的培育功能和实践鼓舞。最后，师生作为校园精神文化建设的主体，为了促使校园形成更为浓厚的崇尚劳动、热爱劳动、辛勤劳动、诚实劳动的精神，就要充分发挥广大师生在校园精神文化建设工作中的积极作用，牢固树立师生员工校园文化共建的意识，采取多层次、多形式的渗透，加强校园精神文化建设。比如，可以开展丰富多样的校园精神文化活动，将大学生劳动价值观培育寓于文化活动之中，突出弘扬优秀的劳动模范，寓教于会，寓教于行，寓教于乐，最大限度地调动全体师生的积极性和主动性，以期培养大学生积极健康的劳动价值观。

第四，引领校园网络文化建设。现如今信息网络为新时代大学生劳动价值观培育提供了一个全新的网络空间，在丰富大学生生活的同时，网络上鱼龙混杂的信息冲击着大学生的世界观，人生观和价值观。因此，高校加强劳动价值观教育与校园文化融合的过程中，在充分利用网络文化的过程中，不能忽略网络阵地的坚守，要高度重视积极健康的高校网络文化的构建，充分发挥网络的育人效用。首先，高校应努力建设优良的大学生劳动价值观培育学校主题网站。在这一过程中，学校主题网站必须突出主题、目的明确。贴近实际、贴近生活、贴近学生，把科学的劳动理念、正确的劳动行为、劳动态度、劳动选择通过大学生喜闻乐见的等形式融入主题网站，让学生在上网休闲的同时，也能够对劳动相关知识耳濡目染。其次，校园网还要应注意运用新媒体手段，拓展网络阵地。随着现代技术和网络媒体的更新迭代，高校应该紧跟时代步伐，利用微博、抖音、微信、快手等短视频的快速传播优势，注册并发布一些促进大学生劳动价值观培育的激励故事和模范典例，影响大学生形成正确劳动价值观。最后，高校应该及时掌握网络舆情，引导网上舆论。一方面，高校可以引导教学名师、专任教师、辅导员、优秀学生典型进驻这些舆论媒介，传播、引领、培育新时代的劳动价值观。另一方面，高校可以成立网络舆情中心，组织干部、教师、学生骨干形成三级网络评论员队伍，利用马克思主义劳动价值观引导网上正面舆论，形成很好的网络舆论正向引导和监督的作用，进而有效增强大学生劳动价值观培育的针对性和实效性。

第五，丰富校园活动文化建设。校园活动文化是大学生劳动价值观培育的有效践行，利用好丰富多彩的校园文化活动可以达到事半功倍的效果。高校校园活动文化的培育功能可以从以下几个方面着手：首先，高校可以以节假日、纪念日为着力点，提高劳动价值观培育的针对性。着重以植树节、劳动节和国庆节为抓手，邀请劳动模范宣传、激励青年学生，有利于精准传播价值观。其次，高校可以以社团、班级活动来进行大学生劳动价值观培育。学生正确劳动价值观的培育并不是一蹴而就的，需要常态化的学习，对于学生来讲，社团活动和班级活动参与的范围比较广，时长较长，二者如果能交互进行相互统一。在一定程度上，可以使劳动价值观培育向着常态化趋势发展。再次，高校应积极开展校内外公益活动。公益活动作为一种无偿劳动，引导大学生自觉自愿参加公益劳动，可以培养其无私奉献意识及勇于担当的责任心。在此基础上，高校应该促进学校和社会之间的联系，积极联系校外相关单位，组织大学生开展校外义务劳动等专题性公益活动。最后，针对新时代劳动的新内涵，劳动价值观培育不能仅仅停留在简单的体力劳动，而是要培养大学生应对挑战、勇于创新的能力，因此要促进大学生进行双创实践，一方面，大学生要通过课内教学实践、课外实践活动、实习实训培养大学生的创新精神、创新意识、创新能力，另一方面，高校应积极搭建高校与企业融合平台，更好地发挥多方合理，共同促进大学生劳动价值观正向培育。

二、开展高校劳动教育宣传

丰富多彩的校园活动是营造良好劳动文化氛围的重要组成部分，不仅能激发大学生的积极性和创造力，还能向大学生传递积极的劳动价值观念，提升大学生的劳动素养。

第一，积极宣传劳动文化。高校结合自身特色开设劳动教育专题网站、开设劳动教育公众号、劳动教育的微博账号等。在学校官方的微博、微信公众号经常发布劳动小知识、劳动模范的事迹、劳动文化成果，打造"身边的劳动模范""优秀的劳动者在这""劳动者在发声"等栏目，增强大学生对劳动教育栏目的关注度。在高校网站开设"人物志""榜样的力量"等访谈栏目，将校园典型的劳动模范事迹用图片、录音、短视频的形式放置到网站，增强高校劳动教育对大学生的吸引力。学校可以在校园网页上设置一些劳动专栏，讲述劳动模范成长故事，分享劳动理念，探讨劳动精神。高校要安排专门的老师或者负责新媒体的同学在高校的微博发布关于劳动小知识、劳动技能培训的小视频。校内可以开设劳动教育网络选修课，使大学生随时随地学习劳动教育相关知识；也可以与其他学校联合开设网络公开课，推选一些优秀课程供大学生选择、学习。在《学习强国》客户端的劳动专栏，申请发布以歌颂普通劳动者为主题的优秀作品、先进事迹及劳动教育理论与实践。利用好校园广播、校报等载体，大力宣传正确的劳动观念，营造劳动最光荣的校园氛围，激发大学生参加劳动的热情，增强劳动教育的感染力，切实让高校劳动教育"火起来"。

第二，积极开展劳动主题教育。高校举办"认识劳动、尊重劳动"专题讲座，鼓励全体学生积极参加。倡导同学们学习勤俭、奋斗、创造、奉献的劳动精神，让同学们更好地认识劳动、尊重劳动，树立正确的劳动观念。把劳动教育的实践需求融入大学生的参与活动中。让大学生参与劳动场景体验，深化工作认知，激发对劳动的热情，树立正确的职业选择。开展"五一"国际劳动节主题教育活动，让人们在劳动节参与劳动，了解节日由来和含义，通过参加劳动亲身感受节日。高校组织开展以劳动教育为主题的专题报告、阅读活动、征文比赛等活动，开展符合大学生特点、丰富多彩的劳动主题教育活动。通过举办座谈会、主题班会、专题讲座等活动宣传劳动文化，让大学生和教师参与其中。发挥高校的科研优势，劳动专业的老师组织本校和其他高校的老师和学生开线上劳动教育专题学习讲座或者举行劳动文化学习沙龙，举办学习劳动精神的专题论坛。高校鼓励教师和学生积极申请劳动教育相关研究课题，为开展劳动教育、传播劳动精神提供强大的理论支撑。举办一些知识竞赛，激发学生学习劳动相关知识的热情。举办劳动教育座谈会，让劳动意识深入人心。通过举办劳动宣讲会，劳动教育研究报告会等形式，大力宣传勤奋劳动、艰苦奋斗、热爱劳动的典型人物和事迹。将劳动观念、劳动精神融校园环境，融入教师、学生的学习、工作和生活，助力高校加强劳动教育建设。

第三，积极开展榜样教育。身边的榜样对大学生的意识、行为都发挥着积极的推动作用，不仅能强化大学生对劳动认识的认同，还能促进大学生积极参加劳动活动。首先，鼓励高校老师以身作则，积极发挥榜样示范。因为在教育工作中，教师这一角色具有最重要的、决定性作用。教师作为知识的传递者，品格的塑造者，是大学生学习的一面镜子，只有教师以身作则，积极劳动给大学生提供一种正面的教学资源。其次，鼓励大学生党员、班干部积极参加劳动活动，发挥榜样示范。以"劳动之星"评选等为抓手，组织开展劳动成果展示，选出一批优秀典型代表，对劳动表现突出的学生予以表扬。大学生党员、班干部和大学生时常交流，他们的行为对大学生产生潜移默化地影响。大学生党员、班干部应积极参加活动，发挥积极的示范，传递积极影响。此外，邀请大国工匠、劳动模范分享工作的经历、交流参与劳动的感受，展示劳动的技能，以真实人物、鲜活事迹示范指导学生开展劳动活动，教育引导学生形成良好的劳动意识。

三、组织高校劳动教育实践

高校组织开展丰富多样的劳动教育活动，鼓励大学生积极参加，进而锻炼大学生的劳动能力。

第一，开展日常生活劳动。宿舍是大学生进行劳动教育的。高校根据学生的课程进行具体安排，做到一周一次打扫办公室、活动室。学校将不定期进行优秀文明宿舍评比，根据综合评分评定"文明宿舍"及"进步宿舍"，评定内容包括宿舍地面干净程度、物品的摆放等，将宿舍卫生作为一项长期性工作去做。督促大学生形成自觉行动的劳动习惯，共同维护健康文明的宿舍环境。例如，高校设计校园内的劳动清单，安排大学生参与劳动，完成劳动后，在小程序上进行打卡。学校最后统计大学生参与劳动的情况，并给予完成劳动任务的学生奖励，提高大学生参与活动的积极性。

第二，开展公益劳动、专业服务等社会实践。培育崇尚劳动的校风、教风和学风。学校的共青团应该积极组织大学生多参加一些公益性质的劳动，社会的福利组织也要主动为大学生搭建相关的劳动实践活动平台，带领大学生深入到福利院、敬老院、孤儿院、残疾人活动中心等地参加志愿服务活动，开展一系列的公益劳动，参与社区的一些福利活动。各学院结合专业能力素质要求、职业发展需求和教学计划安排，分层分类，有序组织学生在每学年的劳动周里集中开展劳动实践。同时，要鼓励大学生积极参加返家乡社会实践活动，到大学生所在社区报道，参与当地举办的生产劳动，使其在活动中接受教育，懂得实干创造美好生活的道理。

第三，组织服务性劳动。参与学校或学院组织的公益活动，如探访老人院老人、关爱盲障儿童、美化校园环境等服务性劳动。充分发挥学生的专业特长，参与志愿服务活动当中。调动校园社团的积极作用，鼓励学校各类社团开展课外劳动教育活动，以校院两级团学组织为主体，开设"菜单式"志愿劳动项目，加强大学生参与公益性劳动的意识。鼓励大学生参加"西部计划"，发扬大学生自身的劳动精神，到基层扎根进行建设。鼓励优秀的大学生投身脱贫攻坚和乡村振兴的劳动中，培养大学生具有到艰苦地区和行业工作的奋斗精神。高校要组织志愿服务社团与周边社区建立长期合作，就近为大学生提供劳动实践岗位。参与服务性劳动，是高校大学生领悟劳动最生动的形式。

第四，组织专业生产劳动。"纸上得来终觉浅，绝知此事要躬行。"[①] 首先，开辟校内实践基地。高校为大学生提供固定的劳动教育实践场所，利用图书馆、食堂、学校的办公室等资源搭建校内的综合实践基地，为大学生提供劳动实践场地。让各专业的大学生发挥其特长，在实践中熟练运用所学知识。例如，美术、书法专业的大学生，通过画笔进行描绘，校园劳动者劳动的场景。理工类专业的大学生，通过在校园内测算和设计劳动场地，进行专业性的生产劳动。高校劳育结合学校所在地的实际情况，利用当地已有的劳育资源，与企业、科研院所、事业单位建立长期合作，为大学生提供劳动机会。促使大学生在参加劳动过程的中与社会、自我进行互动，从而形成热爱生活，尊重劳动，崇尚劳动的价值观念。发挥学校业生产劳动的劳动育人功能，满足不同学历层次不同专业学生多样化劳动实践需求，增强大学生对劳动精神的体验感受和认知理解。

四、建立大学生劳动教育的长效行动

建立健全大学生劳动教育长效行动至关重要，有利于大学生健康成长，有利于更好实

① 陆游：《陆游词集》，上海：上海古籍出版社，2011年，第7页。

施劳动教育，建立大学生劳动机制从以下三个方面入手：

第一，改进大学生劳动教育的工作流程。一是国家给予高校充分的经济支持，才有利于高校顺利开展劳动教育。俗话说："巧妇难为无米之炊。"雄厚的资金支持是团队运行发展的重要前提，特别是教育团队，缺少了资金支持，教学设备落后，直接影响教学质量。另外，高校建设实验室训基地、购买仪器设备等都需要花费较多的资金。二是师资力量薄弱。从事教育工作的教师大多数都是其他专业教师，专职劳技教师占总教师比例较少，且专业性不强。老师担任教学工作任务，同时需要兼顾担任劳技教师，他们在上好理论课的同时还要组织学生参加劳动实践，身份比较特殊，在这种情况下，教师角色呈现出多样性和复杂性，他们常常会感到工作压力大，难以处理好工作与生活的关系，在教学过程中便不能全身心投入。

首先，国家和政府搞高度重视劳动教育，教育部制定相关方针政策促进劳动教育发展，为劳动教育搭建更加广阔的平台，国家提高教育方面的经济投入，保障高校顺利开展实施教育。高校因为没有充足的经济支持，不能建设更好的劳动教育实习实训基地，不能购买先进的教学设备。

其次，要培养专职教师，引进优秀人才，壮大教师队伍，专职教师从事劳动教育工作更专业，教育性更强。其他教师上好文化课的同时又要指导学生参加劳动实践，一定程度上影响教师的教学效果，学校应该培养专门的劳技教师，专业的劳技教师专业性比较强，能够更好地服务同学。

第二，改变大学生劳动教育的管理方法。中央对劳动教育管理制度做出明确规定，从基层来看，劳动教育的管理制度是含糊不清的，没有明确分清劳动教育由哪个部门或是哪个个人负责，导致实施劳动教育十分困难。"没有规矩，不成方圆。"落实好劳动教育必须依照规范的规章制度实施，高校要充分重视劳动教育的具体分工，处理好领导与领导之间的关系、教师与教师之间的关系。

劳动教育的管理制度设计不科学，涉及面非常宽泛，不利于有效开展劳动教育活动。近年来，国家大力支持教育事业发展，将劳动教育提升到一个新的高度。国家的政策是好的，但是部分高校没有制定出科学合理的管理制度，没能很好地落实中央文件精神。部分高校没有制定合理的劳动教育工作制度和管理制度，没有将劳动教育纳入专门的管理系统，导致高校劳动教育工作机制欠缺。由于管理不到位，部分教育者对待工作积极性下降，一些学生存在侥幸心理，想着能够蒙混过关，劳动教育也就没有成效，失去了价值。另外，高校加强对学生的日常管理，建立合理的考核机制，努力完善考核当中的不足之处，积极对大学生的劳动情况进行量化设计，增加考核方式方法，创新考核形式，对大学生劳动教育进行科学考评。再加上，一些专家把自己的主要精力放在自己的科研和教学上，没有认真对待劳动教育的考评工作。

第三，完善大学生劳动教育的考核方式。高校劳动教育考核方式有待加强，很多学校都没有设立完整的考核办法，存在很多问题。即使有些学校已经实施劳动教育考核制度，但大多数流于形式，对于劳动教育的考核思考不够深刻，比如，为什么要考核劳动教育？怎样考核劳动教育？劳动教育考核的方式方法有哪些？劳动教育考核的内容是什么？劳动教育考核的意义是什么？关于这些问题，高校还有待进一步思考，对考核劳动教育需要进行明确规定，制定出合理且详细的考核标准，并落实好考核事项。数量上的指标职能作为考核的一个参考，高校应该更加注重质量上的评价。这种评价方式类似于高校考核教师科研成果，只看中教师发表论文的篇数，很少注重质量，重数量轻质量的评价方式不适用于客观实际评价。教师对于学生的考核更加简单，学生只要正常签到或是期末提交社会实践报告，教师就会默认为通过考核，视为成绩合格，其实这是教师对学生不负责的一种表现。学生轻易通过考核，就会降低平时的学习兴趣，学生很难积极主动钻研课程。劳动教育考核机制直接影响大学生参加劳动教育的实效性。

高校要从管理、教学及学习三个层面完善劳动教育的考核机制。其一，从管理层面，高校要制定科学合理的管理模式，定期对教学进行调整，管理好教师，对于一些好的表现要加以奖励，对于一些不好的现象要进行批评教育，规范管理。其二，教学方面，监督人员不定期对教师的教学活动进行综合考量，采取随机抽查的方式，让教师时刻保持一种紧迫感，适当的紧张能够促进教学工作，不仅仅从数量上进行简单的评价，通过教师自评、学生评价来综合考评教师的教学水平。其三，从学习层面，高校要认真考察大学生的学习成效，学生学习成绩的好坏客观上反映出教师教学水平能力的高低，从理论上来讲，教师的授课水平与学生的成绩是成正比的。学生成绩也是考评教师的重要指标之一。在劳动理论课上，注重考核学生的学习成绩，学生理论课学习成绩氛围课堂表现和期末考核，课堂表现非常重要，教师不能忽视对学生课堂行为表现的评价，评价学生课堂表现不仅仅是学生签到，每次上课都没有迟到就通过考核，而是综合考虑学生的表现，比如，学生能够在课堂上积极主动回答问题，对待问题的思考深入，有自己独特的见解，结合大学生课外实践表现，综合考量大学生劳动教育成效，通过制定科学的考核方法，完善大学生劳动教育考核机制，从而增强劳动教育实效性。

第五节　完善高校劳动教育机制建设

高校开展好劳动教育是一项复杂的系统工程，需要各个方面的配合，既要有制度基础，也要多方面协调合作，还要有一套行之有效的评价机制，只有在相关机制的保障下，高校劳动教育才能有序开展。

一、健全高校劳动教育保障机制

保障机制是指在高校开展劳动教育过程中，为高校劳动教育活动提供给制度和物质的机制，是保证高校劳动教育长期稳定开展的有效手段。因而，为了保证劳动教育成效、提高教育质量，必须建立大学生劳动教育保障机制，以明确的制度保障、多样的物质保障、科学的人员保障，为高校劳动教育提供动力。

第一，明确的制度保障。明确的制度安排对劳动教育的顺利开展和推进具有重要作用。在劳动教育过程中，高校要充分把握国家的大政方针，深刻了解高等教育的发展形势，坚持党委领导下的校长负责制，制定明确的高校劳动教育制度，在制度中明确各个管理部门的分工与职责、各种事项的奖惩标准、课程评价准则、教师培训与管理办法等各个方面的工作，使劳动教育工作有章可循、有章可依。高校开展劳动教育为高校劳动教育工作的开展提供法律依据和支持，同时，高校要把握时代发展大势，融合自身发展特色，不断将以人为本的理念贯穿整个制度建设，让制度有强度的同时还有温度。根据学校自身实际做出科学规划、明确分工，提出具体的任务要求，将劳动教育工作方方面面落实到实处。校领导负责统筹推进劳动教育相关事务，安排各个院的领导组织落实大学生劳动教育活动。各学院的主要领导要主抓教学管理，吸纳劳动教育的骨干教师加入管理队伍，让他们发挥所长，集思广益，优化教学管理。学校设立劳动教育工作委员会，负责统筹学校劳动教育实施。教务处、党委学生工作部、党委研究生工作部、校团委、创新创业指导中心、教学质量评估与教师发展中心、各学院（部）等单位负责人根据领导安排开展工作。

第二，明确的物质保障。物质保障是保证任务能够顺利完成的重要基础，高校开展劳动教育要以一定的物质基础为支撑，不仅仅是给学校提供最好的教学设备、图书馆、自习室、实践基地等设施，这种物质基础包括学校食堂、宿舍楼、校园街道，包括校园媒体、校园宣传栏、校园报刊、校园网站等宣传设施。还包括专项资金等经费投入，设立劳动教育专项资金，为劳动教育活动开展打下物质基础，多种形式筹措资金，在进行经费预算及分配时，要着重为劳动教育注入加大经费，为高校劳动教育工作的进行提供强大支撑。

劳动教育所需要的资源是多方面的，尤其是能否有效地盘活经费资源支撑，将在很大程度上决定劳动教育是否有实效。由于劳动教育学科自身的特殊性，学科经费的投入较大、使用环节较多，包括劳动场地的建设、师资队伍的组建、劳动器材的配备等一系列都需要教育资金的投入。

为确保劳动教育工作的顺利开展，教育有关部门应当把劳动教育所需经费列入预算计划当中，杜绝"撒胡椒面"，逐年加大投入力度。各级院校相应地将劳动教育所需经费开支纳入教育教学支出计划当中。劳动教育师资的资金投入是劳动教育发展的首要保障。劳动教育专业教师的培养与发展，需要时间的考验，经费的支持。通过对教育经费的合理规划，打造一支"双师制"劳动教育教师队伍，聘请具有较强社会实践经验的劳模、企业家等，建立学校劳动教育专家库，提高劳动教育社会化程度，提升人才培养质量。劳动教育设施设备的资金投入是劳动教育发展的重要保障。加强对劳动教育课程经费投入，运用劳动教育课程的实际教学环节中，完善劳动教育课程相关设施的标准化、体系化建设，通过不断提高平均公用经费拨款标准，提高对劳动教育课程中所需教具、设施的经费补贴标准，用实打实的经费措施保障劳动教育课程。同时，为推动劳动教育的可持续发展，要搭建多形式筹措教育资金模式，以政府牵头采取购买社会机构服务的方式，为学校劳动教育实践活动提供更多种选择。融合社会力量，政府可以适当颁布相应优惠政策，提升社会资本对劳动教育的投入比例，扩宽劳动教育经费的来源渠道。例如，政府与当地自然、红色资源丰富的地区合作，开办研学基地，丰富劳动教育实践途径，开拓新的经济增长点，更是为劳动教育提供充足的物质经费保障。这些保障不仅为高校开展劳动教育提供了一个良好的平台，也为劳动教育注入了活力。

二、健全高校劳动教育协同机制

协同机制是指在劳动教育过程中，各种因素相互联系、相互作用，共同保证教育目标和任务完成的一整套运行方式。基于高校劳动教育的复杂性，高校开展劳动教育受到多种因素影响，为了保证劳动教育成效、提高教育质量，必须完善劳动教育运行机制，建立一套协调、灵活、高效的协同机制，发挥教育合力。高校承担好育人责任，搭建"由学工部门主导、由院系领导主管、由辅导员或班主任主抓、由学生干部或学生党员主推"的全员劳动育人阵营，形成职能部门带起来、学工队伍能起来、学生力量动起来的协同共振，谱好人人参与劳动的"协奏曲"。

第一，坚持高校党委的领导。党委作为高校工作的核心力量，在高校开展劳动教育过程中发挥重要作用。首先，高校党委要把劳动教育放在学校教育建设的重要方位。高校党委在高校建设中发挥着领导核心地位，要针对大学生思想动态对劳动教育进行设置，并针对大学生劳动教育工作进行布置安排。高校党委在开展劳动教育活动过程中充分发挥好组织优势。高校党委与学院、各部门和班级党支部保持协作关系，要在劳动教育的方方面面做好统领工作，同时领导和协调高校其他机关，形成合力。高校党委工作的重心要在组织、协调、统筹方面的着重发力，最大限度鼓舞各方士气，促进劳动教育在高校得到很好的落实，发挥具体实效。其次，高校党委发挥监督功能。高校党委要做好党员干部监督工作，监督党员干部在组织开展劳动教育工作过程中，监督劳动教育实施方案与党的路线、方针、政策是否契合，监督各部门在开展劳动教育活动过程中开展的情况，监督党员在劳动教育开展过程中参与的积极性。

第二，发挥行政人员对大学生劳动教育的支持作用。高校行政管理人员在工作中，必须重视须劳动教育育人质量的提升，将劳动教育的每一个环节进行仔细地细化，把高校大学生劳动教育的评价奖励机制与教学细节相契合，将校园劳动教育资源进行整合，使高校大学生劳动教育的体系更加规范化。

第三，发挥学生处、共青团的辅助作用。一方面，学生处、共青团应坚持学习党委领导，切实提升高校劳动教育育人的成效。另一方面，学生处、共青团作为高校的重要学生组织和管理机构，在学生教育工作中具有不可替代作用，将劳动教育贯穿于大学生教育的全过程，并推动相关大学生劳动教育活动开展。高校运用团学教育的载体，采取大学生们喜闻乐见、易于接受的形式，在开展劳动教育的过程中激发大学生接受劳动教育的能动性。

第四，发挥高校辅导员的引路人作用。首先，辅导员开展大学生工作、处理学生事务的重要人员，是高校教育工作开展的中坚力量。所以，增加对辅导员能力的培养、素质的提升势在必行。高校辅导员要充分认识到，劳动教育不仅需要引导大学生掌握劳动技能，更以塑造大学生健全人格、培养大学生优良品德、培养正确的价值观念实现"立德"为目标。辅导员要做好大学生形成正确劳动认识思想的引导工作，让大学生真正明白劳动教育的意义。其次，通过劳动教育引导大学生学会做人、做事的道理，启发大学生产生自主劳动、热爱劳动的意识，培养大学生积极向上的德行，并在高校普遍开展劳动体验教育活动。此外，高校不断创新辅导员、班主任任用渠道，聘用优秀教职人员担任此项工作，给予辅导员、班主任灵活管理的工作空间，并推动高校劳动教育工作有效的开展。

第五，发挥高校教师的模范作用。在考核、培训、待遇等多方面进行改革，使教师团队保持活力和工作积极性，大力开展教师全员培训，使全体教师树立劳动意识，增强开展劳动教育的能力。高校加强对教师的专项培训，定期开展劳动教育研究课、现场观摩活动，提高开展劳动教育的专业化能力。组建优秀教师演讲团队，有针对性地讲解劳动模范、大国工匠的事迹。要求高校教师不仅要授业、解惑，还要通过言传身教，引导大学生增强劳动素养。

三、健全高校劳动教育评价机制

目前，高校大学生综合素质测评中几乎见不到劳动评价的结果，专业实践和大学生社会实践活动中的相关评价结果往往也是以"非劳动方式"呈现的。高校应将过程性评价和结果性评价结合起来，利用现代信息技术手段，深入分析大学生群体的特点、深入探究劳动教育方式、培养目标，建立一个科学合理的评价机制。

第一，确定考核评价标准。首先，根据大学生的课堂表现和劳动实践活动来评定。正确的学习态度是取得成功的基础和前提。积极活跃的课堂表现、良好的学习态度是必要的考察因素。其次，根据大学生参与劳动实践的过程和结果来评定。学校可根据大学生参与实践活动的表现、是否坚持到底最终获得成果，以及成果的表现形式等多种因素来制定考核标准。将劳动教育实践活动纳入第二课堂人才培养方案，成绩计入第二课堂成绩单，纳入学生综合素质测评工作，将劳动教育实践活动成绩纳入学生评奖评优、推优入党等指标。

第二，完善劳动教育考核评价方法。为保障劳动教育课程的效果，提高教学成效，高校应改革现有的考核内容和考核方式，注重对大学生的综合性考察。首先，开展课前评价。对于大学生的劳动理论知识认知情况可以使用卷面测试、论文撰写等形式进行考查。其次，注重过程性评价。一方面，在劳动实践过程中教师要密切关注每位同学的动态信息。大学生的总评成绩分为平时成绩和卷面成绩，考核小组不仅看学生的卷面分数，还要看学生的平时表现，认真听讲、积极回答问题、参与讨论等情况进行全面评定。大学生结合个人劳动教育情况给予评价以劳动实践心得、答辩交流等形式丰富学生的劳动实践成果。也可以从劳动观念、劳动精神、劳动习惯、劳动能力等多个方面考核评价大学生，对大学生提出明确的劳动素质标准考核要求。比如，让学生建成长记录袋，对其不同阶段的劳动资料进行评价。最后，提倡多元评价。实施主体多元化评价，就是邀请多方面人员参与评价，给出专业的意见和建议，使评价做到公正、合理、科学。

第三，完善奖励机制。奖励机制是指在劳动教育过程中，运用特定的手段与方式，激发教师积极投身劳动教育的勇气，鼓励学生主动参与劳动活动，共同实现劳动教育的进步和发展。开展劳动教育离不开强大支持，而持久的动力离不开正向激励的推动，为了保证劳动教育成效，必须开展奖励，充分发挥奖励效应，推动劳动教育落到实处。物质奖励是最为常见的一种激励方式，主要体现为奖金、奖品等物质，具有直接性和具体性，能够极大程度上激发受教育者的积极性、主动性和创造性。高校运用合理的物质奖励，要以师生所需、价值贡献为标准，突出实干实绩，树立担当作为的用人导向，通过增加劳动专职教师收入、待遇，肯定用心从教的优秀教师典型，以此激发教师投身劳动教育；通过设立奖学金、奖品、荣誉证书等方式激发大学生主动参与劳动教育活动。比如，武汉生物工程学院在武汉高校中率先设立"勤劳奖学金"，与其他奖学金不同，该奖项专门针对"非家庭经济困难认定库内学生"设置。

四、构建家校社联合育人机制

要想更加有效地推进劳动精神培育工作，高校要与大学生家庭打好配合，并联合社会相关企事业单位的力量，形成家校社联合育人机制。高校要发挥主要作用。同时，也需要家庭和社会的培育力量，给予高校的劳动精神培育工作最坚强的后盾。

一方面，高校要引导学生家长积极参与家校合作，激发大学生主动参与劳动。① 其一，高校可以在新生入学时，邀请部分学生家长参与劳动精神培育相关讲座和培训，学习优秀劳动模范、大国工匠和非遗传承人的光辉事迹，增强学生家长对于劳动的正向情感认同，鼓励家长要求学生放假在家时多多参与家务劳动或是出去兼职赚钱。部分家长要认识到以往家庭中劳动精神培育的缺位，明确劳动精神培育在家庭中的重要性，与学校秉持的培育理念一致，引导大学生在学校生活和家庭生活中形成正确的劳动观念，磨炼艰苦奋斗的劳动意志。其二，高校可以在放假期间，征集学生和家长共同在家劳动的照片、微视频和心得体会，充分发挥家庭在大学生正确劳动认知、积极劳动态度和正向劳动情感养成中的基础作用。家庭是大学生接受启蒙教育的地方，对大学生劳动精神培育起着重要的作用。在高校学习期间，主要由高校进行劳动精神培育工作。放假在家期间，则需要家长监督大学生劳动精神的培育。

另一方面，高校要加强与社会的企事业单位的联系，与相关单位进行沟通，获得大学生劳动精神培育的相关资源和平台。高校要多与企事业单位进行沟通，加强合作与联系，构建国家政府机关、事业单位和校企融合的联合育人模式，建立适应高校特点、专业特点的实践基地，为大学生提供更多机会，促进大学生提升劳动素质，帮助大学生形成正确的劳动价值取向，将大量资源优势转化为培育学生劳动精神的强大力量，形成劳动精神培育的"大合唱"。

---

① 谢姵娴：《家长应加强家庭教育作用推进家校合作》，《中国教育学刊》2019 年第 1 期。

参考文献

[1] 陈阳，吴雪菲，陈晓．意蕴、困境与路径：人工智能赋能大学生劳动教育研究［J］．长春教育学院学报，2021，37（8）：10-16．

[2] 陈玉兰，刘维忠，尹军军．新时代高校农经类大学生劳动育人培养体系建设研究［J］．高教学刊，2020（32）：177-180．

[3] 陈情娇．马克思主义实践观视域下大学生劳动教育研究［D］．福州：福建师范大学，2021．

[4] 代承轩．新时代加强大学生劳动教育研究［D］．株洲：湖南工业大学，2022．

[5] 杜丽楠．马克思人的全面发展视域下大学生劳动教育研究［D］．太原：山西财经大学，2022．

[6] 高勇．新时代大学生劳动教育培养体系的建构［J］．西南石油大学学报（社会科学版），2019，21（5）：78-84．

[7] 古伯伟．新时代大学生劳动教育的现实路径研究［D］．桂林：桂林理工大学，2022．

[8] 郭梅英．大学生劳动教育现状及对策研究［D］．呼和浩特：内蒙古师范大学，2021．

[9] 黄婉珺，牛旭旭．产教融合加强农科大学生劳动教育的路径探析［J］．高教学刊，2022，8（6）：53-56．

[10] 李心怡，李永睿．大学生劳动教育的时代审视：价值、特性与实现路径［J］．怀化学院学报，2022，41（3）：124-128．

[11] 李馨雨．新时代高职大学生劳动教育观重塑研究［J］．辽宁经济职业技术学院．辽宁经济管理干部学院学报，2021（5）：65-67．

[12] 李颖．劳动育人视角下高校大学生社会主义核心价值观培育路径研究［J］．湖北开放职业学院学报，2022，35（15）：129-131．

[13] 林子铃．新时代大学生劳动精神教育研究［D］．桂林：桂林电子科技大学，2021．

[14] 马文婷．行业特色高校大学生劳动教育的实践路径：基于劳模精神视角［J］．河北工程大学学报（社会科学版），2021，38（2）：66-70．

[15] 毛燕，谢明洋，程宇林，等．在弘扬长征精神中加强大学生劳动价值观教育研究［J］．中国军转民，2021（20）：54-58．

［16］孟广普 . 新时代背景下构建高校大学生的劳动教育培养体系［J］. 智库时代，2020（6）：178-179.

［17］彭容容，祝玥，高丽金 . 数字化时代大学生劳动教育嬗变与超越［J］. 高校辅导员，2021（5）：61-66.

［18］蒲苗 . 新时代大学生劳动教育课程实施的个案研究［D］. 北京：中央民族大学，2021.

［19］任新洋 . 大学生劳动教育基本功能及实现路径研究［D］. 石家庄：河北师范大学，2022.

［20］唐宁，杨金玉 . 新时代大学生劳动教育路径探析［J］. 职业教育（中旬刊），2022，21（6）：73-74.

［21］涂莹 . 新时代大学生劳动价值观教育研究［D］. 福州：福建师范大学，2021.

［22］许梦，祝怀新 . 新时代背景下高校大学生劳动教育培养体系构建研究［J］. 大学，2021（2）：68-69.

［23］杨效泉，曾蓓蕾，白炳贵 . 加强大学生劳动教育的时代价值与实践路径［J］. 黑龙江教育（理论与实践），2021（4）：43-44.

［24］袁彦 . 基于 SECI 模型的大学生劳动教育体系构建研究［J］. 高教学刊，2022，8（11）：65-68.

［25］赵灯峰，周俊强 . 讲述劳动故事与大学生劳动价值观教育论析［J］. 苏州科技大学学报（社会科学版），2021，38（5）：15-20＋93.

［26］张晶，葛燕男 . 劳动教育融入大学生“三创”教育探析［J］. 黄山学院学报，2020，22（6）：137-140.

［27］张雪颖 . 新时代大学生劳动教育常态化研究［D］. 兰州：兰州大学，2022.

［28］钟小连 . 新时代高校劳动教育课程建设研究［D］. 南宁：广西民族大学，2022.

［29］周慧赢 .00 后大学生劳动教育现状及优化路径研究［D］. 石家庄：河北经贸大学，2022.